幼兒教育概論
BEGINNING ESSENTIALS
in Early Childhood Education, 3e

Ann Miles Gordon・Kathryn Williams Browne　著

段慧瑩　審閱

胡美智・洪蓉徽　譯

CENGAGE

Australia・Brazil・Mexico・Singapore・United Kingdom・United States

幼兒教育概論 / Ann Miles Gordon, Kathryn Williams
　　Browne 原著;段慧瑩審閱;胡美智,洪蓉徽譯.
　　-- 二版. -- 臺北市:新加坡商聖智學習, 2017.03
　　　面; 公分
　　譯自:Beginning Essentials in Early Childhood
Education, 3e
　　ISBN 978-986-5632-97-7 (平裝)

　　1. 幼兒教育　2. 學前課程　3. 兒童發展

523.2　　　　　　　　　　　　　　　105024071

幼兒教育概論

© 2017 Cengage Learning Asia Pte. Ltd.

Original: Beginning Essentials in Early Childhood Education, 3e
　　By Ann Miles Gordon · Kathryn Williams Browne
　　ISBN: 9781305089037
　　© 2016 Cengage Learning
　　All rights reserved.

　　1 2 3 4 5 6 7 8 9 2 0 1 9 8 7

出 版 商　　新加坡商聖智學習亞洲私人有限公司台灣分公司
　　　　　　10349 臺北市鄭州路 87 號 9 樓之 1
　　　　　　http://cengageasia.com
　　　　　　電話:(02) 2558-0569　　傳真:(02) 2558-0360
原　　著　　Ann Miles Gordon · Kathryn Williams Browne
審　　閱　　段慧瑩
譯　　者　　胡美智 · 洪蓉徽 (依姓名筆劃排序)
執行編輯　　曾怡蓉
印務管理　　吳東霖
總 經 銷　　心理出版社股份有限公司
　　　　　　231 新北市新店區光明街 288 號 7 樓
　　　　　　電話:(02) 2915-0566　　傳真:(02) 2915-2928
　　　　　　郵撥:19293172 心理出版社股份有限公司
　　　　　　http://www.psy.com.tw
　　　　　　E-mail: psychoco@ms15.hinet.net
　　　　　　駐美代表:Lisa Wu(lisawu99@optonline.net)
編　　號　　51189
定　　價　　新臺幣 500 元
出版日期　　西元 2017 年 03 月　　二版一刷

ISBN 978-986-5632-97-7

(17SMS0)

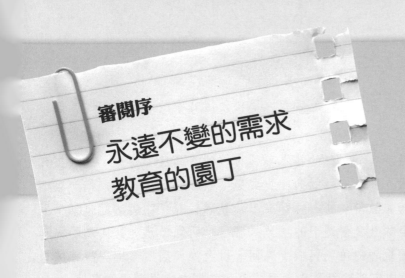

審閱序

永遠不變的需求
教育的園丁

隨著電腦科技的日益推陳出新，全球各類產業不斷面臨新的挑戰，屢屢於歲末年初，總是有所謂「未來大趨勢」的預測，最甚者莫過於機器取代人力資源的躍進。舉凡無人駕駛車、機器人管家、電子寵物等，試圖將工業革命期間，人的服務工作化成機器般的標準化作業流程，又再進一步將機器變成「人」，摹擬實境環境，提供「零距離」、「仿真感」的服務，形成所謂的智慧生活圈。一波波自動化系統衝擊所及，黃昏行業也在畢業與招生季節，受到熱烈討論。然而，幼兒教育園丁的需求，在各族群、社會與國家卻更受關注與疾呼。因為，孩子的教育，是個別化的需求，隱含成人的親身示範與引導、同儕的互動與回饋，無法在虛擬中傳達；孩子的照顧，潛藏教育的意涵、傳遞溫暖的支持，時時寫入童年的美好回憶。亦如二百多年前，福祿貝爾創建專屬的幼兒園地，灌溉成長的教師園丁，是永遠不能被取代的角色。培育幼苗需求，是有增無減的服務。

本書新版核心，即在呼應當今社會變遷下，新世紀幼兒教育銳變思潮與觀點，一方面傳遞重要的價值，奠定幼教工作者的專業知能；一方面點亮幼教領域軟硬體新趨勢，擴大幼教工作者教保視野。不僅適合幼兒教育、嬰幼兒保育系所之讀者群，做為大專校院幼兒教育概論、嬰幼兒教保概論等教保專業知能課程的參考書籍，也可提供未來想要從事 0 到 8 歲幼兒教保育工作的職前準備，更有利於教保服務人員在職專業成長閱覽。此外，配合兒童發

展與輔導、幼教課程、專業倫理等課程，單獨使用其中的章節內容，亦能獲得相當大的啟示。

本書囊括幼兒教育基礎課程的基本要素，以幼教領域、幼兒、幼教工作者及幼教教學等四大主題，宏觀縱向歷史典範、兼顧新世紀議題；橫跨東西方多元文化、適性發展教學實務與特殊需求幼兒課程等。關鍵議題包括：歷史議題探討與當今全球社會變遷下的現象、腦科學研究啟示、如何為幼兒學習準備、擔任幼兒園教師的角色與職責為何，以及如何因應環境與課程的最新動態等。章節編排內容理論與實務應用並重，強調自我思考的重要性。

本書的審閱原則包括：1. 詞語翻譯力求一般性。以國內常見、慣用的幼兒教育譯詞為主，避免因為譯述未能吻合國內幼兒教育的生態用詞，造成讀者或用書教師產生疑惑，又需進一步的重新解讀。2. 解釋定義與專有名詞。書中針對重要的幼兒教育組織、學說與理論皆有解釋，方便讀者全面的貫通理解。3. 忠於原著精神，不作過度本土化的詮譯。本書係以美國的幼兒教育為主體，概觀全球性的幼兒教育發展，因此翻譯時仍忠於原著之信實，但對於特殊詞語，則另作補充解釋。

有幸閱讀本書的原著及第一手譯稿，得以一覽兩位作者（Ann Miles Gordon 與 Kathryn Williams Browne）以最新的時代議題撰述本書，諸如：族群融合、跨文化挑戰等，闡述可能之迷思或事實，釐清教保真諦，又能拜讀兩位譯者的精心譯述。忝為審閱者，仍有諸多能力未迨之處，尚祈各界先進不吝指正。

段慧瑩 謹序

2017.01.13

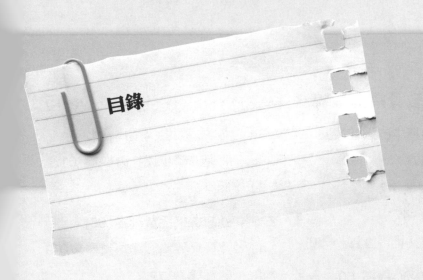

目錄

第三篇 ♣ 誰才是老師？

第四篇 ♣ 教學內容有哪些？

1 幼兒教育發展史與現今熱門議題

Blend Images RF/Photolibrary

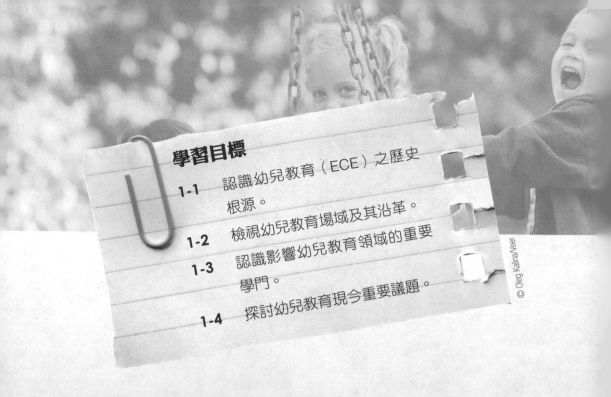

學習目標

1-1 認識幼兒教育（ECE）之歷史根源。

1-2 檢視幼兒教育場域及其沿革。

1-3 認識影響幼兒教育領域的重要學門。

1-4 探討幼兒教育現今重要議題。

美國幼兒教育協會幼教專業準則

本章涵蓋之美國幼兒教育協會幼教專業準則：

標準 1：促進兒童發展與學習

標準 2：建立家庭與社區的關係

標準 6：成為專業工作者

事實(T) 或 迷思(F)

T F 幼兒教育歷史源頭主要來自於美國。

T F 幼兒教育之核心場域為托育機構及學前機構。

T F 醫學及心理學對幼教領域皆有重要影響。

T F 工作或貧窮等家庭壓力來源可藉由讓孩子接受好的幼教課程而消除。

T F 教師專業培訓準則具有共同性。

1-1 幼兒教育之歷史根源

幼兒教育是一個內容豐富有趣的領域，其發展史亦是記錄那群提升幼兒生活品質的卓知先進事蹟的編年史。歷史的關鍵事件成為當前重要議題的推手，幾世紀以來，由於幼兒教育與童年型態的改變，幼教工作者需克服這些變化所產生的挑戰。

教育幼兒的方式不只一種，每種文化都擔負著教育幼兒的重任，並使其適應社會生活。歷史上記載著各種教育理念，但對於幼兒卻沒有單一看法。其他學門（醫學、教育及心理學）除了對幼兒教育有所影響之外，該領域中的熱門議題跟幼兒和幼教老師更是密不可分。過去五十年來，幼兒教育的地位從中產階級的學齡前幼兒活動選擇之一，轉變為數百萬家庭的子女從嬰兒到小學階段的必需品。童年的重要性及傳遞價值的方式將幼兒教育的**專業素養（professionalism）**推向新境界，因此，歷史上教育的更迭可說是與社會改革及動亂息息相關。

生命中的**幼兒時期（early childhood）**是指嬰兒到 8 歲的階段，因此**幼兒教育（early childhood education）**指的是精心設計、企圖影響該時期幼兒發展的團體環境。嬰兒與學步兒、學齡前幼兒，以及從幼稚園到小學三年級（或延伸到所有年級）幼童，分處於家庭與學校（或團體情境）兩種環境中，專業性地為他們搭起連結的橋樑更顯其重要性。生命初期，是幼兒奠定未來學習基礎的關鍵期；也是學習走路、說話、建立自我概念、結交朋友、寫字與數數的奠基期（building-block years）。爾後幾年，幼兒將逐漸學會騎腳踏車、說第二語言、表達與協商技巧，並學習正楷字與理解乘法運算等。

1-1a 外來影響

由於數百年前的紀錄鮮少，因此難以明確指出人類的起源。部分成人生活的準備方式大多透過非正式或是模仿而完成。隨著語言發展，溝通應運而生。孩童學習舞蹈、宗教儀式及典禮禮節，此外，男孩女孩也學習如何在部落族群裡扮演好各自的角色。古代歷史文獻隱約呈現，當時的幼兒教育方式是殘酷嚴厲的。實際上，歷史上對於童年（childhood）的定義大相逕庭。例如，在古代，孩童在 7 歲前就被視為成人；而在美國中產階級家庭，孩童則被扶養照顧至 20 多歲。

此外，社會對童年的定義亦左右教育幼兒的方式。在文藝復興與宗教改革時期，西方國家認為幼兒性本善，應當接受基礎教育，卻也認為幼兒性本惡且帶原罪，需要嚴厲的控制與處罰。印刷術發明後，家長以道德與教條方式教育其子女。同時，**普及教育（universal education）**的需求也應運而生。手藝精湛的工匠成為了中產階級，於 16 世紀初，閱讀、寫作、算術與簿記都已成為歐洲學校中普及的科目。

這些幼教領域的先驅不僅提出與幼兒相關的主要概念，也賦予當代幼兒教育新觀點。

柯門紐斯

柯門紐斯（John Amos Comenius, 1592-1670），捷克教育家，著有世界第一本為兒童設計的圖畫書：《世界圖解》（*Orbis Pictus*, 1658），為訓練幼兒感官與自然研究之教師指南。柯門紐斯確信，「自然萬物之運作，發展必源於內在」，因此應讓孩子依自己的步調、從做中學。教師也需順應孩子的嗜好與其互動，因為「不受強迫，方能自然發展」；此觀念亦反映在蒙特

專 業 素 養

為何需要瞭解歷史？

多數幼教學生與許多教育工作者對於他們所選專業之歷史瞭解甚少。為了瞭解這份教學實務，由歷史更得以承先啟後、繼往開來：

☺**支持**：福祿貝爾（Froebel）、蒙特梭利（Montessori）及杜威（Dewey）之著作，都是我們建立教育實務基礎。藉由歷史，我們能夠瞭解傳統幼教所反映的歐洲價值觀與信仰。若不考慮文化主導性，口述與書面資料中亦記載著非洲及亞洲教育狀況。教師可藉由瞭解不同文化以增廣見聞。

☺**啟發**：瞭解幼教理念其深遠的淵源，能協助教師發揮其專業。昔日的教育家提供我們許多教學法，藉由窺探歷史，能協助我們根據當代宗教、政治與經濟各方面，檢視幼兒與其學習狀況。

☺**特性與承諾**：身為幼教工作者的我們應當瞭解：致力提升幼兒教育、促進幼兒發展及其福祉是我們的承諾。同時我們也需瞭解某些文化型態，務必留意論及「普及」（universal）的理論與意見。例如，歷史記載過去有許多學校是專為男孩而設立；昔日因性別偏見而造成女孩的發展不足，這些現象在當今某些國家仍為普遍。

梭利所謂的「敏感期」中。柯門紐斯鼓勵家長讓孩子與其他同齡兒童遊戲，同時也倡導教育不分貴賤的社會改革。

洛克

　　洛克（John Locke, 1632-1714），英國哲學家，被視為現代教育哲學之創立者。他將其教育理論奠基於科學方法與心智和學習之研究上。洛克提出**白板說（tabula rasa）**，認為幼兒天性中立，非性善亦非性惡，且幼兒的心靈就像一塊純淨石板（clean slate），能夠留下任何家長、社會、教育與世界所給予的訊息。因為洛克相信教育之目的在於使人成為理性的生物，所以讀聖經和具備經商的運算能力是相當重要的基礎。洛克建議，教學應當是愉快且兼具有趣的活動與反覆練習。洛克的理論廣為行為主義應用於科學研究；他是率先透過觀察幼兒，而非只藉由團體教學探討個別差異的歐洲教育家之一，而此理念也對皮亞傑（Piaget）的研究產生影響。

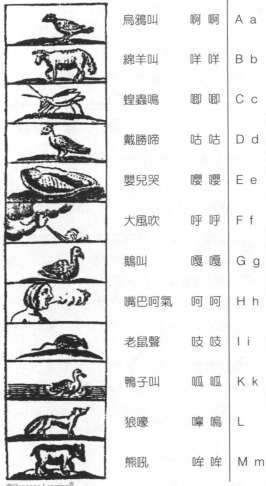

烏鴉叫	啊 啊	A a
綿羊叫	咩 咩	B b
蝗蟲鳴	唧 唧	C c
戴勝啼	咕 咕	D d
嬰兒哭	嘿 嘿	E e
大風吹	呼 呼	F f
鵝叫	嘎 嘎	G g
嘴巴呵氣	呵 呵	H h
老鼠聲	吱 吱	I i
鴨子叫	呱 呱	K k
狼嚎	嗥 嗚	L
熊吼	哞 哞	M m

©Cengage Learning®

圖 1-1　柯門紐斯的《世界圖解》被視為第一本為兒童寫的圖畫書。

盧梭

　　盧梭（Jean Jacques Rousseau, 1712-1778），作家兼哲學家，相信人性本善。盧梭在其鉅作《愛彌兒》（*Émile*, 1761）中描繪出將幼兒養育成人的過程。盧梭的想法在當時是一大創見，其教育理念如下：

❋ 教育真諦不應侷限於技術培養。

❋ 唯有透過第一手資訊，幼兒方能真正學習到知識。

❋ 幼兒對外在世界的看法與成人截然不同。

❋ 幼兒心智發展有明顯的階段劃分，教育應與階段的發展特性配合。

適 性 發 展 教 學 實 務

展開適性發展教學實務大傘

　　適性發展教學實務（developmentally appropriate practices, DAP）雖為現代幼兒教育之定義，但實際上亦有其歷史淵源，其三項特點如下：

☺ **適齡**：從幼兒發展與學習過程當中，專家發現技能發展與年齡的關係密不可分。盧梭、蒙特梭利、葛賽兒（Gesell）與皮亞傑皆認為年齡是影響幼兒基本能力、觀點與行為的原因。

☺ **適性**：每個孩子都是獨特且具個人特質，因此在幫孩子規劃教育活動時應將這些特質納入考量。洛克、蒙特梭利、瑞吉歐學校皆把個別差異列為首要考量。

☺ **社會文化回應**：幼兒是家庭成員之一，除了家庭之外，語言及文化皆會對個性與學習產生影響。幼兒接觸社區、媒體及教育之際，仍應保有自己的家庭價值觀、期望及習慣。柯門紐斯、福祿貝爾、杜威，以及當今最優質的教育實務，都建議幼兒教育應該與幼兒的生活緊緊相扣並且蘊含意義。

展開適性發展教學實務大傘時，確認同時牢牢握住這三支把手，落實對幼兒的最佳實務教學。

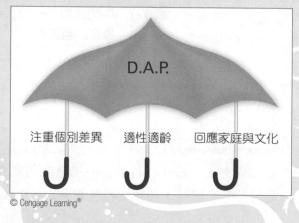

　　盧梭認為，學校教育應具有彈性以因應幼兒的需求，教材的呈現應從具體到抽象。裴斯塔洛齊、福祿貝爾、蒙特梭利、杜威等人，以及皮亞傑及葛賽兒的理論皆深受盧梭影響。

裴斯塔洛齊

　　裴斯塔洛齊（Johann Heinrich Pestalozzi, 1746-1827）為瑞士教育家，其教育理念著眼於基本技能的教導，以及如何「關愛」與「教育」幼兒。裴斯塔洛齊強調發展出幼兒全人教育的**統整課程（integrated curriculum）**；認為教育應謀求手、腦、心三者均衡發展。與盧梭相異的是，裴斯塔洛齊主張幼兒教育應透過團體進行，而非使用個別家教的方式，並且將盧梭的浪漫主義與強調幼兒技能培養和獨立性的平等主義結合。其著作《葛楚如何教育她的孩子》（*How Gertrude Teaches Her Children*）和《給母親的書》（*Book for Mothers*），詳述母親們在家教育孩子時可作參考的流程步驟。

福祿貝爾

　　福祿貝爾（Friedrich Wilhelm August Froebel, 1782-1852）素有「幼兒教育之父」之稱（幼稚園 "kindergarten" 一詞原是由德文 "kinder" 與 "garten" 而來，意指「幼兒的花園」"children's garden"）。福祿貝爾在瑞士與裴斯塔洛齊進行研究，又拜讀柯門紐斯的著作之後，於 1836 年為 2 到 6 歲的幼兒創立幼稚園。福氏在其大作《人的教育》（*Education of Man*）中寫道：「遊戲是兒童發展的最高階呈現，因為遊戲是內在需求與衝動的表現。」因此，在福祿貝爾的課室中放置了積木、寵物及運用手指遊戲。福氏設計出我們所謂的第一套教具——「恩物」（gifts）。這些物件各有其屬性（例如：顏色或尺寸），依特定順序排列可協助幼兒發展，爾後更對蒙特梭利的教具設計造成影響。

The Art Archive/Alamy

為何早期的幼稚園皆遵循福祿貝爾「遊戲是兒童發展的最高階呈現」之想法？

　　福祿貝爾主張幼兒應在花園中學習之理念遍及全球，幼兒初始的教育經驗宛如花園般：是一個由成人灌溉涵養知識理念、提供教材，讓幼兒依自己的步調成長，又能進行歡樂的探索以及令人雀躍的冒險環境。

蒙特梭利

　　在 19 世紀與 20 世紀之際，瑪麗亞‧蒙特梭利（Maria Montessori, 1870-1952）成為義大利首位女教育家。她在羅馬貧民區裡，為貧窮與心智障礙兒童服務。有感於這些孩子缺乏動機與合適的學習環境，1907 年，她開辦了一所類似學前機構的兒童之家（Casa di Bambini）。她的第一個班級由 50 名2 到 5 歲幼兒組成。這些幼兒在父母工作時，整天都待在兒童之家。一日兩餐、梳洗一次並且有醫療照顧。蒙氏設計教材、課室及一套應證其觀點的教學程序，此創舉震驚全歐美人士。1909 年，蒙特梭利教學法被引進美國後，未受好評且常遭誤解。如今，雖然有不少小學及少數（但日益增加）的嬰幼兒相關課程採用蒙特梭利教學法，但蒙特梭利學校仍以私立學前機構或托兒中心居多。關於蒙特梭利課程之資訊羅列於第 2 章說明。

史坦納

　　史坦納（Rudolf Steiner, 1861-1925）為德國教育家，以華德福教育（Waldorf School of Education）著稱。此教學系統對於歐洲的主流教育影響深遠，且至今在美國幼教課程中廣受好評。史坦納認為童年為人生最重要的階段，且可分為三個時期：「意志」（will）發展期（0-7 歲）、「情意」（heart）發展期（7-14 歲）、「思考」（head）發展期（14 歲之後）。幼兒時期屬於意志力發展階段，因此需要謹慎規劃環境以保護與教養幼兒。自律是來自於幼兒天生主動學習之意願，因此大人在童年時期更需謹言慎行以做為楷模；童話故事亦能協助幼童獲得亙古不變的智慧。現今華德福教育奉行者堅持童年生活中不應有電視。華德福教育課程將於第 2 章詳細討論。

麥克米倫姊妹

　　20 世紀的前三十年，麥克米倫姊妹可說是英國幼兒教育先驅。深感英國對 5 歲以下幼兒教育的漠視，瑞秋‧麥克米倫（Rachel McMillan）與瑪格麗特‧麥克米倫（Margaret McMillan）兩姊妹開始致力於改善貧民窟幼兒的生活。當時的健康研究報告顯示，80% 的倫敦兒童出生時是健康寶寶，但到了

學齡前，僅有 20% 仍處於健康狀態。於是 1910 年，麥克米倫姊妹在倫敦一處貧民區設立了一間診所，一年後這間診所成為了一間露天托兒所。麥克米倫姊妹的托兒所之所以成功，是因為她們要求學校需有新鮮空氣、睡眠與盥洗等功能。1914 年，雖然在半年內倫敦有 700 多個 1 到 5 歲幼童死於麻疹，但麥克米倫姊妹開辦的戴普福特學校（Deptford School）卻無任何死亡案例。

> 瑪格麗特・麥克米倫創發「托育機構」（nursery school）用詞。她對於幼兒健康格外重視：包括日常檢查、戶外課程、遊戲、良好飲食——也就是她所謂的「營養」（nurture）。但也發現潛藏其中的教育問題，因此著手建立一套自己的教育方法。這就是為何她稱這個場所為「機構」（school）（Hymes, 1978-79）。

1-1b　美國影響

殖民時期

美國教育系統始於殖民時期。當時在新英格蘭殖民地，主要的教育場所為單一教室的校舍。兒童主要因為宗教因素而被送到學校。聖經，以及新英格蘭初階（New England Primer）與號角書（Horn Book）為主要教材。但在南方，〔譯註：因莊園散布在幅員廣闊的土地上，很難像居住密集的北部地區一樣開辦學校〕殖民地主人從英國聘請家教，或成立小型私立學校教他們的兒子讀書寫字。

Library of Congress Prints and Photographs Division Washington, D.C
[LC-USZ62-26378]

許多塔斯基吉學院和漢普敦學院的畢業生，後來成為了已獲自由的非裔美國奴隸子女的老師。

童奴

第一批非裔美國人為契約僕人，藉由勞役償還其債務，契約期滿即重獲自由。在 1620 年以前，非洲人不斷被帶往稱之為「新世界」的地區做為奴隸。美國內戰之前，非裔美國人受教育的機會嚴重受限，正式學校極為罕見，大部

多元觀點

非西方國家觀點

　　傳統幼兒教育實務皆著重於歐美價值觀與信念。但實際上仍有許多影響幼兒養育的方式及非傳統觀點。

☺中國與日本對兒童的養育態度深受孔子（551-479 B.C.）學說之影響，注重和諧。兒童被視為是天性善良且應受尊重，這也是歐洲近代才有的觀念。

☺美國原住民族相關記載不僅顯示出家庭、部落間的連結性，更強調人與大自然之間的親密性。教導兒童這些關係與連結性，一直是原住民幼兒教育的主軸。

☺非洲與非裔美國人一直強調綿密的**家族網絡（kinship networks）**為重點，人們團結一致，且為了共同福祉利益而盡力。該情境也許源自於歷史根源、迫害、當今的不公義，或三者皆有。

☺西班牙裔與拉丁裔家庭一直以相互依賴及互助為目標。此外，為處理環境危害與存活問題，照顧嬰兒時應與其保持親密且在嬰兒哭泣時立即給予回應。

　　在評斷是否正確或對兒童有益之時，我們應從廣泛的歷史視野，謹慎考慮以「正確」的方式促進「良善」的成果。

分教育都是透過「安息日學校」（Sabbath schools）而獲得的。讓奴隸接受識字訓練為當時宗教教旨之一。然而，許多殖民地主人發現這類學校會為他們帶來威脅，因此立法禁止奴隸接受教育。而後便成立了一種名為「夜校」（midnight school）的場所。雖然我們可以合理推論其課程與安息日學校類似，但因其非常保守隱密，可取得的相關紀錄便相對稀少。

　　內戰結束後，公、私立學校紛紛開放非裔美國人入學，多數大學院校於 19 世紀末前成立。出生於奴隸家庭的布克‧華盛頓（Booker T. Washington），1881 年在阿拉巴馬州創立塔斯基吉師範暨工業技術學院（Tuskegee Normal and Industrial Institute），強調實務教育和理解各族群間的跨文化問題，以邁向自由之路。此外，也有許多已獲自由的奴隸與畢業生，共同為幼童創辦學校。

約翰・杜威

19 世紀末，一場全國性的改革運動拉開序幕。進步主義運動（The Progressive Movement；本章稍後說明）之方向主要受到約翰・杜威（John Dewey, 1858-1952）的影響。杜威是首位對美國教育產生影響的本土勢力，且至今仍影響深遠。他相信兒童的珍貴價值，且童年是人生中一個重要的階段。如同福祿貝爾，杜威認為教育應與融入生活，並提供合作生活的訓練。

又如裴斯塔洛齊和盧梭，杜威認為學校應注重幼童之本質。圖 1-2 為杜威對兒童與學習所秉持的教育信條。

蓓蒂・史密斯・希爾

哥倫比亞大學師範學院的蓓蒂・史密斯・希爾（Patty Smith Hill, 1868-1946）為當時幼教領域中一名卓越的倡導者，亦為進步運動傑出領袖之一。眾所皆知的「生日快樂歌」是她的創作，另外她也創立了全國保育教育協會

杜威的教育信條	
杜威的教育信條	現代意涵
1.「我相信真正的教育是由於兒童對社會情境的需求，其能力因受刺激而主動產生。」	兒童在團體中學習自我管理、結交朋友、分享、解決問題與相互合作。
2.「兒童的本能和能力為教育提供了題材並訂定起點。」	我們需要創造一個以兒童為中心、重視每位兒童和群體的興趣及其能力的場域。
3.「因此，我相信教育是生活的過程，而非對未來生活的準備。」	提供兒童詳實且充實的生活經驗，使其能為未來生活妥善準備。從日常生活中尋找各種蘊含教育的細節。
4.「我相信……家庭生活中應當逐漸發展出學校生活……將幼兒的價值觀及其家庭生活聯繫……加深、加廣為學校應盡職責。」	來自於家庭的價值觀應該在學校教育中被尊重與教導。

© Cengage Learning®

圖 1-2　杜威相信教師應該投入比學業更崇高的任務之中；學習如何社會化生活也相當重要。其理念記錄於《我的教育信條》（*My Pedagogic Creed*, Washington, DC: The Progressive Education Association, 1897）。

（National Association for Nursery Education），即為今日美國幼兒教育協會（National Association for the Education of Young Children，簡稱 NAEYC）之前身。希爾起初接受福祿貝爾式的傳統訓練，並先後與赫爾（Hall）及杜威合作。她提倡自由選擇與相關課程，希爾將福祿貝爾強調的小肢體訓練的重心擴大，延伸至攀爬與建構的大肌肉運動。此外，她還主張幼稚園應與小學一年級合併，讓幼兒在進入正式課業學習課程前，具備獨立性與創意能力。

事實(T) 或 迷思(F)

T Ⓕ 幼兒教育歷史源頭主要來自於美國。

影響幼兒教育哲學及實務的觀點有不少是來自於歐洲或非西方國家。

露西・絲培葛・米契兒

美國幼兒教育始於杜威的進步運動，再由露西・絲培葛・米契兒（Lucy Sprague Mitchell, 1878-1967）與其他同期人士發揚光大。在教育和社會改革年代中成長的米契兒，發想出「以學校為社區中心、提供幼兒學與思的空間」之概念。她聚集許多優秀人才建立實驗學校——河濱街教育學院（Bank Street College of Education），施行並實驗其創見，更興建工作坊供兒童文學作家創作。米契兒成為教育實驗與教師計畫課程的重要貢獻者，有助於往後兒童反應之觀察與分析。

事實(T) 或 迷思(F)

Ⓣ **F** 幼兒教育之核心場域為托育機構及學前機構。

傳統托育機構（學前機構）為運用發展性課程以促進學習之場所，並系統性的組織其教育活動，以滿足 2 歲半到 5 歲幼兒的各種需求。

阿比蓋爾・艾略特

阿比蓋爾・艾略特（Abigail Eliot, 1892-1992）將托育機構大量引進美國而大受肯定。一直以來，她與麥克米倫姊妹在倫敦的貧民窟共事。在波士頓當社工時，她參觀過許多日間托兒所，回想起來，它們都是「陰暗發霉的牆壁、沒有光彩、一塵不染但毫無美感的地方，坐著一排排無精打采也無所事

事的孩子」（Hymes, 1978-79）。她創立羅格斯街托育機構（Ruggles Street Nursery School），教導幼兒且培訓教師；在該校與塔夫斯大學（Tufts University）的艾略特—皮爾森兒童發展學系（Eliot-Pearson Department of Child Study）合併前，她是首位系主任。艾略特是首位取得哈佛大學教育博士學位的女性，從塔夫斯大學退休後，她便移居至加州，協助創辦太平洋橡樹學院（Pacific Oaks College）。

1-2 幼教領域及其沿革

1-2a　托育機構

托育機構（nursery school）一詞，總是帶給人這樣的意象：一間安全舒適、讓幼兒遊戲與成長的幼兒室。麥克米倫姊妹與艾略特創造了托育機構這個詞彙，描述養育幼兒的地方，並且追隨杜威的理念。在 1920 至 1930 年代期間，幼兒教育在美國已成為一項專業。托育機構與日間托兒所不僅負責照顧幼兒健康，更促進幼兒整體發展。這些學校反映出**兒童中心導向（child-centered approach）**、主動學習、社會合作之原則。中上階層與勞工階層家庭之幼兒皆可註冊入學，然而實際上在 1960 年代前，托育機構中很少有貧困家庭的孩子。現今托育機構已被視為幼兒教育之核心（請見第 2 章內容）。

1-2b　幼稚園

幼稚園（kindergarten）是個歡樂、充滿幼兒成長茁壯畫面的詞彙。第一所幼稚園為福祿貝爾於 1837 年在德國建立。1856 年，福祿貝爾的學生瑪格麗特‧史格斯（Margarethe Schurz）在美國成立第一所幼稚園，而後激勵波士頓的伊麗莎白‧畢堡德（Elizabeth Peabody, 1804-1894），於 1860 年成立第一所英語幼稚園。1873 年，蘇珊‧布羅（Susan Blow, 1843-1916）在美國開辦第一所公立幼稚園。

追溯各種幼稚園成立目的其實是相當有趣的。在初期（1856-1890），福祿貝爾的理念是幼稚園教育的重心。同時，幼稚園也成為社會改革的工具，因此開始成立慈善幼稚園（charity kindergartens），教師上午為一班約 15 位幼兒授課，下午則電訪家長，通知有關社會福利等事宜。在 1900 年代

專 業 準 則

核心觀念延伸

　　美國托育機構在幼兒教育領域當中有許多目標。請看下列三項重要標準規範：

☺ **標準1**：促進兒童發展與學習。**實驗學校**（laboratory schools）企圖將多門學問統合，包含心理學、教育、家政、護理、社工及醫學。在1915至1930年期間，各學院和大學相繼設立研究中心，並進行兒童發展實驗。1920至1960年代的兒童研究運動（The Child Study movement）將於本章稍後進行討論。「為了提升托育機構品質，我們引進專業人士研究兒童以更瞭解兒童，並讓工作更趨完善」（Hymes, 1978-79）。

☺ **標準2**：建立兒童家庭與社區的關係。**家長合作學校**（parent cooperative schools）視親職教育推廣為幼教課程重要的一環任務。芝加哥大學在1915年設立了第一所家長參與學校。不論是半日或是全日制，這些機構都由家長運作，通常都有幼教專業人士擔任校長或負責人（詳請見第2章）。

☺ **標準6**：成為專業工作者。1950年時，凱薩琳‧瑞德‧貝克（Katherine Read Baker）首次出版《托育機構：人類關係實驗室》（*The Nursery School: A Human Relationships Laboratory*，目前為第九版且翻譯成七種語言），其強調托兒所的重點在於瞭解人類行為，進而建立課程、輔導技巧與各種關係之發展。並指出托兒所是幼兒遊戲且與他人分享經驗的場所，更是成人藉由觀察和參與，瞭解幼兒發展與人類互動之處。

初期，傳統幼稚園的概念一直受到科學教育方法及杜威「學校即社區」的概念影響。1960年代，社會意識抬頭，協助弱勢族群成為一種「理想」，啟蒙計畫的形成即是如此。1970年代時，幼稚園開始著重兒童的智力發展，課程目標更強調5歲兒童應達到的學業成就。1990年代時，適性發展教學實務（developmentally appropriate practices, DAP）倡議更完善、包羅萬象的幼稚園教育，且必須與文化和家庭相呼應。標準規範與教師主導的教學逐漸興起；因此，幼稚園是發展性遊戲和學業準備之間的緩衝階段。至今，在世界各地有形形色色的幼稚園。在美國，雖然課程內容與時間長度大相逕庭，但各州都有幼稚園的設立。課程模式將於第2章討論。

1-2c　寓意深遠的課程

兒童托育（child care）並非現代新興現象。英國首批托育機構的開放時間是從上午八點至下午四點或五點；而麥克米倫姊妹的戴普福特學校為全日托育。就定義上而言，全日托育機構不同於傳統托兒所，需要被照顧的幼兒幾乎一整天都待在該園所。全日托育亦為教育選擇之一，良好的全日托育課程與傳統托兒所或學前機構相仿。

因為第二次世界大戰後的政治動亂與經濟大蕭條，而將重點從兒童的需求轉移到成人的工作需求上。基於這些需求，1930 年代時，工作發展管理部門（Works Progress Administration, WPA）創辦了托兒所，在 1940 年代則有蘭哈姆法案（Lanham Act）進行此事宜。20 世紀中最廣為人知的課程計畫，則是由凱瑟托育中心（Kaiser Child Care Centers）企劃。今日，幼兒托育的對象為 0 到 5 歲的幼兒（托育年齡可能向後延伸），協助全職家長進行全日托育，且提供居家式托育以及兒童托育機構（見第 2 章）。

平等權

在 20 世紀，貧困家庭與有色人種要接受高品質教育是相當困難的。杜博斯（Du Bois, 1903 [1995]）寫道，「美國 6 到 18 歲的黑人兒童與青少年並沒有機會學習讀寫技能……甚至在南方的城市中，黑人學校相當擁擠，且設備簡陋，因而缺乏完善的教學。」唯有透過立法抑制種族隔離制度，方能為非裔幼兒的教育權利發聲並提升其品質。黑人領袖發起的平等運動，史無前例地向眾多非裔美國人敞開手臂、接納他們，規模之大，擴及全國。持續不斷的黑人領導活動迫使教育公共政策重整。最後，由布朗控訴托皮卡教育局案（Brown v. Board of Education of Topeka, 1954）推翻了「隔離但平等」（separate but equal）的概念。1964 年的民權法案（The Civil Rights Act）則繼續為教育機會與其平等奮鬥，試圖解決因不間斷的**種族主義（racist）**而起的態度與行為。

啟蒙計畫

小小的一塊金屬受到舉世矚目並撼動了美國教育界。1957 年，蘇聯成功發射第一顆人造衛星史普尼克號（Sputnik），引發美國主流思想反思：為什麼我們不是第一個抵達太空的國家？我們的教育出了什麼問題？此後，美國

適性發展教學實務

造船廠裡的幼兒教育

　　1943 到 1945 年間，兒童托育楷模莫過於奧勒岡州波特蘭的凱瑟托育中心。它是當時世界最大的兒童機構，全年二十四小時無休。凱瑟托育中心由造船廠營運，而非公立學校或社區機構，費用則由凱瑟公司與接受服務的家長承擔。該機構位於兩座造船廠入口，設有親子保健室，以及提供熱食讓母親在接送孩子時可順道帶回家。該機構收托 3,811 名兒童。戰火平息，家長們不再需要托育機構，因此它的營運也宣告結束。

Genevieve Naylor/Historical/Corbis

凱瑟造船廠在二次大戰期間所營運的托育中心為兒童托育之優良楷模。

的教育重心很快地轉移到工程、科學及數學，一心希望迎頭趕上蘇聯的科技發展。

　　而緊接在後的民權運動，教育是人類謀求平等的一大阻礙這個看法浮上檯面。該是時候行動了，因此，啟蒙教育計畫（Project Head Start）就此誕生，另外「向貧窮宣戰」（war on poverty），協助貧困兒童接受教育。福祿貝爾與蒙特梭利的理念為該計畫之基礎，旨在協助弱勢學齡前兒童。這是美國政府首次為貧困兒大規模的革命，也因此成為了美國教育史上的革命。

　　啟蒙教育計畫的示範方案始於 1965 年，旨在提供各類低收入家庭及學前兒童與教育、社會、醫療、牙科、營養及心理健康等相關服務。該計畫內容為家長可參與且受社區控管之**補救教育（compensatory education）**。1972

年，此計畫轉型為全年的計畫，其服務對象包含特殊需求兒童，且成為美國
對幼兒學習的一項重要承諾（請見第 2 章）。

1-3 跨領域之影響

各種專業使探討幼兒期的內容更為豐富。自第一所托育機構創辦以來，
這層關係顯而易見，在幼教實務中結合了六大學門專業：社工、家政、護
理、心理學、教育和醫學。其中醫學、教育和心理學為最具影響力之三大領
域。

1-3a　醫學

由於許多醫師的努力，使得醫學領域對兒童成長研究也有一番貢獻。而
這些醫師也逐漸對兒童發展感興趣，將其知識擴展至幼兒養育和教育方面。

蒙特梭利

瑪麗亞・蒙特梭利（Maria Montessori, 1870-1952）為義大利首位女醫師
及醫學博士。她在治療心智障礙兒童時，開始探究兒童疾病，因而發現教育
更具吸引力。

佛洛伊德

西格蒙德・佛洛伊德（Sigmund Freud, 1856-1939）對於現代思想貢獻
卓越。其心理動力人格理論顛覆了我們對童年的看法。佛洛伊德強調兩個看
法：(1) 童年對人有深遠之影響；(2) 童年的經驗塑造成年後的生活模式與行
為。雖然佛洛伊德並未直接投入教育界，但其心理分析理論對於教育的影響
卻舉足輕重（見第 4 章）。

安諾德・葛賽兒

安諾德・葛賽兒（Arnold Gesell, 1880-1961）是位以醫學角度研究成
長歷程的醫師。當葛賽兒還是赫爾（G. Stanley Hall）的學生時，便已開
始研究兒童發展，之後，他在耶魯大學創辦兒童發展診所（Clinic of Child
Development），與同事一同蒐集資料、進行研究，做為研究兒童成長與發展

之常模基礎。此外，葛賽兒亦鼓勵艾略特與麥克米倫姊妹在英國一同進行研究。

葛賽兒最大貢獻在於發展出成熟理論（maturation theory），也就是今日廣為人知的「年齡階段論」（請見第 3 章與第 4 章）。

班傑明‧史巴克

班傑明‧史巴克（Benjamin Spock, 1903-1998）所著的《育兒寶典》（*Baby and Child Care*）在 1940 至 1950 年代間，被家長奉為育兒圭臬。史巴克在書中提供詳細的「入門」（how-to）模式，宣揚育兒常識與方法，迄今已翻譯成四十二種語言，全球銷售超過 5,000 萬本。史巴克將杜威和佛洛伊德的理論付諸實際應用，發現兒童能學習調整自身行為，不需要成人時時刻刻約束管教。並建議家長注重家庭的「兒童防護」（child-proof）——在當時被視為極端的想法。即使史巴克將其方式詮釋為家長應以輕鬆、明理、堅決的態度教育子女，許多人仍將其理念與放任（育兒方式之一）相提並論。

貝瑞‧布列茲頓

貝瑞‧布列茲頓（T. Berry Brazelton, 1918- ）是位著名的小兒科醫師，熟知嬰兒、學步兒的發展歷程並倡議支持。他發展出一套評估新生兒的評量工具，稱為布列茲頓新生兒行為量表（Neonatal Behavior Assessment Scale 或"the Brazelton"）。身為波士頓兒童醫院兒童發展中心共同創辦人、哈佛醫學院榮譽教授，以及布列茲頓觸點中心（Brazelton Touchpoints Center）之創辦人，最廣為人知的是他以家長角度所寫的兒科照顧書籍《觸點》（*Touchpoints*）。其著作提醒家長可以適時尋求教師的協助，但更強調家長在育兒過程中所扮演角色的重要性。另外，布列茲頓參與一個政府遊說團體「家長行動」（Parent Action），倡議全國性的親職假標準，且主持有線節目「每個寶貝都知道的事」（What Every Baby Knows）。

1-3b　教育

教育專業領域包含初等、中等、高等教育，而幼兒教育亦為其中重要的一環。除了杜威、麥克米倫姊妹、史坦納與艾略特之外，該領域尚有其他人物需受到注意。

蘇珊・艾薩克斯

　　蘇珊・艾薩克斯（Susan Isaacs, 1885-1948）是 20 世紀初期的教育家，對當時的托兒所和進步學校有相當大的影響。艾薩克斯於 1929 年出版了《育幼時光》（*The Nursery Years*），藉以提供教師對佛洛伊德理論的詮釋，協助學校將潛意識相關知識應用到兒童的教育之中。她希望兒童有機會進行自由、不受阻礙的想像遊戲，除了藉此探索世界，還可體驗願望、害怕和幻想等感受。她強調，老師的角色有別於治療師，「應該慈愛、和藹但有紀律，同時也提供兒童緩和的方法以抒發負面情緒」（Biber, 1984）。

進步主義教育運動

　　如同先前提及杜威理念時所述，在 19 世紀後期與 20 世紀上半期，正是進步主義運動改變了美國小學及托育機構的課程方向。進步主義教育運動和美國政治上的進步主義不謀而合，其理念強調兒童本位，受到著重科學觀點（如：赫爾與杜威）與心理分析（如：艾薩克斯和希爾）等學者的擁護。

　　從這些想法當中逐漸孕育出一種新型的學校。移動式的桌椅取代一排排固定的長凳；校園內到處可見兒童的作品，包括尚未完成的。學校課程開始注重所有基礎核心能力，而非僅著重幾門知能學科。如果一群 6 歲的孩子決定要製作一張木桌，他們先得學會閱讀說明書；在計算成本之後，才能採購材料。在製作桌子的過程中，孩子同時也在學習幾何、物理、數學。這樣的團體努力成果也鼓勵兒童合作的精神，漸漸地，學校成為一個小型社會；在學習讀寫、科學與數學時，孩子的社交技能也同步發展。在此過程中，教師的角色主要是支持、參與並加以鼓勵。

瑞吉歐學校

　　近二十五年來，義大利興起一套影響幼教思潮的教育系統。在義大利的瑞吉歐・艾米利亞小鎮（Reggio Emilia），瑞吉歐學校的創辦人，洛里斯・馬拉古齊（Loris Malaguzzi, 1920-1994）運用自己和嬰兒、學步兒及學齡前兒童的互動經驗，發展出一套幼兒教育理論。其理念包含創造一所和樂的學校，歡迎所有家庭與社區參與，並邀請教師、幼兒與家長共同努力、投入，以增強幼兒的認同感。因為其尊重幼兒的看法與創意、方案教學以及社區支援，瑞吉歐學校吸引了許多美國教育者的關注和興趣。

1-3c 心理學

　　幼兒教育之根源不勝枚舉，但心理學之影響尤其深厚。過去百年來，對人類及其行為的研究緊扣兒童及其成長的研究。

兒童研究運動

　　1920 年代與 1930 年代的兒童研究運動（The Child Study movement），提供教育和心理學兩大領域共通著眼點。除了葛賽兒中心，全國各大學院校也成立許多研究中心與兒童發展實驗室；初期有：1873 年於漢普敦學院；1896 年於芝加哥大學，由杜威所創立；1919 年於河濱街學院；1921 年於哥倫比亞大學師範學院的實驗托兒所。第二次世界大戰之後，則有史丹佛大學附設賓實驗幼兒園（Bing Nursery School）、加州大學柏克萊分校附設兒童研究中心，以及太平洋橡樹學院等。而這些機構的成立也反映出各領域對兒童發展感到興趣盎然。

❀ 心理學系希望蒐集對兒童的觀察與研究。

❀ 教育學系希望爭取示範學校，做為教師在職的訓練。

❀ 家政學系希望他們的學生能夠實際與兒童互動。

專 業 素 養

你夠進步嗎？

　　根據進步主義教育的理念與其主要特徵做自我檢核，看看你是不是個進步主義的教育者？

____ 我們必須瞭解兒童個人需求以及個別差異。

____ 教師必須更關心兒童的需求。

____ 兒童在對教材感興趣且具有高度動機時，學習效果最佳。

____ 死記硬背的學習法對兒童無效。

____ 教師應該瞭解兒童整體發展狀況——社會、生理、智力，及情緒方面的發展。

____ 兒童在直接接觸教材時，學習效果最佳。

如果你的檢核結果少於兩項，那麼你還太保守。三到四項則表示你有點「進步」，如果多於五項，那麼表示你要迎頭趕上杜威了！

腦科學說　什麼是神經科學？為什麼我們得注意？

　　當 19 世紀心理學開始發展之際，關於大腦與心智的疑問也隨之湧現。佛洛伊德對潛意識的觀點、皮亞傑對認知的概念，以及行為主義者藉由行為塑造改變想法及態度的研究，全都直指 1980 年代後期認知科學的出現。美國國家科學院所發表的研究：《從神經細胞說起：早期兒童發展的科學》（*From Neurons to Neighborhoods: The Science of Early Childhood Development*, Shonkoff & Phillips, 2000）為神經科學與幼兒教育結合的里程碑。自此，腦影像技術的發展與可用性協助我們能一窺個體思考與感覺時的腦部活動。

　　如今我們處在被稱為「腦研究世紀」（century of the brain）的時代。如果將人類大腦比喻成電腦硬體，那麼心智就是軟體了。同時，這個軟體在使用時持續變化；人們賦予輸入及輸出事物不同的意義。現今腦部結構已能被繪製轉換成矩陣；認知神經心理學家讓我們能夠一探腦部特定區域的認知歷程，像是語言與記憶、專注力、情緒回應及動作協調。用於動物的實驗技術（道德上不允許用於人體）已發現與心理歷程有關的腦部活動區域。20 世紀末，將電腦斷層攝影（computed tomography, CT）、核磁共振影像（magnetic resonance imaging, MRI）與一些更新穎的技術：功能性核磁共振影像（functional magnetic resonance imaging, fMRI）以及正子放射斷層攝影（positron emission tomography, PET）相結合，除了能夠協助確定腫瘤或器官損害位置，對遺傳基因差異的研究亦是一股助力（Byrnes, 2001; Ansari & Coch, 2008）。

　　新興的神經科學讓我們得知大腦可塑性的重要以及幼年期的關鍵。「幼年早期經驗決定大腦發展是否能為未來所有的學習、行為與健康奠定扎實的基礎」（CDC/Harvard, 2007）。神經科學與教育形成了一種理想的合夥關係，讓我們對於學習的歷程更為瞭解，且可以設計更有效的教學法與課程（Carew & Magsamen, 2010; Dubinsky et al., 2013）。

思考問題

1. 如果現代是「腦研究世紀」，你認為教育實務有何改變？
2. 你認為家長應該瞭解幼兒 5 歲前的腦部發展嗎？
3. 在你所處的社區及國家，「為幼兒所做的投資」概況為何？

✽ 學校附屬機構則為學生、教職員及相關機構，提供幼兒教育。

　　此階段教育實驗與兒童研究蒐集而來的資料，我們將其做為測量常模發展的標準。這也是引發美國開始探索幼兒教育最適切方法之動力。

發展與學習理論

　　沒有任何一種理論或說法可以概括所有發展心理學之範疇。各家理論都影響著我們對兒童及幼教的看法：心理動力論、行為主義、認知、成熟理論、人本主義、社會文化及多元智能理論。過去二十五年來，神經科學及腦部研究亦協助我們瞭解兒童成長與學習之歷程。這些新的發展讓我們更瞭解影響兒童及其學習的人類功能（見第 4 章）。

1-4✿ 現今重要議題

　　幼兒教育議題持續影響著現今的實務與政策。例如，在西元 2000 年以前，全美有 48% 的學齡兒童是有色人種（CDF, 2011）；約每十個美國人之中就有一個是出生於其他國家；10% 的美國居民為移民者。2001 年 911 恐怖攻擊事件之後，改變了美國人對世界的看法。許多事件與種種情況都反映在現今幼兒教育者所面臨的重要議題中：

1. 社會改革倫理：幼兒托育品質、不讓任何孩子落後（No Child Left Behind）立法、適性發展教學實務
2. 童年之重要性：家庭壓力以及兒童健康風險議題
3. 價值觀傳承：**媒體文化（media culture）** 與社會多樣性
4. 專業素養：幼兒課程、教師準備度標準、幼兒教育及保育倫理、宣導倡議

事實（T）　或　迷思（F）

Ⓣ F　醫學及心理學對幼教領域皆有重要影響。

在醫學領域中：從蒙特梭利到布列茲頓，在心理學領域中：從兒童發展到腦部研究；這些想法與觀點都深深影響著我們對兒童的瞭解。

1-4a　社會改革倫理

首項議題指出，幼兒教育能促成社會變遷與進步。蒙特梭利、麥克米倫姊妹、希爾、艾略特及啟蒙教育計畫皆著重兒童的生理與社會福祉，試圖改善其健康與生理發展。如今，社會改革之倫理意指期待教育能有改善社會的潛力。從三項議題中可看出此觀念：優質幼兒托育、不讓任何孩子落後立法，以及適性發展教學實務（DAP）。

幼兒托育品質

兒童托育是現代生活的一環；超過 2,000 萬名兒童在幼兒托育機構或類似的教育機構中度過他們的一天，約占機構式托育或家外安置服務中 3 到 5 歲幼童的 63.5%（U.S. Census Bureau, 2010）；因為有 67% 以上的母親是職業婦女（CDF, 2011）。無庸置疑地，他們需要完善建立的幼兒托育機構。

但關鍵在於托育品質——「品質佳」與「高品質」指出幼兒課程中的特色。幼兒托育品質及教育對於所有幼兒健全的認知、社會與情緒發展，皆有極大的貢獻，特別是那些低收入家庭的幼兒。但兒童保護基金會（Children's Defense Fund, 2011）的資料卻未顯示出這些最該受惠的兒童。原因是幼兒托育的費用對於低收入家庭而言負擔過重，大約等於其收入的三分之一。品質佳、可負擔、易取得、又要符合美國家庭漸增的需求，為當今最重要的議題之一。

專業素養

名人堂

瑪利安・萊特・艾德曼（Marian Wright Edelman）是一位傑出的幼兒權益倡議者。艾德曼原是一位民權律師（美國首位在密西西比州擔任律師的非裔美國女性）。1960 年代前，艾德曼致力於對抗貧窮、成立公益法律事務所，其最終成為了兒童保護基金會（Children's Defense Fund, CDF）。「（我們）力求在慈愛的家長與社區支援之下，不讓任何一個孩子落後，更希望每個孩子都能夠健康、領先、公平、安全且有品格的成長」（CDF, 2008）。如欲知更多與艾德曼有關的資訊，請上 www.childrensdefense.org。

品質（quality）指的是綜合考量團體規模、師生比、教職員素質、薪資、環境所得之的結果（請見第 2 章）。

不讓任何孩子落後法案、奔向巔峰競爭性補助及共同核心標準

美國公立學校主要功能之一是協助學生做好準備，未來在社會上成為具生產力者。1965 年美國中小學教育法案（Elementary and Secondary Education Act, ESEA），致力於縮短弱勢／少數學生與中產階級／白人學生之間的成就差距（U.S. Department of Education, 2001）。自此，一項涉及全國性的教育問題逐漸浮上檯面，而一股急迫感也注入大眾心中。

「不讓任何孩子落後」（No Child Left Behind, NCLB）法案即是從 1980 年代第一波改革浪潮中開始醞釀。

各州幾乎都實施了某些改革政策，其重點包括藉由提升課程以提高對兒童表現的標準、增加家庭作業的要求，並實施更嚴謹的管教方式。更顯著的是，教師開始採用標準本位教學（standards-based instruction），且學生每年將接受兩次測驗以評估其進步。1989 年，「準備學習」（Ready to Learn）計畫公布，其規定包括所有孩童都能有平等的機會接受優質、適性發展的學前教育課程。2002 年，中小學教育法案（ESEA）以更崇高的目標重新得到授權，至西元 2005 年前，該計畫轉為「不讓任何孩子落後」（NCLB）法案。

奔向巔峰競爭性補助（Race to the Top）是歐巴馬政府在 2009 年推動的一項競爭性撥款專案，要求各州政府從幼稚園到十二年級創造一個共同學業評比標準，以利於控管幼兒教育的品質。其包含早期學習挑戰計畫（Early Learning Challenge），提供專款給能夠增加高風險家庭幼兒註冊優質學習計畫的州政府，進一步挑戰縮短貧窮兒童、有色人種兒童與一般兒童的入學準備度落差。因為落差越大，要在後續的教育中獲得平等的成就更加困難。

共同核心標準（Common Core State Standards, CCSS）是全美將近 50 州用以認定各階段學生是否具備上大學或出社會工作後所需知識技能的一套標準，主要用於數學和語言科目。這些標準給各州學校帶來了莫大的壓力，尤其是那些入學準備度落差大、學生成就參差不齊的學校。共同核心標準（CCSS）列出了所有應發展的面向，著重孩子學習的方式，並要求觀察並評估其熟練度。

適性發展教學實務

美國兒童教育協會（NAEYC）於 1986 年首推適性發展教學實務。包含 0 到 8 歲幼兒的課程細節，並列出適性與非適性之教學實務（Bredekamp, 1987）。之後，幾個重要機構也相繼跟進：國際兒童教育協會（Association for Childhood Education International, ACEI）、全美小學校長協會（Association of Elementary School Principals）、美國州教育委員會協會（National Association of State Boards of Education, NASBE），於 1988 年至 1991 年闡述了各自的標準。而後，在 1995 年出版了《發揮潛力：幼教課程與評量大改觀》（*Reaching Potentials: Transforming Early Childhood Curriculum and Assessment*, Bredekamp & Rosegrant）以及 2006 年的《幼兒學習發展標準》（*Making Early Learning Standards Come Alive*, Gronlund）。

思考本書第 6 頁適性發展教學實務（DAP）如何運用於幼兒教育之中。從研究與專業對話中，不斷革新的知識範疇，NAEYC 終於在 1997 年發表了其立場聲明與指導方針，第三版則發布於 2009 年（Copple & Bredekamp, Eds）。上述文件資料需隨著知識領域的擴增（例如：腦科學研究）以及對於各種議題的覺知（例如特殊需求、英語學習者），進行定期修訂。DAP 的應用將於第 2 章詳細討論。

1-4b　童年重要性

第二項熱門議題為童年的重要性與獨特性。實際上，兒童在人生中占有一席之地；因此將兒童視為珍寶的家庭與社會便擔負起了提供優質生活的責任。現今對童年產生威脅且亟需注意的兩大議題為：家庭壓力及兒童健康風險。

家庭壓力

現代家庭面臨了許多挑戰。過去三十年來的社會變遷，對兒童及其扶養者產生莫大的衝擊。雖然家庭結構多變，但目標卻始終如一：提供安全性、穩定性、規律性及新穎的經驗。目前主要有三個家庭壓力來源：離婚、在職家長、貧窮。

離婚　也許沒有任何一種變化能夠像離婚一樣，對兒童產生嚴重的衝擊與影響。在兒童的生活中，父母離異所造成的壓力僅次於父母去世（DelCampo &

適 性 發 展 教 學 實 務

這是適性發展教學實務嗎？

　　請看 NCLB 法案裡關於幼兒教育的相關規定。你認為 NCLB 法案符合適性發展嗎？

規定	內涵	幼兒教育領域回應
每年都有適當進步	兒童從三年級起接受閱讀與數學測驗（及各州自行挑選的第三項學科）。	對學童實施不當測驗或失衡的課程應是幼教工作者關心的問題。
高素質的教師	所有科目授課教師需具備大學學歷、教師證，且其任教科目需合格（依各州規定）。	在幼教領域中，因為高流動率和薪資偏低，無法在缺乏更多補助情況下符合這些標準。
閱讀／讀寫能力（literacy）	用以資助小學三年級前學童，協助其發展基本閱讀能力的資金日益增加。	也需關心其他兒童發展領域是否被忽略或低估。

這項野心勃勃的計畫是否奏效，以及要如何與解決國家兒童托育危機做連結，仍有待觀察。倘若我們希望孩子能做好上學的準備，在學校順利發展，首先必須改善兒童托育品質。

DelCampo, 2006）；有將近 50% 的婚姻以離婚收場，大約 60% 的美國兒童居住在已婚家庭之中（Casey Foundation, 2008）。下列是離婚可能帶來的影響：

影響	反應
離婚前家庭	兒童：增加衝動／攻擊性的行為
壓力	家長：頭痛、疲勞、情緒不穩、憂鬱
父母分居	兒童：強烈反應、哭泣、打架、吸毒
離婚	兒童：不知所措、依賴老師
	家長：工作過度、崩潰、焦慮心煩
婚姻狀況劇變後	家長：母親收入驟降；父親責任減少

「無論哪個年紀的男孩或女孩，父母離異都為其生活帶來劇變」

（Pickhardt, 2011）。專家指出，父母離婚對於兒童與青少年所造成的影響會隨時間而累積，但若有適當的支持，孩子便能展現出強韌的性格。兒童的年齡與性別亦左右其適應能力，其中以對 2 到 6 歲的年幼孩子以及男孩子有較嚴重的影響。依賴型的幼童可能會有短期的焦慮反應，且企圖挽回雙親的關係；此外，幼童會抗拒父母分離且失去自理能力，雖然這是棘手的問題但是卻是暫時性的。家長關心與照顧子女的能力，隨著夫妻雙方的關係、與其子女的關係品質而有所差異。

在職家長　6 到 12 歲的孩童中，有三分之二以上其父母為在職，65% 的 6 歲以下幼童也是相同狀況（CDF, 2010）。這是一個值得深思的現象。對婦女而言，要兼顧工作與養兒育女是相當困難的，經常帶來嚴重的衝突與長期疲勞的壓力。因此，現今有許多男性正學習如何養育兒女，並學習適應新的經濟角色。然而，不同的文化族群與成人對於兒童托育的價值觀歧異性大。對父母雙方而言，有三項議題需要放大檢視：

❋ 關注優質兒童托育。在許多社區裡，全時或彈性時數的托育是少有或負擔不起。

❋ 努力提供子女「優質時間」（quality time）以培養親子關係。

© 2016 Cengage Learning®

© Monkey Business Images/Shutterstock.com

© George Dolgikh/Shutterstock.com

現今家庭組成為何？教職人員可能接觸到的家庭結構有：單親家庭、雙薪家庭、隔代教養、青少年爸媽，以及混合家庭。

❀ 歐洲的家庭育兒假制度提供父母數個月的無薪家庭育兒假，讓家長在家與子女建立親子關係。然而，一旦回到工作崗位，在職父母便無法直接參加子女的學校活動，也較少參與子女的教育。

❀ 經濟負擔。親職假結束，許多家長被迫在嬰兒期最重要的幾個月內回到工作崗位上，否則就會失去收入甚至丟了工作。在美國，政府與雇主則提供兒童稅務補助（child tax credits）及稅前撫養照顧報稅優惠（pretax dependent care credits）這兩項支援。

儘管經濟衰退，我們仍看好前景，因為美國各項政策皆愈來愈吸引在職父母，讓他們有更多時間可以陪伴孩子成長。

貧窮　學業成就不佳的兒童可能來自貧窮家庭、種族隔離之下的少數族群、身心障礙、英語能力不足或單親家庭（Casey Foundation, 2008）。在美國，每五名兒童就有一名為貧困所苦（CDF, 2008）。多數貧困兒與低薪的雙親同住，過著能夠勉強餬口的生活卻貧困纏身。弱勢兒童的學業成就，明顯落後於一般孩子。這些孩子長大之後，許多都是健康狀況差、知識水準低、無業且極少參與國民生活中應有的社會、政治或是經濟活動。這一曲又一曲的悲歌，需要大家投入一股力量進行改革。

倫 理 議 題

你能為婚姻離異的家庭做些什麼？

　　謹遵幼教專業中的道德規範，我們知道「兒童是家庭中最需被瞭解及支持的一分子」。因此，身為老師能為父母離異的幼兒家庭做些什麼？

☺ 協助家長尋求外界支援，如家長支援團體、社區福利服務或家長壓力紓解專線。

☺ 可依照家長工作、資源及其專長等考量，規劃家庭參與子女教育的策略。

☺ 多花時間聆聽孩子的心聲，讓孩子感到安全自在。

☺ 瞭解自己的孩子並讓孩子表達感受。

☺ 利用創作讓孩子表達自我。

☺ 使用書籍與孩子溝通。

☺ 與家庭成員公開溝通。

我們無法阻止孩子父母離婚或是分居，但是我們能盡力給予孩子支持。

事實(T) 或 迷思(F)

T ⒡ 工作或貧窮等家庭壓力來源可藉由讓孩子接受好的幼教課程而消除。

優質幼教課程確實可以教育孩子且給予家庭支持，但並無法解決所有的社經問題，更無法消除所有的家庭壓力來源。

兒童健康風險

兒童健康面臨各種挑戰。虐童與照顧疏忽、兒童肥胖症、暴力及災難，全都是讓兒童的健康亮起紅燈的原因。

兒童虐待與照顧疏忽 **兒童虐待**（child abuse）與**兒童疏忽**（child neglect）在美國是兩項嚴重的問題。其中有三分之一的受虐兒是 4 歲以下幼童（CDF, 2012），而另外三分之一受虐兒或照顧疏忽的兒童長大後也加害於自己的孩子，如此形成惡性循環（Childhelp, 2012）。

疏忽照顧不周的幼童可能整天都沒有成人監督與照顧——只能當電視兒童——甚至也沒有家長或照顧者的注意與關懷。照管不良幼童在某些基本需求，如衣食、安全和健康受到忽略時，其遭受的危害更嚴重。因為無家可歸人口中，有子女的家庭占超過三分之一的比例，且寄養制度又受到限制，許多孩子就像「寄居蟹」一樣，到處搬遷，也承受無比的限制和壓力。美國有 70% 以上的受虐兒通報案例是屬於照顧疏忽，16% 是身體虐待，而 9% 是性虐待（CDF, 2010）。

核心問題	徵兆（Childhelp, 2012）
照顧疏忽	不符天候的衣著、髒亂未盥洗、極度飢餓、看似缺乏照顧
身體虐待	不明原因的燒燙傷、傷口、瘀青或傷痕；咬痕；反社會行為；在校問題；對大人產生畏懼
精神虐待	冷漠、憂鬱、有敵意、缺乏專注力、飲食失調
性虐待	不合年齡的性知識或興趣；惡夢連連或尿床；食慾不振；過度服從或攻擊性強；害怕特定大人或家庭成員

各州法律皆規定，發現疑似虐童事件須立即通報（見「倫理議題」）。虐待兒童在社會經濟、倫理道德、宗教信仰或教育層面皆會產生強烈的副作用。受虐兒或是照顧疏忽兒童有 60% 的機會成為未成年罪犯，25% 更可能未婚懷孕（Childhelp, 2012）。

兒童肥胖症　過去十年來，兒童肥胖問題出現驚人的成長。根據美國全國衛生統計中心（National Center for Health Statistic, NCHS, 2011），2 到 4 歲兒童的肥胖盛行率，從 1980 年的 5% 增加到 2009 年的 14%，6 到 11 歲的孩童則是超過了 19.6% 的成長率，被視為過重或肥胖。對健康產生風險的因素有：心臟疾病、高血壓、糖尿病、憂鬱症以及自尊心低落。部分問題來自於這一代的孩子比前一代在日常生活中動少靜多；其他原因尚有營養攝取不當及不良的飲食習慣。美國肥胖協會（The Obesity Society, 2010；見網路資源）指出：

> 過去三十年來，兒童體重過重的現象成長了兩倍，且今預估美國每五名兒童就有一名體重過重。體重過重的盛行率增加，且漸漸在兒童身上看到蹤跡，甚至是學齡前幼兒。體重過重盛行率在某些特定人口中顯得更高，例如：西班牙裔、非裔美國人以及美洲原住民。

此外，如果父母一方是肥胖的，兒童長大之後肥胖的機率為三倍以上；如果父母雙方都是肥胖的，則兒童長大後肥胖的機率高達十倍以上。體重過重對於美國兒童與青少年是普遍的營養失調問題，因此將規律的運動納入幼

學齡前幼兒運動遊戲課程之適性發展教學實務

1. 學步兒一天應參與至少三十分鐘的結構性遊戲、一至數小時的非結構性體能活動。學齡前兒童每日應進行至少一個小時的結構性體能活動。
2. 學齡前幼兒不該久坐一個小時以上，應該要盡可能參與非結構性的體能活動。
3. 基本的動作技能應是複雜動作能力之基礎。
4. 室內外環境皆應是適合幼兒展現大肌肉以及粗大動作技能之安全環境。
5. 教師與照顧者應該瞭解體能活動之重要性，並將運動遊戲視為日常教育活動的一部分。
6. 教師是引導者，鼓勵幼兒探索並發現各種運動遊戲。

圖 1-3

資料來源：*Appropriate practices in movement programs for young children, Ages 3-5.* The Council on Physical Education for Children (Reston, VA: A position statement of the National Association for Sport and Physical Education/NASPE, 2000, pages 8-9, 11, 15, 17) and Sanders, S. W., (2002), *Active for life: Developmentally appropriate movement programs for young children.* (Washington, DC: The National Association for the Education of Young Children).

兒課程是相當重要的。美國前第一夫人蜜雪兒（Michelle Obama）對兒童營養與健康的關注也不遺餘力（www.HealthCare.gov），強調兒童要以適當的方式玩耍、飲食以保持健康。

暴力及災難　暴力及災難在兒童的生活中愈來愈普遍，兒童接觸衝突機會增加而導致暴力事件的趨勢令人心生警惕。

❋ 家長表示與其子女的關係日益緊張。

❋ 逐漸增加的暴力節目、戰爭玩具，都顯示我們愈來愈無法限制與影響兒童行為。

❋ 教師發現兒童遊戲中的問題：教室中出現的武器和戰爭遊戲，且使氣氛緊張，使得教師難以重新導正活動。

　　當災難發生時，需要協助兒童瞭解整個事件，接著從事件中恢復平靜。震驚、困惑、恐懼、焦慮、悲傷、憤怒、罪惡感、無助等，都是對創傷常見的反應。無論事件程度——例如全國性的 911 事件——或當地性的事件，甚至是兒童的憂慮，都會對兒童造成情緒上的影響。

　　針對暴力與災難，成人與兒童暴力防治組織（Adults and Children Together Against Violence, ACT）、社會責任教育者（Educators for Social Responsibility）及美國教育調解協會（National Association for Mediation in Education）皆可提供教師解決問題的資訊及訓練。以下為相關建議：

❋ 停、看、聽。留意兒童的一言一行。

❋ 瞭解自身的感受。自我覺察可以協助你做出適當的回應。

❋ 先問再說。用開放性問題引導兒童多說話敘述。

❋ 提供架構。清楚的作息及適當轉換能夠提升專注力與興趣。

❋ 與家長或其家庭合作。每個人都該有所貢獻。

1-4c　價值觀傳承

　　在教育傳統中不斷重複上演的第三項議題是價值觀傳承。價值——無論是社會、文化、道德或是宗教——都是幾世紀來的教育精髓。盧梭與福祿貝爾相當重視童年，因此創立一個能讓兒童盡情表達內在善良本質和特性的場所。清教徒長老相當重視聖經神學；因此，當時的學校教導兒童閱讀並瞭解

聖經。如今反偏見運動顯示（見「社會多樣性」部分），幼教課程中將尊重個人、文化鑑賞視為重要內涵。

　　布列茲頓與格林斯潘（Brazelton & Greenspan, 2001）寫道：「人們是如此的不堪負荷，以致整天只能四處奔波而無暇停止匆促的腳步思考：『我的價值是什麼？孩子是否為我生命中的第一考量？我與他們相處的時間是否足夠？』」現今許多家庭都在為自己和孩子尋覓未來的方向。影響兒童價值觀與行為原因眾多，其中最值得注意的是媒體文化與社會多樣性。

媒體文化

　　許多家庭中的電視、電腦及電視遊樂器幾乎取代了成人的監督；「為了瞭解消費者對品牌、商品、包裝、店內行銷、廣告及娛樂內容的無意識回應，研究者將人類腦部與神經系統研究應用於消費者研究之上」（Nielsen Media Research, 2014），並確立下列事實：

❋ 在美國，98% 的家中擁有一台以上的電視。
❋ 電視每天平均開機 6 小時以上。
❋ 幼童看電視的時間（15,000 小時）比待在學校的時間（11,000 小時）更多。
❋ 幼童可能在電視上看到 180,000 件謀殺、強暴、持槍搶劫及猥褻畫面。

　　當這些孩子黏著電視時，究竟產生了什麼變化？常識媒體（Common Sense Media）及美國國家衛生研究院（National Institutes of Health, NIH）分析了 173 筆有關媒體消費對兒童的影響研究，發現兒童的健康狀況與接觸電視媒體時間呈強烈負相關。「很不幸地，最終他們都會成為沙發馬鈴薯（couch potato）」，NIH 生物倫理學部門創始人伊曼紐博士（E. J. Emanuel）說道。「該研究顯示，過度的媒體接觸對於幼童與青少年健康會

過多媒體暴力造成的危害

增加攻擊性及反社會行為。
增加成為受害者的恐懼。
對施暴者與暴力受害者失去知覺與同情。
在娛樂與現實生活中暴力樣貌的場景更為增加。

管控媒體		
策略	內涵	範例
訂定限制	瞭解家中幼童看電視的時數並加以監督。	每天看電視時數兩小時以下；除非有人在看，否則不要開著電視；訂定規則，例如：「打電動時間也算是看電視時間」。
規劃並參與	陪孩子一起決定要觀賞的節目。	和孩子一起看電視，指出利社會（prosocial）之部分，或是詢問孩子你不喜歡的部分；善用「暫停」、「倒轉」，以及「靜音」鍵。
拒絕廣告	兒童無法區分宣傳廣告與一般節目的差異。	藉由指出廣告中誇大的部分，協助孩子成為「精明的消費者」；詢問孩子「他們想賣什麼東西給我們？」
表達你的看法	發現電視上的節目或廣告不當時，打電話或寫信給電視台。	和孩子一起寫信並且提供紀錄。

© Cengage Learning®

產生各種負面影響……我們發現幾乎沒有研究曾指出媒體對兒童健康會帶來正面效益的」（Common Sense Media, 2008）。過多媒體暴力對兒童造成的危害如下（Gordon & Browne, 2013）：

❋ 增加攻擊性及反社會行為。
❋ 增加成為受害者的恐懼。
❋ 減少對施暴者與其受害者的敏銳度。
❋ 在娛樂與現實生活中暴力樣貌的場景更為增加。

　　此外，西北大學媒體和人類發展中心（Center on Media and Human Development）研究指出：「少數族群家庭的孩子較可能會：(1) 生活在電視整天都開著的家庭中；(2) 邊看電視邊吃東西」（Levin, 2013）。因此，妥善管理兒童接觸電視媒體是大人相當重要的任務。

社會多樣性

多元文化教育　多元文化教育（multicultural education）是一套教學系統，其涵蓋所有民族和種族的貢獻。也就是說，這是一種更能反映出少數族群及

專業素養

名人堂

　　路易斯・德曼—斯巴克斯（Louise Derman-Sparks）和伊莉莎白・瓊斯（Elizabeth Jones）及太平洋橡樹學院共同合作研究，出版了《幼兒的多元文化：反偏見取向》（*Anti-Bias Curriculum: Tools for Empowering Young Children*, Derman-Sparks et al., 1989）。本書提到幼兒行為因受社會偏見而影響之層面，進而提供教師（家長）許多著手處理這些議題的方法。這些專家為社會改革的概念注入一股強大的力量；讓我們將焦點放在自身、學校環境、幼兒互動以及教育環境中的家長與同事群。

　　德曼—斯巴克斯與歐森・愛德華（Olsen Edwards）（2010）將原書修改成《幼兒與我們的反偏見教育》（*Anti-Bias Education for Young Children and Ourselves*）。書中提及，現代教師應學習將種族／族群意識、文化、非弱勢／弱勢、性別與影響幼兒行為的偏見與日常實務相結合。

多元文化教育觀點，並提供所有兒童一種更完整、更趨近他們自己的真相和歷史文化之全面性教育法。當「大熔爐」（melting pot）的隱喻改變為「馬賽克」（mosaic）或「什錦沙拉」（mixed salad）時，表示我們鼓勵一種稱為文化多元主義（cultural pluralism）的新式思維，意即「我們都是一家人，但不需被迫放棄自己的種族出身」。當每個兒童的個別多樣性都受到尊重，且他們的家庭、語言和文化傳統都屬於課堂的一部分時，即是幼兒教育趨向多元文化之時。教師需接受反偏見課程（見第 9 章）等特殊訓練，以成為有效的教育者，而訓練的主題著重在減少偏見訓練、雙文化期待、環境與人際因素、各種教學策略、融合課程、文化回應行為。

雙語教育　**雙語教育（bilingual education）**在教育各階層都是一大挑戰；因為各界對雙語的定義、哪些人需要使用雙語、由誰提供雙語服務之看法不一。自美國獨立革命後，雙語教育一直是美國經驗的一部分，學校在戰爭期間以 18 種以上的殖民地居民語言進行教學。說英語只是雙語教育中的一環：英文能力有限者的民權和受教權、文化同化，以及他們在社會中的參與度和被接納度亦備受爭議。

　　雙語課程種類繁複以至於不易評估。某些課程希望盡早讓兒童進入一

英語學習		
兒童年齡	教學方式	值得注意之處
0-5 歲	標準為「沉浸式英語教育」：以英語授課並鮮少有額外的指導，某些教師能夠使用兒童母語字彙做為協助。	可以學到精通第二語言；但有導致忘記母語且無法和家人溝通之風險。
5 歲以上	標準同為：「沉浸式英語教育」，為了協助技能的建立，某些科目會以母語授課；學齡兒童在第二語言的形式結構學習上表現較佳。	兒童能夠學習到複雜的社會議題；在精通第二語言之前，兩種語言能力皆不佳。

© Cengage Learning®

般教室上課；其他課程則盡可能讓兒童保留母語。雙重或雙語沉浸式教學（dual/bilingual immersion），試圖將以英語為母語的學生和英語能力有限的學生混合，進行「雙向」雙語教育。各州政府對雙語教育法案規定不同，但皆規定需特別指導英語程度不佳的學童。例如，1998 年加州法案有效地終結了以公共資助的雙語課程，改以在中小學實施短期、密集的沉浸式英語課程。

移民議題　另一個對學校嚴峻的挑戰即是移民議題。美國歷史上，學校一直試圖將移民兒童融入美國，且教導這些孩子在新國度能成功生活的基本技能。自 1968 年起，美國中小學教育法案（Elementary and Secondary Education Act, ESEA）（也就是廣為人知的雙語教育法案 Bilingual Education Act）其中的第七條強調需加強英語程度不佳學生之能力。全美有超過 250 萬名學齡移民兒，且至少也有 250 萬名 5 歲以下的孩子（CDF, 2000）。各州移民兒童就學狀況不一，在某些學校移民學童比例高達 95%。

　　繼移民者的文化融合接受度之外，另一迫切的議題是語言隔閡。此外，許多新移民飽受戰爭、暴力與貧窮之摧殘；這些兒童與家庭背負極大的壓力，需要接受協助以處理這些壓力和種種困境。學校安置與監督移民兒童的方式——包含他們的教育發展和福利——對於要釐清美國社會對新移民責任的教育者與美國公民而言，都是極大的挑戰。

融合教育　為了將身心障礙者順利融入一般課程中且考量其限制，1970 年代通過了美國身心障礙者法案（Americans with Disabilities Act），自此，融合教育開始備受關注。其主要原則為：

❋ 個別性（瞭解個別限制與需求）
❋ 合理性（適度照顧身心障礙者並調整課程）
❋ 融合（將身心障礙者融入一般人）

　　若因照顧特殊需求兒童而造成課程過度的負擔、改變課程的本質，或威脅到其他兒童及教職員的健康與安全，融合教育將變得不合理。瞭解應有原則後，盡可能達到**完全融合（full inclusion）**，特殊需求兒童便能在**最少限制環境（least restrictive environment）**中有最好的表現。

　　儘管如此，實際上仍有許多幼童的特殊需求尚未被診斷出，且適當的安置處也難尋得，尤其是未滿 5 歲兒童的課程。幼兒特殊教育相對於幼兒教育，是相當新的領域，因此大多數幼教工作者需要經過協助才能瞭解這些特殊需求，並學習如何在不影響課程品質或造成教職員負擔的前提下，進行特

幼兒教育歷史上包含許多種族團體所提供的幼兒課程典範，以及學校教育所排除的部分。

適性發展教學實務提供各種在幼兒課程中包容社會多樣性的方法。

對所有兒童的未來展望為何？

圖 1-4　社會多樣性：幼兒教育探討議題。

多元觀點

強調差異還是不分性別？

以身作則。從自我意識、自身行為、反應和態度反省開始。

嘉言懿行。藉由描述你看到的正面行為給予肯定，並避免使用性別分類（例如，「所有男生都穿上外套」或「所有女生都到點心桌那兒。」）

謹言慎語。避免用「漂亮／英俊」等字眼形容兒童，將全班學生視為一個群體（「小朋友們」而不是「男生和女生」）；細心用字遣詞，避免使用會反映性別偏見的字（例如，「他很有自信／她很驕傲」）。

一視同仁。每個孩子都可以玩任何玩具且無地點限制；積木非男孩專屬，娃娃屋也非女孩獨有；教師更不能因一些無法改變的事實，像是膚色、殘疾或性別而禁止孩子從事某些遊戲。

以靜制動、說之以理。如果你聽見「禁止男生」或「女生不可以那樣」，請做好介入與支援的準備，找出兒童想法的原因，並審視評估你自己的看法，同時指出班級規範為何。

審慎思考如何應對超人與芭比娃娃。為所有兒童發展一套策略，包含所有兒童皆可從事、肯定兩性平等的活動，運用像是親近教師與結構性遊戲的方式，讓兒童進行平時在其他場合被禁止的活動。

殊需求兒童的融合。

性別議題　性別議題亦是教育所關注的重點。許多研究證實，在童年時期有普遍的性別區隔現象（Grossman & Grossman, 1994）。比起性別配合行為，性別差異在幼兒階段反而較不明顯（見第 4 章）。雖然成人通常不會直接造成偏見發展，但教師與家長要間接地為兒童性別不平等負起責任。雖然在現代文化中是很不恰當的，但課堂內的**性別歧視（sexist）**確實很早就促成權利和主導模式的形成。

性向　雖然人類性向問題不會列入幼兒教育課程中，但教師仍會在下列幾種狀況面臨到同性戀的議題：

❋ 兒童教保育課程中的同性戀家庭議題
❋ 與同性戀同事合作

倫理議題

尊重

專業倫理指標核心指出：「無論如何都不可傷害兒童。我們不應該有不尊重、侮辱人格、剝削、威嚇、危及兒童、傷害其情感或是身體傷害等行為。」謹記在心，接著檢視自己對同性戀的感受：

☺ 確實瞭解兒童對那些被稱為娘娘腔（或男人婆）的同儕之偏見，進而讓這些偏見消失在教室中。

☺ 無論程度輕重，需立即處理所有學生之間的傷害和騷擾。

☺ 反對任何對同性戀或少數族群的負面言詞。

☺ 利用班會或非正式的小組會議，使用一些詞幹讓兒童完成語句，如「當我被嘲笑時，我覺得……」且協助兒童著重於當他人受到騷擾時的感受。任何兒童都不需要對自己的家庭、教師或自己感到羞恥。

❋ 處理兒童對男性或女性的角色認知

❋ 多元文化童書及教材中的同性戀家庭議題

　　若教師要摒棄對於種族、能力與性別的刻板印象，他們就需避免依照「女性」或「男性」的角度來批評孩子的家庭型態。目前未有研究發現家長人格特質會對性別取向產生影響的證據（Berger, 2012）。暫且不論性別是否是個備受爭議的話題，我們都該更直率的面對這個議題。

1-4d　專業素養

　　若你正考慮從事幼兒教育，可能會想知道這是否為值得投入的職業（見第5章）。因此，在接下來的幼教課程**標準（standards）**、專業培訓標準以及**宣導倡議（advocacy）**這三個小節中，你會發現幼兒教育是一項具備挑戰性、激勵智能發展又具前景的職涯。

幼教課程標準

　　從嬰兒到8歲，為其精心設計的幼教課程極為多元，因此要制訂一套標準評估幼兒保育和教育並不容易。請思考以下數據的意義：

專 業 準 則

為什麼你需要知道這些？

　　「幼兒保育的經濟運作持續形成一個**三角困境（trilemma）**——托育品質、家長的負擔、教職員的薪資」。幼兒教保品質和教職員息息相關：成人與兒童的人數比例；薪水和福利是否足以讓教師留任；教職員的教育程度、培訓及年資。為了提升幼教品質，我們需要：

☺改善教師的工作環境
☺機構式與居家式托育各有適當的幼兒教保育資格證照
☺優良的教職員培訓
☺充足的資金以因應小學各階段教育

無論是美國幼兒教育協會（NAEYC）幼教專業準則還是美國兒童保育資訊與技術中心（National Child Care Information and Technical Assistance Center）（Sakai & Whitebook, 2004）皆提到本書中的七項專業標準；每章都標示出相關標準以協助你做好準備成為一位幼教專家。此外，與他人合作學習也是充實實務與知識理論的好方法。如此一來，你也能為幼教領域盡一份心力，讓幼兒教育成為全國矚目的重要職業。

❋ 美國有 11 個州，家庭式托育者不需要任何訓練即可登記取得執照（NACCRRA, 2010）。
❋ 美國有 32 個州的兒童托育中心教師不需經過職前訓練，且有 39 個州（及哥倫比亞特區）並未要求家庭式托育者須經過專業訓練（CDF, 2010）。
❋ 2012 年，只有 7,000 家幼教機構達到 NAEYC 的幼教課程標準（NAEYC, 2012）。

　　幼教領域中最全面性及完善的一套標準是 DAP，將於第 2 章詳細討論。

專業培訓標準

　　兒童發展中心的教保品質，與教職員的培訓及教育密不可分。因此，我們必須僱用訓練有素、有能力且熱愛兒童的人才。許多州目前正為幼兒教職員發展職涯階層與專業發展計畫。在制訂一套協調的系統時需考慮：

❀ 能夠接納不同觀點的人士加入這個行列
❀ 提供內容明確的訓練及認證系統以及職涯規劃
❀ 提供各種獎勵以留住人才（請見第 5 章）

事實(T) 或 迷思(F)

T (F) 教師專業培訓標準具有共同性。

美國許多州對於幼教者以及其職涯層級都有各自標準。此外，NAEYC 對於教師專業培訓亦有七項標準。

宣導倡議

　　幼教是一個值得投入的職涯嗎？童年是人生中特別的時光，也因此與兒童互動者應該要深思該專業領域的各層面：

❀ 身分之認同。幼教工作者自視為幼兒全人教育的照顧者，將身、心、靈三者皆納入考量（請見第 3 章）。

❀ 適性發展教學實務（DAP）之實施目的。優質的幼兒保育和教育需結合兒童發展與其長處、興趣和需求，同時也需納入兒童居住的社會及文化背景做為考量（請見第 2 章）。

❀ 遵循倫理教學和保護兒童之承諾。身為專業幼教工作者意指需為兒童福祉著想，在課室中談論的家庭問題需保密、堅守職業道德，且嚴謹地看待這份工作（請見第 5 章）。

❀ 生計合理之工作。提供幼兒保育及教育人員應得合理的薪資及友善優良的工作環境。

　　幼兒教育是個持續往各方發展、成長的職業，且以彈性、創新的方式迎向各種挑戰。

本章摘要

1.1 為認識幼兒教育之歷史根源，瞭解美國與外來之影響必不可少。本節介紹柯門紐斯、洛克、盧梭、裴斯塔洛齊、福祿貝爾、蒙特梭利、史坦納、麥克米倫姊妹等歐洲人士。本節亦討論美國本土影響，包括殖民時期及奴隸教育，杜威、希爾、米契兒、艾略特等人。

1.2 於檢視幼兒教育場域及其沿革之際，須瞭解幼教領域分為三大元素：托育機構與其延伸、幼稚園、其他寓意深遠的機構與計畫——兒童托育、平等權、啟蒙計畫。

1.3 影響幼兒教育領域深遠的三大學門為：醫學、教育和心理學。醫學領域重要人士有：蒙特梭利、佛洛伊德、葛賽兒、史巴克、布列茲頓。教育界則為：艾薩克斯、杜威的進步主義教育運動以及瑞吉歐學校。兒童研究運動、各種心理學的發展與學習理論，以及當代的腦科學、腦部研究亦促成幼兒教育理念與實務的形成。

1.4 本節探討現今幼教領域中的四大重要議題。*社會改革倫理議題*包含：幼兒托育品質、不讓任何孩子落後法案、奔向巔峰競爭性補助及共同核心標準、適性發展教學實務。*童年重要性*之議題則探討因父母離異、工作、貧窮而造成的家庭壓力及兒童健康風險，例如：兒童虐待與兒童疏忽、兒童肥胖症、暴力及災難。*價值觀傳承*探討媒體文化與社會多樣性，像是多元文化教育、雙語教育、移民、融合教育、性別議題。*專業素養*則討論幼教課程標準、專業培訓標準及宣導倡議三大部分。

網路資源

The Annie E. Casey Foundation, KIDS COUNT Data Center　**http://www.aecf.org**

Association for Childhood International Education　**https://acei.org**

Center for the Study of Child Care Employment　**http://cscee.berkeley.edu**

Center for the Study of the Child Care Workforce　**http://www.ccw.org**

〔CCW 於 2002 年與 AFT Educational Foundation 合併為 Center for the Child Care Workforce（ATTEF）〕

Childhelp　**http://www.childhelp.org**

Children's Defense Fund　**http://www.childrensdefense.org**

National Association of Child Care Resources and Referral Agencies
http://www.naccrra.org

National Association for the Education of Young Children　**http://www.naeyc.org**

National Center for Health Statistics　**http://www.cdc .gov**

The Obesity Society　**http://www.cdc.gov/nchs/**

U.S. Department of Health & Human Services　**http://www.hhs.gov**

參考書目

Ansari, D., & Coch, D. (April, 2008). Bridges over troubled waters: education and cognitive neuroscience. In *Trends in Cognitive Science, 10* (4).

Berger, K. S. (2012). *The developing person through the life span, 8e*. New York: Worth Publishers.

Biber, B. (1984). *Early education and psychological development*. New Haven, CT: Yale University Press.

Brazelton, T. B., & Greenspan, S. D. (2001, March). The irreducible needs of children. *Young Children*, 6–13.

Bredekamp, S. (Ed.) (1987). *Developmentally appropriate practices*. Washington, DC: NAEYC.

Bredekamp, S., and Copple, C. (Eds.) (2009). *DAP in early childhood programs serving children from birth through age eight* (3rd ed.). Washington, DC: NAEYC.

Bredekamp, S., & Rosegrant, T. (Eds.) (1995). *Reaching potentials: Transforming early childhood curriculum and assessment* (vols. 1 and 2). Washington, DC: NAEYC.

Byrnes, J. P. (2001) *Minds, brains, and learning*. New York: Guilford Press.

Carew, T. J. & Magsamen, S. H. (2010, September). Neuroscience and education: An ideal partnership for producing evidence-based solutions to guide 21st century learning. In *Neuron, 67*(5, 9), 665–688.

Casey Foundation (2008). *Kids count data book*. Baltimore, MD: Annie E. Casey Foundation.

Center on the Developing Child at Harvard University (2007). A science-based framework for early childhood policy: Using evidence to improve outcomes in learning, behavior and health for vulnerable children. **http://www.developingchild.harvard.edu.**

Children's Defense Fund (2010). *The state of America's children: Leave no child behind*. Washington, DC: Author.

Center for Media Literacy (2008, August). *Literacy for the 21st century: An orientation and overview of media literacy education*. Available at: **http://medialit.org.**

Childhelp (2012). *Signs of child abuse, 2010*. Available at: **http://www.childhelp.org.** Retrieved January, 2012.

Childhelp (2009). *Child abuse in America, 2006*. Available at: **http://www.childhelp.org/ resources.** Retrieved March, 2009.

Common Sense Media and Department of Clinical Bioethics, National Institutes of health. (2010, December) *Media + child and adolescent health: a systematic review.* **www. commonsensemedia.org**

Corbett, S. (1993, March). A complicated bias. *Young Children*.

DelCampo, D. S., & DelCampo, R. L. (2006). *Taking sides: Clashing views in childhood and society* (6th ed.). Dubuque, IA: McGraw-Hill.

DeMause, L. (1974). *The history of childhood*. New York: Psychohistory Press.

Derman-Sparks, L., et al. (1989). *Anti-bias curriculum: Tools for empowering young children*. Washington, DC: NAEYC.

Derman-Sparks, L., & Olsen Edwards, J. (2010) *Anti-bias education for young children and ourselves*. Washington, DC: NAEYC.

Dubinsky, J. M., Roehrig, G., & Verma, S. (2013, August/September). Infusing neuroscience into teacher professional development. In *Educational Researcher*, *42*(6) 317–329.

Du Bois, W. E. B. (1903). The talented tenth. In F. Schultz (Ed.), *Notable selections in education*. Guilford, CT: Dushkin Publishing Group.

Edelman, M. W. (2008). *The state of America's children*. Washington, DC: Children's Defense Fund.

Gronlund, G. (2006). *Making early learning standards come alive*. Washington, DC: NAEYC & Redleaf Press.

Grossman, H., & Grossman, S. H. (1994). *Gender issues in education*. Boston: Allyn & Bacon.

Hymes, J. L., Jr. (1978–79). *Living history interviews* (Books 1–3). Carmel, CA: Hacienda Press.

Levin, D. E. (2013) *Beyond remote-controlled childhood; Teaching young children in the media age.* Washington, DC: National Association for the Education of Young Children.

McMillan, R. (Deptford School). Available at: **http://www.spartacus.schoolnet.co.uk/ WmcmillanR.htm.**

National Association of Child Care Resources and Referral Agencies (NACCRRA) (June, 2010) Child Care in America fact sheet. **http://www.naccrra.org**

National Association for the Education of Young Children (2005). *Accreditation criteria and procedures of the National Academy of Early Childhood Programs.* Washington, DC: Author.

National Association for the Education of Young Children (2012). Accreditation programs for young children. **http://www.naeyc.org**

National Center for Health Statistics (2011, Update). *Prevalence of overweight among children and adolescents: United States.* Hyattsville, MD: U.S. Department of Health and Human Services, Centers for Disease Control and Prevention.

Nielsen Media Research (2014). *Nielsen report on television.* New York: Nielsen Media Research.

Osborn, D. K. (1991). *Early childhood education in historical perspective* (3rd ed.). Athens, GA: Education Associates.

Pickhardt, C. (2013). The impact of divorce on young children and adolescents. In *Surviving (your child's) adolescence.* New York: Wiley.

Sakai, L., & Whitebook, M. (2004). *By a thread: How child care centers hold on to teachers, how teachers build lasting careers.* Kalamazoo, MI: WE Upjohn Institute of Employment Research.

U.S. Census Bureau (2010). Current population survey. October 1980 through 2009. Washington, DC: Author.

U.S. Department of Education (2001). *National household education survey.* Washington, DC: Author.

2 幼兒教育機構樣貌

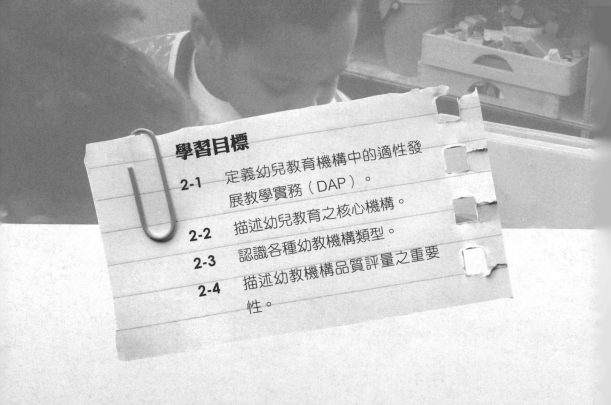

學習目標

2-1 定義幼兒教育機構中的適性發展教學實務（DAP）。

2-2 描述幼兒教育之核心機構。

2-3 認識各種幼教機構類型。

2-4 描述幼教機構品質評量之重要性。

美國幼兒教育協會幼教專業準則

本章涵蓋之美國幼兒教育協會幼教專業準則：

標準 1：促進兒童發展與學習

標準 2：建立家庭與社區的關係

標準 3：經由觀察、記錄與評量來支持兒童與家庭

標準 4：運用促進兒童發展的有效教學法和兒童與家庭建立關係

標準 5：運用知識內涵建立有意義的課程

標準 6：成為專業工作者

標準 7：幼教現場實務經驗

事實(T) 或 迷思(F)

T F 適性發展教學實務（DAP）不包含家庭的涉入。

T F 幼教之核心機構分為兩種類別。

T F 嬰兒／學步兒托育機構是指托育對象為 3 歲兒童的優良機構之修改版。

T F 幼教機構目標與目的會影響所使用的評量工具。

2-1 幼兒教育機構中的適性發展教學實務

　　本書只要論及幼兒教育品質之原則時，皆使用**適性發展教學實務**（**developmentally appropriate practices, DAP**），意指觀察且回應不同成長速率的兒童，並提供與其文化及社會相關的學習經驗之教學實務。請參考第 1 章第 6 頁的 DAP 傘狀圖。

2-1a　DAP 三大要素

　　如第 1 章所述，DAP 可分為三大層面來探討：

1. 瞭解兒童發展與學習。
2. 瞭解兒童的長處、興趣與需求，並根據個別差異調整。
3. 瞭解兒童生活中的社會及文化背景。

2-1b　DAP 的運作

　　適性發展理念之建構核心為穩固的兒童發展知識基礎。專為兒童設計的課程需以兒童相關知識為基礎（Copple & Bredekamp, 2009），同時也納入對兒童與其家庭之瞭解。以此彙整而得的知識都應用於每一個與課程有關的決策上：

❋ 兒童的樣貌為何？
❋ 他們如何學習？
❋ 他們應該學些什麼？
❋ 他們該在何時學？
❋ 該如何教他們？
❋ 我們如何知道他們正在學習？

DAP 應該是

❋ 機構與課程對兒童的興趣和需求能有所回應。
❋ 兒童能主動參與學習、從琳瑯滿目的教材與設備中進行挑選。
❋ 遊戲是兒童學習與成長的核心。
❋ 教師能應用兒童相關知識且運用各種策略、教材與學習經驗以回應每個孩子。

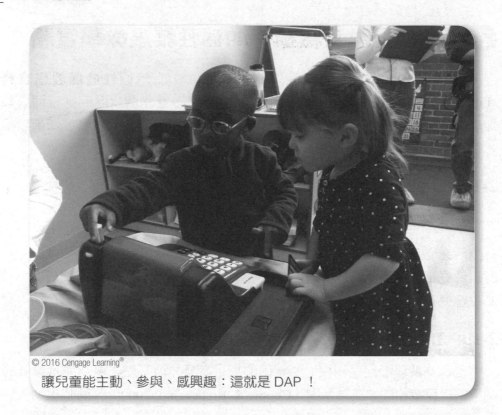

讓兒童能主動、參與、感興趣：這就是 DAP！

❋ 教師能多方考慮各年齡層兒童的特徵，並訂定具挑戰性又可達成的學習目標。

❋ 教師能瞭解不同兒童可能從同一活動中獲得截然不同的學習經驗。

❋ 所有發展面向——生理、社會—情緒、認知和語言——皆能融合在活動與課程中；同時也包含對雙語學習者的特別關注。

兒童如何從 DAP 中受益

適性發展教學實務以多種方式對兒童產生助益，包含：

1. 允許兒童自行建構對事物的理解，並鼓勵他們經由更有能力的兒童與成人教導而學習。
2. 增加課程統整或參與深度探究的機會，讓兒童瞭解各學科之間的關係。
3. 在學習環境中提供可預測的結構或慣例，且教師依據兒童之想法、需求和興趣產生變通性與自發性。
4. 支持兒童從想進行的活動中做有意義的選擇。

5. 製造能挑戰兒童運用其極限能力的情境，並提供足夠練習新學技能的機會。

6. 提供兒童與同儕合作並從中學到群體概念的機會。

7. 協助兒童發展自我認同的正面概念，且尊重與其觀點或經驗相異的人。

8. 善用兒童的好奇心和能力以從事學習。

9. 經由教師規劃的結構活動、計畫與經驗，以促進自發性、即時性的遊戲。

事實(T) 或 迷思(F)

T Ⓕ DAP 不包含家庭的涉入。

具備對兒童、家庭以及他們的目標和期望的知識與理解，是 DAP 不可或缺的部分。

適 性 發 展 教 學 實 務

DAP 計畫如何運作？

1. 兒童發展告訴我們哪些關於學步兒的資訊？

   學步兒喜歡自己動手，但通常超出他們的能力範圍。他們喜歡獨立，但若透過些微的協助和鼓勵，便能夠快速地學習。

2. 我們對團體中的每個孩子瞭解多少？

   許多學步兒依賴家庭成員餵食、穿衣或是收拾玩具。但也有一些學步兒正在家裡學習這些技能。多數孩子會要求老師給予協助，有些則是需要幫忙；有個孩子可能會堅持自己穿上外套，而另一個孩子卻因為在第一次嘗試時無法將鞋子套上腳，而把鞋子丟到地板上。

3. 我們對每個兒童的社會和文化背景瞭解多少？

   多數兒童來自隨時能給予幫助的家庭環境，因為其主要文化價值與育兒方式強調依賴感與社區概念，當然也有少數家庭希望他們的子女能夠獨立自主。

這些議題皆是家庭與校方對話焦點，以找尋最佳解決之道。因此教師與家庭應共同合作協商決策。

關注各個兒童並培養溫暖的關係是每個幼教機構的基本要素。

2-1c 適性發展與文化合宜實務

文化合宜實務（culturally appropriate practice）指的是跨越社會文化背景，確保教學平等與公正的能力。

DAP 的概念擴及文化影響，強調成人應發展多種族觀點之能力（Hyun, 1998），對多元文化準備充裕的幼兒教保人員，不僅需要對人種、語言、性別、種族、宗教、社經地位或性取向具備敏感度，更要瞭解個人歷史、家庭起源、種族與家庭文化是造成我們彼此相似卻相異的因素。具備這些觀點後，教師方能正面回應每個兒童的獨特生活經驗。

2-2 幼兒教育之核心機構

五花八門的幼教機構，有種類繁多的名稱遊戲，無論是學校招生或課程中的應用，琳瑯滿目，範圍廣泛。包含全日制或半日制托育服務、嬰兒與學步兒托育機構、小學、課前或課後托育以及**幼稚園（kindergarten）**。托育年齡從嬰兒到 10 歲，托育場所從家庭、學校、社區中心、教堂及猶太教堂到商業場所皆有。

幼兒教育機構的存在，是為了滿足林林總總的需求，有些也會重疊，諸如：

在家長工作時照顧兒童（例如，居家式托育、兒童托育中心）

提供兒童豐富充實的課程（例如，半日托兒所、實驗學校）

── 多 元 觀 點 ──

家庭與學校文化之連結

　　為了盡可能發揮兒童的學習經驗，兒童需要感受到家庭和學校間的文化和諧度。同時藉由資訊的分享，教師對於兒童的家庭文化能更瞭解，進一步和家庭成員相互支援。

　　FirstSchool 為美國北卡羅來納大學教堂山丘分校的法蘭克·波特·葛雷厄姆兒童發展機構（Frank Porter Graham Child Development Institute at the University of North Carolina at Chapel Hill）和學校合作的一項計畫，致力於改善非裔、拉丁裔及低收入家庭 3 到 8 歲兒童（preK-3rd grade）的學校經驗。一份最近的指南（Gillanders & Gutman, 2013）指出，教師用以增進兒童的社會情緒、認知、學業及文化的各種方式：

1. 焦點團體以協助認同家庭—學校夥伴關係的效益。
2. 發放全校性問卷以深入瞭解家庭信念與習慣。
3. 進行家庭訪問以得知家庭常規與社會文化習俗。
4. 協助居住於他地的教職員進行兒童居住地的社區參訪。
5. 發放班級問卷以瞭解家長對其子女發展之看法，並瞭解家長對校方與其溝通的滿意度。
6. 舉辦親師座談會以告知家長其子女之進步情形，並瞭解家長對孩子學習情況之觀點。
7. 快速與家長取得聯繫：電訪、電子郵件、簡訊；只要打聲招呼、聊幾句就可以知道孩子的健康狀況，或分享孩子學習或遊戲時的照片。

　　從這些蒐集到的資料，可得知課程規劃、教學策略、家長參與之情形，也能瞭解課室內所用的教學方式是否尊重或反映出兒童的家庭文化。

提供親子教育課程（例如，家長合作、公立學校親子課程、青少年家長課程）

做為兒童的活動場所（例如，大多數的幼教機構皆具備此功能）

專門為特殊需求障礙兒童設計的場所

課業或入學準備度指導（例如，幼稚園以及許多幼教機構皆具備此功能）

NAEYC 運作中的 DAP

運作中的 **DAP** ──尊重文化多樣性

運用 NAEYC 對文化多樣性之標準，以下範例指出在何種情形下，DAP 能夠支持家庭與學校文化之間的和諧性。當你：

☺ 將兒童群體視為小型社會，將所有兒童的家庭文化和語言帶入共有的學校文化之中，讓每個兒童都能感受到被接納，且獲得歸屬感。

☺ 提供能反映多元文化與兒童家庭生活及文化特徵的書籍、教材、圖像、經驗，讓兒童察覺到他們原本無法察覺的特點。

☺ 進行討論或適當活動，教導兒童尊重與欣賞所有人之間的相似性與差異。

☺ 正向談論每個兒童的生理特徵、家庭及文化傳統。

☺ 避免使用會對任一族群造成刻板印象的教材、主題或語言。

☺ 邀請家人參與所有課程。

☺ 參觀社區博物館或文化資源等相關機構。

☺ 將多元文化觀點融入所有課程主題，避免只採用「宣導性」的方式。

圖 2-1　所有兒童與家庭文化都應受尊重、納入機構，且應為自己的文化傳統感到驕傲。（NAEYC, 1998）

資料來源：Data from NAEYC, 1998。

文化或宗教特殊機構（例如，以非裔美國人為主的學校、教導宗教教義的**信仰本位學校（faith-based school）**

特殊理念機構（例如，蒙特梭利學校、瑞吉歐學校、華德福學校）

師資培育機構（提供師培實習生學習最佳實務以及觀察兒童的機會）

2-2a　影響幼教機構類型的因素

幼教機構受到許多因素左右，因此每種因素皆需納入考量。另外，每一機構由以下所有元素所組成，且每項元素皆影響其品質與學習管道：

1. 招收的兒童年齡
2. 所採用的哲學、理論或教學方法
3. 機構目標
4. 設立目的
5. 出資單位的要求

6. 師資培訓品質
7. 所處物理環境、外型與規模
8. 組成社區的文化、種族、所使用之語言、經濟與社會內涵
9. 經濟穩定性
10. 教職員之專業素養

2-2b　特點

　　一個機構通常有多項目標因而有其特色。幼教機構的目標之一為鼓勵兒童與他人分享知識與技能，並且向彼此學習，而該目標能以多種方式達成。

混齡團體

　　混齡團體（mixed-age groups）是達成合作學習的方法，在同一班級裡包含不同年齡層的兒童。此方式常被稱為家庭式分組（family grouping）或異質性分組（heterogeneous grouping）、跨齡分組（vertical grouping）或無年級分組（ungraded grouping），雖然這並非新的想法，但對幼教工作者卻是相當有趣的一個區塊。蒙特梭利學校、班群教室校舍，以及瑞吉歐學校皆採用此作法多年。

　　混齡團體中的兒童年齡差距通常大於 1 歲。當兒童與非同齡兒童互動時，會產生許多發展優勢：

1. 兒童自身發展層級與步調得以滿足，且能在自己做好準備時成長進步。
2. 不再強調年齡和競爭，而是著重於合作學習。
3. 學習照顧與協助更年幼的兒童，藉以提升對他人的責任感。
4. 欣賞並尊重各類學習型態與多元智能。
5. 提供各式學習模式與友誼模式。
6. 兒童在合作與社會化中成長，且培養獨立性。

　　雖有上述各種優點，混齡團體仍不免令人聯想到一些風險：

1. 年齡較大的兒童可能會凌駕於年齡較小的幼兒之上，而年幼的孩子可能會纏著年長的孩子，為避免此狀況，需要教職員的督導。瑞吉歐學校是混齡團體的楷模，在此幼教機構中，年長的兒童有責任照顧較年幼的兒童、向其解釋不懂之處，並協助他們找到適當的角色來學習課程。

2. 在兒童能自由選擇各類活動且與其他小團體的兒童互動時，混齡團體的教育性與社會性優點才得以實現。

3. 教師必須積極鼓勵兒童與那些已具備自己尚缺乏的技能和知識的孩童多互動。

透過與同儕或成人的互動，混齡團體教學體現了杜威、皮亞傑、迦納（Gardner）、維高斯基（Vygotsky）等學者之理論。混齡團體教學實務有許多值得推崇之處，且應做為幼兒教育中的重要議題加以探討。

循環

教師帶領同一群幼兒班級，達兩年以上的帶班方式稱為**循環（looping）**。

如同混齡團體，循環亦屬於舊觀念的重新體現，而今循環為華德福學校和瑞吉歐學校中的一環。循環常與混齡教室搭配，進一步營造出自然、家庭般的環境。其優點為：

1. 提供兒童穩定性和情緒上的安全感
2. 給予教師更多機會深入瞭解兒童，進而適時調整課程，做個別化設計
3. 增進兒童之間的社會互動
4. 在課室中提升對家庭與社區的概念和感受

針對循環模式的評論者指出，此方式需要有經驗、喜愛跨年齡層教學，且能夠長時間與相同兒童相處的教師。

2-2c 幼兒教育之核心機構

現存於幼教領域的各類機構，以傳統式托育機構和兒童托育機構這兩種最能反映出幼兒教育之歷史本質。

傳統托育機構／學前機構

傳統托育機構／學前機構（traditional nursery school/preschool）為運用發展取向促進學習之場所，兒童從中主動探索教材，且所有活動與學習皆根據兒童的發展技能和興趣做有系統的組織。多數機構招收兒童年齡為 2 歲半到 5 歲。

根據發展，傳統托育機構強調社會能力與健康的情緒。課程則鼓勵透過

語言、創造力、智能以及體能活動表達自我。而最重要的基本信念為發展兒童與自身、其他兒童、成人間的人際關係。

　　上述信念反映在日常作息表中（圖 2-2）：

❋ 自由遊戲的時間長，讓兒童可以不受打擾地開創自己的活動並樂在其中。由此可知，傳統托育機構不僅強調遊戲的重要性，更讓兒童能夠學習自己做選擇、挑選自己的玩伴，並且以自己的步調進行自己感興趣的事。

❋ 活動（包含室內、室外活動、自由選擇，以及教師主導的時間）與種類：大肌肉、小肌肉運動遊戲、認知操作選擇、創意藝術、社會遊戲機會等，兩者之間需達到平衡。

❋ 雖然托育機構的時間常為半日，但也有許多會延長到午餐時間。

　　教師的角色與教學方式相當重要。托育機構通常認為兒童需要個別照顧，且應與生活中重要的成人發展出溫暖、親密的關係。由下列各點可得知在該類機構中，杜威、皮亞傑、艾瑞克森（Erikson）及其他學者理念之影響：

❋ 基本上每班兒童人數盡量不超過 20 人。

❋ 師生比例低，通常每位教師負責照顧 6 到 10 個孩子。

❋ 教師藉由觀察與直接互動而瞭解兒童的發展情形與需求，不單只是利用制式化的測驗或是在小團體中評估兒童。

❋ 教師鼓勵兒童表達自我的感受與想法。師生之間如此和諧一致的關係能促

傳統托育機構的作息表	
9:00	抵園；自由遊戲（室內）
9:45	收拾時間
10:00	唱謠時間（大團體）
10:15	如廁／點心時間（小團體）
10:30	自由遊戲（室外）
11:30	收拾
11:45	故事時間
12:00	回家

© Cengage Learning®

圖 2-2　傳統半日托育機構的作息表。

進兒童的自信心、安全感與歸屬感。傳統托育機構的倡導者深信，這些情感能夠培養兒童正面的自我形象、健康的關係，以及營造出鼓勵學習的環境。

普及式學前機構

有愈來愈多的學區開始成立招收 4 歲兒童的學前班，有些機構亦招收 3 歲兒童。依據其目標，這些機構有時介於傳統托育機構與全日托育機構之間。有些著重於就學準備度，有些則是優先招收在校適應與表現不佳的兒童、來自非英語家庭的兒童或低收入家庭子女。在許多州，幼兒教育已發展至廣受支持的階段，因此所有 4 歲兒童，無論貧富都可以申請入學。普及式學前機構之概念將持續是個重要議題。

全日托育

如第 1 章所提到的，兒童托育並不是現代才有的現象。英國第一間托兒所的開放時間是從上午八點至下午四點或五點。

全日托育（full-day child care）是為了那些整日大部分的時間都需要被照顧的兒童而設立，其包含用餐、穿衣、休息及遊戲、學習等基本活動。一個全日托育機構須包含合適的課程，且因應職業家長的需求而有彈性作息表。兒童托育中心招收對象通常為嬰兒、學步兒以及 2 歲半到 5 歲的孩子。從圖 2-3 的全日托育機構作息表當中，可得知其生活常規訓練的分配情形。

多數全日托育機構設立在教堂、猶太教堂、基督教女青年會（YWCA）、基督教青年會（YMCA）、社區與活動中心、商業大樓或醫院裡。有公、私立之分，大多數的營運都是全年無休。此外，兒童托育，尤其是 3 歲以下兒童，場所通常是居家式。

機構式兒童托育

兒童托育中心（child care centers）招收對象為嬰兒到學齡前兒童，有些也會提供幼稚園及課前和課後托育選擇。由日常作息表中可看出兒童托育中心之目標，如圖 2-3 所示：

❀ 孩子們很早就到校了，兒童托育中心的活動也緩緩地拉開序幕了。到了一天將近結束的時候，兒童安靜地集合，從事較靜態的活動。

❀ 學校可提供早餐、上午和下午的點心，以及為兒童自備的午餐加菜；有些

全日托育機構的作息表	
7:00-8:30	到校／早餐時間；只能進行室內遊戲
8:30	大團體活動
8:45	收拾時間／如廁
8:45-9:40	自由遊戲（室內）
10:00	點心時間（小團體）
10:15-11:30	自由遊戲（戶外）
11:30	收拾時間／洗手
12:00	午餐時間
12:30	刷牙／如廁
1:00-2:00	午睡時間
2:00-3:00	自由遊戲（戶外）
3:00	團體時間
3:15	點心時間（小團體）
3:30-5:00	室內與室外遊戲／閱讀時間
5:00	收拾時間
5:15-5:30	回家

© Cengage Learning®

圖 2-3　典型的全日托育機構作息表。多數兒童托育機構結合教育和照顧的基本需求。

機構會為所有孩子準備一天中所需的各餐。

❋ 一到兩個小時的午睡時間能讓兒童獲得充足的休息，以寧靜獨處的時間平衡一整天各種活躍的活動。

❋ 因為整天活動多在校內進行，課程部分亦安排校外體驗活動——戶外教學、圖書館的故事時間或游泳課。

❋ 家長可能有更多額外需求；他們有全職工作還必須養兒育女，而這樣的生活讓他們精疲力竭。因此教師需花投入更多心力，以滿足家長的需求。

❋ 全日托育機構的教職員需特別留意家長方面的問題。全日托育機構中的兒童，需要慈愛的教師給予更足夠與明確的行為限制。

❋ 教職員需要輪班工作，可能以上午和下午做區分。為了使課程運作流暢，輪班的教師皆必須瞭解他們不在場時所發生的事情。

兒童托育最關鍵議題在第 1 章已做討論。品質良莠不齊的全日托育機構：有些品質良好，有充足的津貼以維持教職員專業度與穩定度；有些品質低劣，聘請未受專業訓練的教師，且薪資低廉。值得再三重申的是，品質佳、可負擔的兒童托育，仍是幼教專業人員與立法者需重視的問題。

居家式托育

居家式托育（family child care）是一種常令人聯想到大家庭式的團體托育方式，其環境有時候就在兒童住家鄰近地區，提供更熟悉、彈性、便利，且費用對家長而言可能較低廉的托育服務。居家式托育服務的對象從嬰兒到學齡兒童皆有，主要托育時間為放學後時段。規模從 2 到 12 名兒童不等，但多數維持低成人─兒童比例，招收 6 名以下兒童。下列為居家式托育所面臨的挑戰：

❋ 由於托育對象通常是嬰兒、學齡前兒童及課後兒童，居家式托育提供者必須具備兒童發展相關知識的涉獵擴展至 12 歲。對於這樣的混齡團體，訂定發展經驗與活動便成為一項挑戰。

❋ 居家式托育提供者的工作與生活環境相同，因此對於物品保管、空間或活動空間的概念，有時會造成分配及運用上的問題。

❋ 居家式托育提供者不僅是管理者，更是教師與照顧者，需面對財務與收費管理問題。

居家式托育的優勢：

❋ 對於在小團體中表現優良的孩子或偏好家庭式環境的家長而言，此種托育方式更合適。

❋ 居家式托育通常擁有彈性的日常作息，以因應不同家長的工作需求。

❋ 兒童年齡範圍廣泛讓他們能夠獲得相互學習的機會。

❋ 在整個幼兒時期中，單一照顧者所提供的一致性與穩定性，格外適合嬰兒與學步兒的溫馨家庭氣氛。

❋ 居家式托育讓幼兒照顧者可以在家工作也能照顧自己的孩子。

當然，居家式托育亦有其缺點。許多居家式托育並無制度可言；也就是說，並沒有支持者或機構擔保其品質，甚至未經過各州審核。另外，不少居

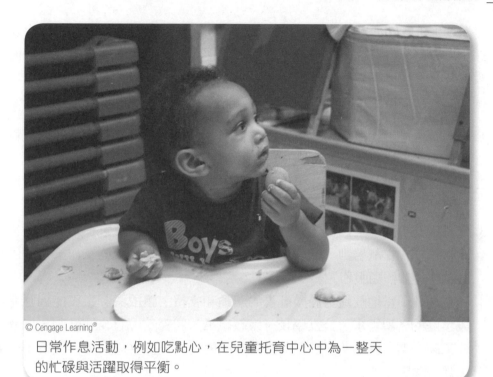

© Cengage Learning®

日常作息活動，例如吃點心，在兒童托育中心中為一整天的忙碌與活躍取得平衡。

家式托育者亦缺乏兒童發展與幼兒教育相關知識，更未修習此類課程。因此，做為居家式托育提供者網路，全國家庭托兒協會（National Association for Family Child Care）出版季刊做為參考，且致力於解決居家式托育機構之挑戰。

2-3 核心機構之延伸變化

　　提供兒童托育和教育的核心機構延伸多樣類型。依贊助單位、方式、基本任務、營利或非營利做為區分。

2-3a　啟蒙計畫與早期啟蒙計畫

　　啟蒙計畫（Head Start）為美國聯邦政府補助地方教育基金，全面性的幼教計畫，提供兒童及其家庭健康、教育及社會等相關服務。自 1965 年起，

已有 3,000 萬名以上兒童與其家庭受惠於該計畫（Head Start, 2012）。大多數採用啟蒙計畫的機構為半日托育機構，並招收 3 到 4 歲的兒童。此類機構常設立於教堂、猶太教堂、社區中心、小學及辦公大樓裡。啟蒙計畫的成功可歸功於其指導目標和原則，特別是透過下列各特點：

1. **全面性**。強調幼兒全人教育；需要醫學、牙醫、營養及智能發展之照料。因此提供兒童及其家庭大規模的健康、教育及社會服務。

2. **家長參與及投入**。在該計畫中，家長主動參與並投入其中；在課室中擔任教師助手、加入管委會參與課程決策，或擔任校車司機或校廚。

3. **家庭服務**。許多全面性的服務除了提供給兒童，也擴及家長。計畫中包含給薪工作、在職培訓、繼續教育和接受訓練以取得合適的工作，且提供家庭某些健康照顧服務。

4. **社區合作**。當地社區對於該計畫的興趣和支援，讓啟蒙計畫更能因應兒童與家庭的各項需求。公立學校、宗教組織、圖書館、服務性社團，以及當地工商企業，皆協助提升對社會負責的態度，更提供成員工作機會，以解決經濟問題。

5. **多元文化／多族群教育**。自成立以來，啟蒙計畫一直提供能體現兒童的文化、語言和價值觀之課程。且該計畫在此方面的努力一直是各幼教機構的典範。

6. **支持非英語母語兒童之雙語學習及其價值**。啟蒙計畫進行研究，並提供家庭與教師資源，協助文化、語言和學習之連結。

7. **特殊需求兒童融合教育**。自 1972 年以來，啟蒙計畫率先實施特殊兒童融合課程。

8. **家庭生態**。在兒童生長的家庭背景中觀察兒童，並就鄰近地區和社區審視其家庭。

事實(T) 或 **迷思(F)**

Ⓣ F　幼兒教育之核心機構分為兩種類別。

以傳統托育機構（通常稱為學前機構）和全日托育機構為其他幼教機構之基礎。

　　現今啟蒙計畫依循美國聯邦明訂的表現標準做評估，但因為過於著重讀

寫能力、數學及科學的表現而備受爭議。幼教專家所擔心的是以遊戲為基礎以及適性發展課程將會被忽略。

另外，啟蒙計畫如今因聯邦基金不足、政治干預、備受爭議的評估策略、大量的英語學習者及教職員品質和留用問題，面臨重大挑戰。

早期啟蒙計畫（Early Head Start） 服務對象為有嬰兒、學步兒或孕婦的低收入家庭，並以啟蒙計畫的四項核心基準：兒童發展、家庭發展、教職員發展以及社區發展為依據。與啟蒙計畫一樣，該計畫亦依循聯邦所制定的表現標準做評估。

© Cengage Learning®

啟蒙計畫是全面性的計畫，提供兒童與其家庭許多支持服務。

事實(T) 或 迷思(F)

T **F** 嬰兒／學步兒托育機構是指托育對象為 3 歲兒童的優良機構之修改版。高品質的嬰兒托育機構應滿足出生到 3 歲兒童之發展與獨特需求。

2-3b　各類幼教機構選擇

幼教機構有許多型態，讓家長可根據自身需求而選擇最適合的。圖 2-4 為幼教機構之類型概述。

2-3c　嬰兒／學步兒托育機構

親子關係在任何一種機構中都對兒童十分重要，尤其是對於嬰兒與學步兒。嬰兒與學步兒照顧者以下列方式支持兒童的家庭結構：

❀ 讓家長參與和其子女有關的日常決策。
❀ 讓家長瞭解自己的孩子一天過得如何。
❀ 強化兒童對這個特定家庭的歸屬感。

幼教機構之類型表

類型	創設者	年齡	收托時間	主要特徵	所在地
家長合作學校	學區、私人營運	學齡前兒童；常為混齡團體	全日／半日	家長需要定時參與子女的教育；定期舉行家長教育會座談會；耗時；成本較低	社區中心、私有建築、教堂、猶太教堂
實驗學校	大專院校	學齡前兒童、嬰兒／學步兒	全日／半日	師生皆參與師資培訓及研究活動；做為幼教機構楷模	校園內或校園附近
企業附設之托兒機構	私人公司或企業	嬰兒／學步兒、學齡前兒童、學齡兒童	全日／半日	對職業父母是種員工福利選擇；也可以做為兒童托育的保證	常在工作場所或其附近；醫院、工廠、政府機構，以及托育中心和家庭式托兒
營利托育機構	企業或個人	嬰兒／學步兒、學齡前、幼稚園、課前或課後托育兒童	全日／半日	為全國／區域性連鎖企業擁有；提供各種全年無休的服務與課程；主要目的為賺取利益	政府特許經營商或企業所有之中心
非營利托育機構	社區、教堂、猶太教堂、政府機構	嬰兒／學步兒、學齡前、學齡兒童	全日／半日	由贊助組織或政府機構補助，提供低廉租金或免費	社區大樓、政府辦公大樓、教堂、猶太教堂
宗教附設機構	宗教組織	嬰兒／學步兒、學齡前、學齡兒童	全日／半日	可能是不傳授宗教教條的社區推廣計畫，也可能是贊助部門，課程中包含宗教教條；為美國最大的兒童托育提供者之一；非營利組織、免稅；很難不和公理教會機構共用空間	教堂、猶太教堂

圖 2-4　每個家庭在選擇幼教機構時有許多選擇。

幼教機構之類型表（續）

類型	創設者	年齡	收托時間	主要特徵	所在地
課前與課後托育	公立學校、社區組織、基督教女青年會、基督教青年會、教堂、猶太教堂	學齡前與小學兒童	課前與課後	在家長上班時提供兒童安全的環境；有假日、假期以及暑假課程	學校、社區中心、女青年會、青年會、兒童托育中心
保母	個別家庭	各年齡皆有，常為學齡前與小學兒童	根據各家庭需求	個人化選擇；保母可選擇與兒童家庭同住且可能負責其他家務事；受過兒童發展訓練	在兒童家中
親友	個人	嬰兒／學步兒、學齡前、學齡兒童	根據家長與照顧者需求可做彈性調整；全職或兼職皆有	在家庭環境中提供穩定性；培養人際關係；對於家長的需求可彈性調整；照顧生病兒童	在親友或兒童家中
早期療育機構	政府機構	嬰兒／學步兒、學齡前兒童	取決於兒童之需求	依據 1986 年身心障礙兒童教育法案修正案（Education of the Handicapped Amendments Act of 1986）招收高風險或發展遲緩的兒童；包含全面性的服務；多學科治療法；提供個別化教育計畫（Individualized Education Plan, IEP）	在家裡、中心、學校
父母未成年托育機構	學區	嬰兒／學步兒、學齡前兒童	全日／部分時段	在中學裡做為未成年父母的支持服務，以及做為青少年的教育課程；家長於課室中觀察並學習兒童發展及指導原則	校園內

圖 2-4（續）

幼教機構之類型表（續）					
類型	創設者	年齡	收托時間	主要特徵	所在地
在家教育	各家庭	家中各年齡兒童	由家人決定	因為家長就是老師，所以需要極度投入時間；混齡團體；家長通常對公立學校感到失望，且／或想教授他們自己的宗教理念；缺乏績效責	
居家式托育	個人	嬰兒到小學時期	彈性；全職或兼職皆有	家庭環境、發展範圍廣、小規模、家庭團體	在照顧者家中

© Cengage Learning®

圖 2-4（續）

　　照顧兒童的日常生活是嬰兒／學步兒托育機構的重點。機構中的照顧者瞭解餵食、換尿布和遊戲都是該年齡層孩子的主要課程。真正的挑戰在於教保人員如何從這些日常活動中，找出與兒童互動、發展信任與安全、提供教育機會的方式，甚至延伸至協助家長使用相同的方式，以促進兒童更理想的發展。

　　嬰兒／學步兒托育機構和 3 到 4 歲兒童的托育機構之區別如下：

❋ 學步兒活潑的移動性需要比嬰兒更多的空間和時間規劃。

❋ 嬰兒的日常生活中普通的例行工作，像是換尿布，即是該階段的課程內容；照顧者需時常告訴嬰兒他們正在做什麼、接下來要發生什麼事。

❋ 日常例行活動亦是學步兒一天的重點。每天的用餐時間與如廁時間提供機會讓學步兒探索且表達自我。洗手——甚至是用餐——都是練習注入、感受、傾倒或撿拾的機會。

❋ 課程中要讓學步兒滿足「我！我的！」的發展需求；想加強其獨立性，且「凡事都要自己來」的特性，日常生活的例行作息必須讓孩子有嘗試、犯錯與搞砸事情的機會，如此才算是良好的學步兒課程。

　　因此，良好的嬰兒與學步兒課程是專為他們安排，而非只是 3 歲幼教課程的修改版。

© 2016 Cengage Learning®

為嬰兒所設計的課程能夠協助他們進行實驗與探索。

專業素養

為嬰幼兒發聲

瑪德·葛柏（Magda Gerber）為嬰兒托育之先驅，且創造**教保**（educaring）此新詞以描述嬰兒和成人之間的關係。葛柏的理念建立於尊重兒童之上，且照顧者與嬰幼兒之間應彼此有回應與良好的互動。

在一對一親密的互動中，日常生活照料（換尿布、餵食）即為照顧嬰兒與學步兒的基礎（Gerber, 1979）。觀察、傾聽，以及解讀寶寶的想法，這些都是教保的重點。

幼稚園

幼稚園為幼兒教育到更正式的學校教育之轉銜階段。在美國，幼稚園是極為普遍的教育機構，在公立和私立小學、教堂皆設有幼稚園，也是學齡前兒童托育機構的一部分。

以下為影響現今幼稚園的四項主要議題：

1. 一整天的課程。在美國，僅有少數州設立全日幼稚園。機構的成本問題往往凌駕於這個更基本的問題：且不論托育時間長度，什麼樣的幼稚園、教學法、課程才是最好、最適合兒童？

腦科學說　緩讀和準備度

神經科學發現大腦不斷地改變，而這樣的可塑性（plasticity）意味著大腦每天進行調整與重組。根據每天的經驗建立新的連結，學習也不斷地發生。大腦可塑性一直延續到成人期，但以兒童時期最為活躍。大腦成長之際也同時削減著，以「用進廢退」的模式，排除不用的突觸。如果大腦在學齡前及低年級階段不斷重塑，並且需要有意義、正面的成長經驗做為刺激，那麼，「為什麼緩讀或留級制度還實施著？」由此，緩讀制確實不妥，因為它剝奪了有挑戰性和刺激性的學習環境。提供兒童最佳學習機會的方法是盡快將他們放在適齡的課室環境，讓他們的大腦能夠不斷地成長、學習和改變。

入學準備度多年來一直是個熱門議題。幼教專家認為兒童應該在法定年齡進入幼稚園就讀，且學校也應該做好各種準備以因應兒童發展之需求。壓力刺激和挑戰能促進腦部成長與學習，近年來腦部發展研究也支持這個說法。然而，學校卻一直發展同質性課堂的教學，而非著重幼稚園孩子在各階段的發展（請見第 6 章對入學準備度的進一步討論）。

許多原因讓兒童往往在沒有充足資源及合適工具的狀況下就入學了，像是貧窮、語言及文化差異、缺乏進入優質幼教機構的管道，以及缺乏全面性服務的早期療育機構。

準備度指的是兒童、家庭、社區、幼托與幼教機構、學校皆已做好準備（Rhode Island KIDS COUNT, 2005）。如果我們想要所有的孩子都能做好準備、有成功的學校經驗，且能運用其大腦潛能及最大優勢，以上都是必備條件。

思考問題
1. 何時可能是兒童延緩入學的適當時機？
2. 為什麼延緩入學對弱勢兒童是最不利的方式？

2. 各州自訂兒童進入幼稚園就讀的時間（例如，九月以前）。在美國，幼稚園義務教育的年齡為 5 到 8 歲。近年來，家長將孩子入學時間延遲一年，直到 6 歲才讓孩子就讀幼稚園；因此每年幼稚園會有許多兒童延緩入學；而幼稚園管理者創造了一系列替代課程，也就是所謂的發展性、暫緩入學或過渡性幼稚園。在這些孩子達到足以進入幼稚園的程度時，他們便在一個有 4 歲多、5 歲及 6 歲孩子的班級裡待著——在同個屋簷下有著不同的發展歷程。有些用來建立同質性幼稚園班級或幼稚園入學許可的方式，實際上是篩檢與準備度測試的不當使用；例如，阻止或拒絕那些應進入幼稚園就讀的兒童入學；設立過渡性班級讓那些被認定未能進入幼稚園的兒童就讀；以及過度使用緩讀制度（NAECS/NAEYC, 2001）。

3. 公立的學前幼班通常是為了低收入家庭、有貧困風險、語言隔閡以及讀寫能力低落的兒童所設立。其目的在於幫助兒童改善各項技能，並做好就讀幼稚園的準備。

4. 標準本位運動（standards-based movement）改變了對幼稚園學童學習的期望。變得強調學業上的表現，尤其是數學、讀寫能力及科學的表現。因此，愈來愈多的測試（從三年級開始）日漸隱含在幼稚園的課程內容。

2-3d　低年級

幼兒時期指的是出生到 8 歲的階段。小學一到三年級的 6 到 8 歲兒童是最常被忽略的對象。低年級通常強調閱寫技巧、數學、科學、社會、美勞及戲劇、健康與安全，以及體育。

小學階段的學習正產生戲劇性的變化。該年齡的兒童正在發展邏輯推理的技能，且他們的學習任務也比幼稚園時更困難，因此需要更多堅持與努力。因為兒童在學習中變得更

© Cengage Learning®

幼稚園兒童喜歡親密的友誼。

── 專 業 準 則 ──

平衡兼顧取向

　　美國幼兒教育協會（NAEYC）幼教專業準則內容包含：標準 1：促進兒童發展與學習，以及標準 5：運用知識內涵建立有意義的課程。在幼稚園課程中，遊戲並非學習的工具、閱讀被當作獨立的技巧而教授，學習也日益加速，這些觀念都與標準和幼稚園歷史不符。教育全人幼兒需要著重學業內容。因此我們需要的是能把學習標準與幼稚園課程整合為一的方法。各個發展面向（社會、情緒、認知與生理）都需兼顧。藉由發展適當課程以契合學習標準，教師能確保兒童在進行各項技能發展之時，亦能投入有意義的活動。

獨立，因此小學兒童喜歡自己選擇工作、在小團體中進行合作，並參與計劃每天的工作。該年齡階段的教師首要任務便是提升兒童對於學習的熱情。

　　此外，教師也承受地方、州及國家的壓力，其規定在該年齡及年級兒童該學到的內容為何。各州目前對於各年級與學科內容皆有其標準。實施經過標準所**校準（alignment）**的課程，是達成發展平衡學習最有效的方法。也就是說，學科內容需要與標準中認定兒童必須學習的內容相符，且教學與策略也需符合適性發展。

　　檢視學習標準的績效責任將會對小學低年級的教學造成重大影響。

2-4 幼教機構品質評鑑

　　身為教育者，我們須持續評估、判斷並且評鑑下列各點：

❀ 課程：這個語言遊戲能夠幫助 3 歲兒童發展傾聽技巧嗎？

❀ 教材與設備：如果我們訂購了這個玻璃栽培箱，剩下的錢夠用於數學實驗室嗎？

❀ 環境：置物櫃放在走廊會造成危險嗎？

❀ 兒童行為：我們要如何幫助依芙和法蘭克合作更順利呢？

❋ 教師效能：尤蘭妲老師在團體時間的引導仍有困難。我們要如何協助她？

就過程而言，評鑑同時也是一種規定、評量與計畫。好的評鑑應該讓機構永續經營並持續成長，且帶來新穎的觀點。圖 2-5 為幼教機構評鑑內容。

2-4a　為什麼機構評鑑很重要？

掌握機構概況

機構評鑑提供各種元素共同運作之概觀，並以整合的形式呈現整體環境。這些評量使我們瞭解每個區域之間彼此的關係，及其如何在整個機構中相互協調、發揮作用。而評鑑品質標準如下：

❋ 兒童成長狀況
❋ 教師績效表現
❋ 課程發展
❋ 財務結構
❋ 家庭參與度
❋ 整個社區
❋ 學校管理組織

在機構評鑑中，上述每一項都需接受評估，同時也需瞭解各項評鑑標準工作之間的協調度。

建立績效責任

機構評鑑建立績效責任。此意味一個機構對於整個團體或組織的運作需負責——例如，校董會或管理組織、家長及社區。這些團體想要瞭解的是基

— 倫 理 議 題 —

對品質與改革的道德承諾

NAEYC 倫理守則其一部分為對雇主的倫理責任。因為該守則的理想之一是協助各幼教機構提供最優質的服務。內容提到，我們「應該在組織內運用有建設性的活動以產生變革。」幼教機構的定期評鑑則能反映出幼教專業的道德倫理。

機構評鑑內容檢核表

物理環境

____ 設施乾淨、舒適、安全嗎？

____ 室內擺設井然有序、吸引人嗎？

____ 教材與設備修繕完整且維護良好嗎？

____ 是否提供適合各年齡層的教材？

____ 活動區域規劃良好嗎？

____ 清潔工作與室內整理是每天的固定活動嗎？

____ 是否展示兒童的作品？

____ 室內外遊戲空間充足嗎？

____ 是否提供兒童個人空間（例如，置物櫃）？

教職員

____ 有足夠的教師能配合所有兒童的活動嗎？

____ 人事如何決定？

____ 教師合格嗎？使用何標準以裁定是否符合資格？

____ 教職員定期受到評鑑嗎？由誰評鑑？方法為何？

____ 校方是否提供／鼓勵教職員進行在職訓練與繼續教育？

____ 教師是否鼓勵兒童獨立自主？

____ 教師是否真對兒童感興趣？

____ 教師瞭解各個兒童的能力與限制嗎？

____ 採用何種輔導與管教技巧？

____ 教師是否觀察、記錄且寫下兒童成長進步的報告？

____ 教師能熟練地與各個兒童、小團體中的兒童、大團體中的兒童相處嗎？

____ 教職員是否讓兒童有安定感與歸屬感？

____ 教師是否提供適齡且具挑戰性的課程？

____ 你如何描述教師與該環境中其他成人的關係？其中包含哪些人？關係如何？

____ 教職員能明確說出與其教學相關的教育原則嗎？

家長關係

____ 課堂如何將家長納入成為一分子？

____ 家長在課堂中是否隨時歡迎進行觀察、討論政策、提出建言？

____ 是否考慮家長的各種需求？

____ 家長在學校透過何種方式、在哪些時候發聲？

____ 是否排定親師懇談會？

____ 學校是否企圖運用社區資源和社會服務機構，以滿足家長需求？

組織與管理

____ 學校是否保留且持續記錄？

____ 是否提供獎學金或補助金？

____ 校方招收學生以哪些社經地位、文化、宗教為主？

圖 2-5 幼兒教育機構評鑑之內涵檢核表。

機構評鑑內容檢核表（續）

____ 贊助基金會為何？其角色為何？

____ 是否有校董會？其董事委員如何選出？

____ 學校是否提供特殊需求兒童或殘障兒童服務？

____ 班上學生組成為同性質或身心障礙與一般生混合？

____ 學校一天上課時間多久？

____ 招收學生年齡範圍？

____ 是否提供全日與非全日課程？

____ 是否提供課後托育？

____ 校方是否進行師資培訓研究？

____ 師生比例為多少？

整體課程

____ 校方是否有書面資料以聲明其教育理念？

____ 是否訂定兒童生理、社會、智力與情緒成長發展目標？

____ 兒童定期接受評量嗎？

____ 課程是否能個別化以因應所有兒童需求？

____ 課程是否包含足夠時間以進行各類自由、自然的活動？

____ 課程是否包括音樂、藝術、科學、自然、數學、語言、社會、動作技能等領域？

____ 兒童是否有足夠機會使用各種媒體、設備與教材學習？

____ 室外活動充足嗎？

____ 是否有規律的日常生活：用餐、睡覺、如廁、遊戲？

____ 活動是否強調具體經驗？

____ 教材與設備是否具刺激度且能持續引起兒童興趣？

____ 是否舉辦戶外教學？

____ 兒童有機會獨處嗎？處於小團體中？處於大團體？

文化回應性

____ 學校、課程、教室環境是否皆已吸收多元文化觀點？

____ 我的（與所有職員的）態度是否顯示出接受與尊重文化多樣性的意願？如何表現出？

____ 教材是否能顯現出文化多樣性、性別與社會階級平等？

____ 課程活動與方式是否能提供兒童共同合作與遊戲的機會？在教師主導的活動或是兒童自由選擇的活動中

皆能如此嗎？

____ 全校性活動是否能反映出文化多樣性？以何種方式？

____ 課程計畫是否反映出家庭與社區的真實情況（觀點與意見）？

____ 課程計畫是否包含語言多樣性？運用全面融合的方式嗎？（改編自 Baruth & Manning, 1992 和 de Melendez & Ostertag, 1997）

圖 2-5（續）

金運用的情況，以及教育理念在機構中的運作情形。教職員與管理者之間彼此的績效責任，以及機構的目標與任務都是評鑑的重點。

進行改善

機構評鑑是檢視校方是否達成各項目標的大好時機，除了能夠支持該機構持續發展，更點出須改進之處。深入、徹底的評鑑能增進瞭解機構目標和願景的可能性。此外，評鑑也能協助決定未來機構發展之方向。

取得認證

評鑑是學校通過各組織與政府機關許可認證的必經之途。通常這些機構要求學校需達到特定評鑑標準，才能通過審核或成為會員。例如，各州的社會服務部門或是教育部門通常是負責核准及發照給居家式托育機構的單位，而私立學校則需遵循更大型機構〔像是美國蒙特梭利協會（American Montessori Society）〕的標準以通過審核。

NAEYC 的分支，全國幼兒教育學術委員會（National Academy of Early Childhood Programs），已建立一套認證系統，做為提升兒童與其家庭生活品質之依據。此機構依據十項要素訂定目標，請見圖 2-6。

2-4b　評鑑要素

在進行機構評鑑之前，瞭解下列要素將能確保評鑑之成效：

1. 設定目標。沒有評鑑，再多的目標都毫無意義。評鑑能將目標塑造成有意義的行動。為了產生效用，評鑑需提出表現與行為之改善建議。僅描述整體狀況的評鑑工具只是半成品；真正的評鑑工具應訂定改善的目標。
2. 期望與如何達成。在每個環境中，都有著許多期許。主管對於教師有所期待，因此教師對於自身、兒童與家長有著一套行為標準。家長對於兒童在學校的表現及教師的角色也充滿期待。兒童則對自身、家長、教師與學校滿心期望。請明確瞭解這些期望所在。
3. 良好的評鑑工具應於共同績效責任的系統中，明確點出期望達成的狀況。評鑑指出待改進處及改進方式，也提供方法、假設與目的之管道，更檢視期望達成之狀況。評鑑為評估績效、找出困境、尋求解決方法和規劃未來，提供不可或缺的資訊。

NAEYC 認證標準

依據 NAEYC 幼兒教育學術委員會之認證標準，幼教機構之評估分為十項，應用在機構評鑑內容概覽：

師生／親子關係。機構促成兒童與成人之間的正向關係，以助長每個孩子在群體中的個人價值與歸屬感，並培養身為群體中一分子應有的責任感與貢獻。

課程。機構實施與兒童成長發展目標一致的課程，並促進下列各領域之學習和發展：社會、情緒、生理、語言及認知。

教學。機構使用適合發展、文化和語言且有效的教學法，在符合課程目標之條件下，增進兒童的學習和發展。

兒童發展評量。機構持續以系統化、正式或非正式的評量方式瞭解兒童的學習和發展情形。這些評量需在透過與兒童家庭的相互溝通，以及根據兒童發展的文化背景方能作用。而評量結果提供有關兒童、教學和課程改進之資訊，使兒童受惠於此。

健康和安全。機構照顧兒童的營養與健康，並有預防兒童和教職員生病或受傷之措施。

教師。機構聘用並支持具學歷、知識及專業承諾的教學人員，以促進兒童的發展與學習，以及支持家庭多樣化的需求與興趣。

家庭。機構和每個兒童的家庭建立並維持合作關係，以增進孩子在各環境中的發展。需特別注意家庭結構、語言及文化問題。

社區互動。機構與兒童生長的社區需建立良好關係，並善用社區資源以協助機構達成目標。

物理環境。機構有安全、健康、合適及維護良好的室內外物理環境，也應包含促進兒童及教職員學習和發展的設施、設備與資源。

領導與管理。機構有效落實政策、流程及體制以維護穩定且堅強的人事陣容、財務和機構管理，讓所有兒童、家庭及教職員有高品質的環境。

圖 2-6　透過 NAEYC 十項標準進行認證，以確保幼兒教育機構之品質。

資料來源：Overview of the NAEYC Early Childhood Program Standards, © 2008. http://www.naeyc.org/files/academy/file/OverviewStandards.pdf

4. **包容度。**良好的評鑑工具對性別、能力、種族、年齡及文化應具備敏感度，讓所有內涵皆能接受檢視。

2-4c 如何評鑑及評鑑什麼

要確保評鑑過程之成效，有三個重要步驟。每一個步驟都是優良評鑑必備要素，而這三個要素共同呈現出各個機構的真實樣貌。

訂定目標

由訂定該機構目標開始著手。一旦目標明確，評量工具的選擇也隨之清晰。舉例來說，如果目標是為了提供兒童一個健康的環境，則評量工具將以健康、安全及營養為要務。

事實(T) 或 迷思(F)

T F 幼教機構目標會影響所使用的評量工具。

機構評量之基礎分為目標與目的。合適的評量工具應該指出當前實務與預期成果之關係。

選擇評量工具

評量工具因機構評鑑之目的而異。NAEYC 的認證方針（如圖 2-6 中列出的十項高品質機構要素）是由美國北卡羅來納大學教堂山丘分校的法蘭克・波特・葛雷厄姆兒童發展機構，特別根據兒童環境設計出四種量表做有效評估：

❋ 嬰幼兒托育環境評量表—修訂版（Infant/Toddler Environment Rating Scale, ITERS-R）用於評估收托出生到 2 歲餘嬰幼兒之機構

❋ 幼兒學習環境評量表—修訂版（Early Childhood Environment

© Cengage Learning®

教師與兒童間的關係為評鑑過程的一大重點。

Rating Scale, ECERS-R）用於評估收托 2 歲以上到 5 歲幼兒之幼稚園

* 家庭托育環境評量表—修訂版（Family Child Care Environment Rating Scale, FCCERS-R）用於評估收托嬰兒到學齡兒童的居家托育環境

* 學齡兒童課後托育環境評量表（School-Age Care Environment Rating Scale, SACERS）用於評估收托 5 到 12 歲兒童的團體托育機構

執行結果

　　當評量結果製成表格且根據評量建議訂定新目標時，整個評鑑過程才算大功告成。機構管理者需與教職員一同討論評鑑結果指出的問題，並採取適當的解決流程。訂定行事曆以設定改善時間、指派合適的教職員負責各任務，如此流程循環不斷。

本章摘要

2.1 瞭解兒童發展與學習、認識每個兒童個體、熟悉兒童所屬的社會及文化背景為適性發展教學實務之三項基本要素,且為影響幼兒教育環境品質之關鍵。

2.2 幼兒教育之核心機構包含傳統托育機構、兒童托育中心、居家式托育。

2.3 幼兒教育機構類型多樣,包括:大專院校設立的實驗學校、家長合作學校、宗教附設機構、政府機構、營利及非營利托育機構、中學、在家教育、未成年父母機構、保母、親友以及課前與課後托育。

2.4 優良的幼教機構品質評鑑讓機構永續經營並持續成長。兒童、家庭以及教職員皆須接受檢視並且合作以達成機構之目標。

網路資源

U.S. Department of Education　**http://www.ed.gov**

Families and Work Institute　**http://www.familiesandwork.org**

Center for the Child Care Workforce　**http://www.ccw.org**

　　〔CCW 於 2002 年與 AFT Educational Foundation 合併為 Center for the Child Care Workforce（ATTEF）〕

Head Start/Early Head Start　**http://www.acf.hhs.gov/programs/ohs**

Children's Defense Fund　**http://www.childrensdefense.org**

參考書目

Copple, C., & Bredekamp, S. (2009). *Developmentally appropriate practice in early childhood programs serving children from birth through age 8*. Washington, DC: National Association for the Education of Young Children.

DHHS (U.S. Department of Health and Human Services). *2012 Head Start fact sheet*. Washington, DC: Head Start Bureau, Author.

Gerber, M. (1979). Respecting infants: the Loczy model of infant care. In E. Jones (Ed.), *Supporting the growth of infants, toddlers, and parents*. Pasadena, CA: Pacific Oaks.

Gillanders, C. & Gutman, L. (2013). *Exploring families' beliefs and practices*. Frank Porter Graham Child Development Institute at the University of North Carolina at Chapel Hill.

Hyun, E. (1998). *Making sense of developmentally and culturally appropriate practice (DCAP) in early childhood education.* New York: Peter Lang Publishing.

NAECS/NAEYC (National Association of Early Childhood Specialists in State Departments of Education/National Association of Education for Young Children). (September 2001). Still unacceptable trends in kindergarten entry and placement. *Young Children,* 59–62.

NAEYC (2005). *NAEYC early childhood program standards accreditation criteria: The mark of quality in early childhood education.* Washington, DC: Author.

NAEYC Professional Preparation Standards (2010). Washington, DC: Author.

3 定義幼兒

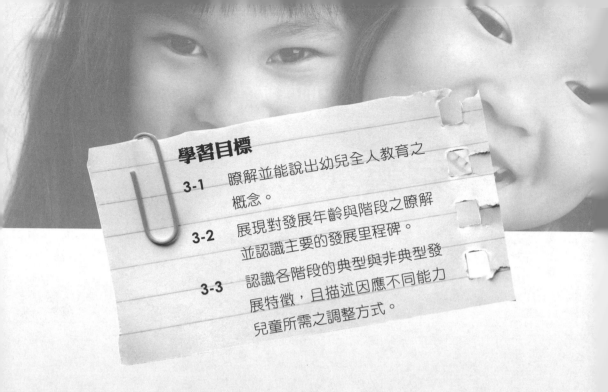

美國幼兒教育協會幼教專業準則

本章涵蓋之美國幼兒教育協會幼教專業準則：

標準１：促進兒童發展與學習

標準２：建立家庭與社區的關係

標準３：經由觀察、記錄與評量來支持兒童與家庭

標準４：運用促進兒童發展的有效教學法和兒童與家庭建立關係

標準５：運用知識內涵建立有意義的課程

標準６：成為專業工作者

事實(T) 或 迷思(F)

T　F　幼兒全人教育的概念指出成長的各領域彼此獨立且互不影響。

T　F　兒童成長圖像有助於兒童間的比較。

T　F　兒童的差異性可從遺傳及環境做解釋。

T　F　特殊需求兒童可分為兩種類型。

3-1 幼兒全人教育

幼兒全人教育（whole child）之概念強調兒童所有的發展面向：生理、認知、語言、社會和情緒。為兒童規劃教育經驗時，各個面向都須加以考量。此外，幼兒全人教育之概念係根據人類成長與發展中所有領域皆環環相扣之原則而建立。每個兒童的內在特質皆不同，因而也彼此相異。

事實(T) 或 迷思(F)

T (F) 幼兒全人教育的概念指出成長的各領域彼此獨立且互不影響。

幼兒全人教育的概念強調每個兒童的獨特性；每個兒童皆由多種發展領域結合而成為獨立的個體。

3-1a　發展領域

以下三種主要定義以協助並陳述兒童是如何成長與發展的**發展領域**（**developmental domains**）：

1. 社會—情緒發展。包含兒童與自身及和他人之關係、自我概念、自尊，和情感表達等能力。

額外兩項影響

另外兩項影響兒童成長的因素是文化覺識和創造力表現，伴隨社會—情緒發展與認知—語言發展而產生。

☺ 文化認同發展。意指發展階段和對他人態度覺察力成長之間的連結。藉由適當的協助，各種文化里程碑特色會在各年齡層中展現，且能增進兒童對差異性的敏感度。

☺ 創造力發展。包括一般創造活動，例如，運動、舞蹈、音樂和繪畫，以及獨創力、想像力、擴散性思考與問題解決之能力。

第 87-102 頁的兒童**成長圖像**（Word Pictures）顯示文化認同在幼年時期是如何發展的。在成長圖像中亦特別標示創造力發展與文化認同項目。

適性發展教學實務

發展如何環環相扣

　　各發展領域皆相互影響。圖 3-1 協助我們將幼兒全人教育中各發展領域之關係視覺化。以下為各發展領域可能彼此影響及互動的方式：

☺生理發展影響兒童的自我感覺。能夠欣賞其身體與力量的兒童較有自信能完成各種事物（社會—情緒發展）。

☺認知技能、語言發展及創造力互相影響。當兒童能掌握其母語時，便能清楚自己的某些思考過程。

☺已會使用剪刀的幼稚園兒童即能開始準備學寫字。這些精細動作技能可以提升對於學寫字母的認知。

☺聽障兒童可能對於發出某些音有困難；因此，生理發展會影響語言發展，甚至有可能影響社會—情緒發展。

☺缺乏社會交友技能的兒童可能會在運動場跟同學打起架，或在數學課難專心於智力活動。

☺在活動時間或是自由遊戲時間觀察一個班級。你發現多少各種發展領域的相互作用？你認為這會影響兒童的學習力嗎？在你小時候，你在哪一個領域發展最好？

兒童因其有相同的發展目標，而看似相同，實際上卻因成長與發展速率不同而相異。

2. 身體—動作發展。包括粗大動作、精細動作與知覺動作。

3. 認知—語言發展。包含好奇心、理解力與思考力、記憶、注意力、常識、問題解決能力、分析思考、初步閱讀、簡易計算能力（認知發展）；幼兒的語調、發音、字彙使用、語句長度，以及想法、需求和情感之表達能力（語言發展——包含接收性語言和口述語言之能力）。

3-1b　成長是環環相扣的

　　雖然各發展領域（社會—情緒、生理、語言、文化覺識、智力和創造力）通常分開討論，但卻無法各自獨立存在，每一項皆對全人幼兒有重要的貢獻。

　　兒童各發展領域所構成的圓輪，是瞭解「全人」幼兒之關鍵。圖 3-1 為各發展領域間之關係圖。

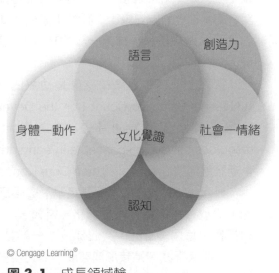

© Cengage Learning®

圖 3-1　成長領域輪

3-2　發展年齡與階段：重要里程碑

　　兒童共同特徵的描述可追溯到葛賽兒與伊爾格（Ilg）（相關討論請見第 1 章與第 4 章）。年齡不只決定兒童的能力，更提供建立適切期望之輔導方針。儘管在所有年齡層中皆會有個別差異，瞭解這些兒童的共同行為，對於教師訂定計畫、設計活動、規劃課程等大有助益。

3-2a　兒童成長圖像

　　每個發展階段皆有其特徵，這些特徵將呈現於下列成長圖像中。成長圖像是為協助教師替兒童規劃學習經驗而設計，是一個相當寶貴的教學工具，因為它協助教師瞭解何時該對兒童有所期待，又該有哪些期待。第 4 章裡的發展與學習理論及其課室應用將協助你瞭解兒童成長圖像之基礎。請見

腦科學說 大腦建築學

　　在學前機構中，積木遊戲是最受歡迎的活動之一。幼兒第一次接觸到積木時，他們會堆、疊，或將積木排成一排。隨著他們有更多玩積木的經驗，更複雜的建築結構便會出現，像是築牆、鋪地、造橋或搭建圍牆。起初，玩積木就只是單純的玩積木，但隨著經驗增加，積木便被用來進行更偉大的建築計畫。5 歲的吉安説：「我需要把這些積木疊在上面，這樣我的車庫才有二樓。」這一切就彷彿第一年的積木遊戲實際上是為更複雜的工程奠定基礎。

　　實際上，積木建築學就像是幼兒的腦部發展。大腦發展的基礎概念（National Scientific Council on the Developing Child, 2010）幫助我們瞭解三種腦部發展的基礎。〔請看 http://developingchild.harvard.edu/resources/three-core-concepts-in-early-development/ 的系列影片：「三項早期發展的核心概念」（Three Core Concepts in Early Development）。〕

　　概念 1：經驗構成大腦建築學。透過日常活動與經驗，大腦細胞（神經元）組成神經網路，產生情緒、邏輯、記憶、動作技能、社會─情緒行為和視覺。每個神經元「突起部分」分為軸突（傳遞訊息）和樹突（接收訊息）。軸突與樹突連接形成突觸，而突觸構成簡單的迴路，進一步組成更複雜的腦部迴路。感官經驗激起迴路上的電流活動，並且微調腦部的建構。下次當你觀察孩子們玩積木，看著他們的建築時，別忘了大腦也正在進行建築工程。

　　概念 2：「發球與回球」的概念構成大腦建築學。如果你曾打過網球或桌球，那麼你就會瞭解什麼是「發球與回球」：你的搭檔發球給你，而你擊回給他。現在，想像一個畫面：一對新手父母正在對著他們的寶貝咿咿呀呀

圖 3-2 以瞭解如何運用這些工具輔導兒童（第 10 章裡將有更多實務應用及課程規劃之實例）。

行為與輔導觀點

　　我們基於對特定年齡的兒童之共同行為所抱持的期望，進行輔導與管教策略。許多所謂的問題行為，通常皆為該年齡的正常行為。2 歲幼兒隨著其獨立性增加，愈易感到沮喪與挫敗。睿智的教師接受兒童的發展階段，瞭解

地說話、微笑。這也是一種類似「發球與回球」的活動，而且更是強化大腦建構的關鍵。幼兒與成人之間一來一往的互動成為大腦建築的基礎，未來所有的發展都建立於此。「發球與回球」式的互動幫助大腦在不同區域之間建立起神經連結，且建構兒童的情緒和認知技能。因此，強烈建議老師與家長創造「發球與回球」式的互動，以增進幼兒的腦部成長。

　　概念 3：毒素**壓力**（stress）會阻礙健康的腦部發展。幼年時期持續不斷的困境，例如：貧窮、照顧疏忽、虐待、家暴、父母親物質濫用以及嚴重的母親憂鬱，這些都會造成毒素壓力。人體的壓力管理系統因這些刺激而活化，並傳送壓力賀爾蒙（皮質醇）激素到體內。人體對於壓力的反應包括：心跳急遽加速、血壓上升。這些反應幫助人體處理壓力，直到大腦察覺壓力消失之後才恢復正常。然而，當壓力持續且兒童沒有及時得到成人的支援與幫助，壓力便會存留且影響大腦的建構。本該持續成長的腦部神經連結會在壓力超載時減少。含量居高不下的皮質醇會阻礙學習，使人無法進行推論、思考，進而造成情緒和認知問題。因此幼年時的困境與壓力都會成為腦部裡路線的一部分。

思考問題

1. 除了積木以外，幼教課程中還有哪些活動能夠協助兒童的大腦建構？分別列出適合嬰兒與學步兒、學齡前兒童，以及學齡兒童的活動。
2. 你如何與 3 歲兒童進行「發球與回球」式的互動？與學齡兒童呢？
3. 身為幼教工作者，我們在減少兒童生活中產生壓力所扮演的角色為何？

2 歲幼兒易分心且運用其喜歡各種遊戲的特點。一旦 2 歲幼兒得到安慰，活動便能繼續進行。

課程規劃觀點

　　兒童成長圖像做為發展標準之根據，可用以協助修改課程。在設計活動之際，教師除了斟酌每個兒童的發展，同時也應將孩子們視為一個群體做考量。

兒童成長圖像使用指引

各年齡階段成長圖像需要審慎使用。下列指引將有所助益：

1. 將你對成長圖像的印象與對課堂實際狀況的印象稍做平衡。觀察兒童以做為詮釋成長圖像內容的實際依據。
2. 彙整記錄兒童整體概況，且避免將兒童分類。
3. 不時地從發展常模的角度檢視兒童表現。
4. 請記得，這些發展常模指的是某年齡兒童的平均或典型行為，並不能做為一成不變的依據。這些特徵雖接近常模，但不能代表任何一個兒童。
5. 請謹記在心，兒童透過與成長圖像描述階段之相同順序發展，但卻是依各自的成長速率。
6. 著眼於兒童做得到的事，而非做不到的。運用這些特徵敘述比較幼兒自身的發展。

© Cengage Learning®

圖 3-2

文化覺識與認同觀點

兒童在年紀很小時，就已意識到種族與文化差異（Derman-Sparks & Edwards, 2010）。他們透過身體、社會環境與認知發展階段的結合，形成自身認同感與態度。在認知發展的同時，兒童也逐漸察覺人們之間的差異與相似性。這些文化里程碑都包含在兒童成長圖像之中，顯示出兒童意識到自己是一個個體時，他們的態度與行為會受到何種影響。

專業素養

過猶不及？

年齡階段特徵提供教師處理日常生活情況之依據。一個兒童能夠負擔多少責任（夏梅能夠自己選擇明天上學要穿的衣服嗎？亞摩斯協助家事工作應該給多少零用錢？）或者是一個兒童應該要正襟危坐、乖乖聽課持續多久時間（我應該開始讀故事書給我班上的孩子們聽了嗎？一堂資源回收課程內容對於 3 歲兒童會太長嗎？）這類的問題都可以藉由該年齡層的普遍特徵而找到解答。兒童成長圖像中所描述的概況能夠協助你瞭解每個兒童及其處於何種發展階段。兒童在該年齡層中的共通性能夠促進教師適時且適度地提供具挑戰性且有意義的學習活動。

事實(T) 或 迷思(F)

T (F) 兒童成長圖像有助於兒童間的比較。

成長圖像用於呈現兒童的成長速率和發展，不該用以比較各個兒童。無論其成長型態為何，每個孩子都該受到重視。

嬰兒之成長圖像

社會—情緒

Ann Gordon

0-1 個月	哭泣以表達情緒；開始產生親密感
4-10 週	社會性微笑並開始社會性遊戲
3 個月	會分辨熟悉的臉孔*
	轉頭偏向人聲
	以踢、微笑、揮手做為回應
	獨自一人時會哭泣
	能認得父母親
4 個月	會笑出聲、以微笑回應說話者，喜歡受到注意
5 個月	1 歲之前會對陌生人產生焦慮感*
6 個月	會辨識不同人的聲音
	會對陌生人微笑、咿呀作聲
	發展依附感
	開始進行模仿遊戲，會玩遮臉躲貓貓（peek-a-boo，用雙手將臉遮起來，然後突然快速把手拿開讓孩子看到臉的遊戲）
	對父母親的情緒相當敏感
8 個月	會大聲笑
9 個月	尖叫以趕走他人
	遊戲是此時期唯一的活動
	畏懼不熟悉的人、地、事物*
	開始感受到獨立的自我意識*

* 為文化覺識或認同的主要特徵。

語言

0-1 個月　　轉頭以回應聽到的聲音、哭泣以表達需求

6-8 週　　　咕噥低語

　　　　　　用肢體動作溝通：將物品推開、蠕動、向人伸手*、嘟嘴、抿嘴、尖叫、用手指物

2 個月　　　能發出喉音

3 個月　　　牙牙學語

6-12 個月　　會玩聲音模仿遊戲、回應各種聲音*、能發出母音、習得接收性語言*、以哭泣做為溝通方式

12 個月　　　講出第一個字

身體一動作

1 歲前　　　身高增加 10-12 英吋（約 25 到 30 公分）、體重約為出生的三倍重、身高增加約 40%、腦容量約增長兩倍、頭上長滿頭髮、會在嬰兒床裡蹦蹦跳跳、能夠做全身動作

4 個月　　　會抓取看見的物品

5 個月　　　會檢視自己的手指、有支撐時能坐著

6 個月　　　會自己轉身、探索足部、開始長牙齒

7 個月　　　會匍匐前進

8 個月　　　不需支撐可維持坐姿、能扶物站立、開始學習鉗狀抓握法

9 個月　　　能夠以四肢爬行

10 個月　　　能自己用湯匙進食

11-12 個月　　能自己站好、慢慢走動、踏出第一步

嬰兒期後期　能使用手扭轉把手

- 新生兒的動作大多是反射性動作。

創造力

- 手腳的發現與探索
- 情緒的表達與發現、回應臉部表情
- 咿呀作聲、咕噥低語或發出咯咯聲
- 玩遮臉躲貓貓遊戲（peek-a-boo）

認知

0-1 個月　　回應媽媽的聲音

　　　　　　感官開始作用，尤其是疼痛與觸覺*

---

* 為文化覺識或認同的主要特徵。

10 週	開始有記憶*
4 個月	會對認識的臉微笑
7-10 個月	能解決簡單問題（翻倒箱子拿出玩具）
8 個月	開始相信物體恆存
	能遵循簡單的指示
8-12 個月	有意圖的行動
11 個月	開始嘗試錯誤探索
12 個月	玩拋接遊戲、玩拍手遊戲（pat-a-cake，隨童謠節奏和嬰兒拍手的遊戲）
	運用手和手指探索
	對鏡中的影像微笑、叫喊*

學步兒之成長圖像

社會一情緒

2016 Cengage Learning®

- 完全以自我為中心
- 有自我認同感*、以名字表示自我
- 喜歡受到注意、喜愛有觀眾
- 缺乏控制力
- 一意孤行、獨斷、對物品之所有權意識強烈
- 喜歡自己動手做事
- 對於遮臉躲貓貓遊戲感到好笑
- 被丟下一人時會哭泣
- 好奇心*
- 積極、熱心
- 與成人關係好過於兒童
- 友善
- 模仿成人行為*
- 體驗且展現害羞*

語言

- 使用一些兩個字的詞組、字彙量 5 到 50 個字
- 喜歡對自己說話、說些難以理解的話

* 為文化覺識或認同的主要特徵。

- 配合姿勢使用「嗯一嗯」或「啊一啊」等語助詞
- 以名字稱呼最親密的親戚*
- 重複大人的話*
- 用手指物品以表示需求
- 搖頭表示「不要」*
- 能依照指示拿取或指出物品
- 會問「那是什麼？」或「那個呢？」*
- 瞭解簡單的用語、能遵循他人口頭要求

身體一動作

- 協調性不佳；身軀圓滾
- 站姿不穩、發現轉彎有困難
- 急促時會用爬的
- 對走路愈來愈有自信，走路時雙腳左右距離寬、雙手臂向外伸、頭往前傾
- 跑步時步伐僵硬、左右搖晃
- 能牽著手上下樓梯
- 會回到椅子坐下、喜歡站立勝於坐姿
- 可以蹲著一段時間
- 有喜歡活動的傾向：總是動個不停
- 喜愛拉／推物品、會用雙手拿物
- 運用整隻手臂動作
- 拿東西和丟東西成為最愛的活動
- 會塗鴉
- 會一次翻兩到三頁
- 會拉開／拉上大拉鍊

創造力

- 對音樂的氣氛有所回應、會哼幾句童謠
- 自由探索每一項物品
- 喜歡手指畫畫或探索物品材質
- 盯著東西看、記得物品全貌
- 「探索之年紀」
- 會編一些無意義的音節

---

* 為文化覺識或認同的主要特徵。

認知

- 指出書中的物品
- 將相似物品做搭配、能將圓形積木放入相對應圓形的洞裡
- 喜歡相反：上／下，是／不是*
- 模仿簡單的工作
- 快速改變興趣、注意力集中時間短
- 能遵循一項指示
- 易放棄也易投入*
- 重視結尾：關門、把書合上
- 反應迅速；行動取向
- 能用三到四塊積木堆疊起高塔

2 歲兒童之成長圖像

© Cengage Learning®

社會—情緒

- 自我中心、提到自己時使用名字*
- 不愛分享、對所有物占有欲強
- 堅持熟悉的事物；拒絕改變、拘泥儀式；遵循慣例*
- 依賴感
- 一次只喜歡一個成人 *
- 喜歡人們*
- 容易放棄；易感到沮喪、衝動；會突然變換活動
- 極端、推、撞
- 易分心
- 挑剔、挑食；有些偏食
- 會閒晃；步調慢
- 會注意他人、喜歡玩平行遊戲、將人視作靜態物體*
- 對自己的能力感到興奮

語言

- 使用兩或三字的電報式短句：「丟球」

* 為文化覺識或認同的主要特徵。

- 發音有困難；「我」、「我的」為主要的代名詞*
- 自發性語言；說話有節奏的、重複性、持續性
- 對聲音感興趣
- 會唱歌曲裡的片段，音不準
- 無法清楚表達感受、當不被瞭解時會感到沮喪；有時會結巴
- 看到圖片會問：「那是什麼？」*
- 能將實物與名稱配對起來
- 字彙量 50 到 300 個字

身體一動作
- 會做全身動作、不易放鬆
- 會推、拉、戳東西，會爬到東西裡去
- 跑的時候身體會往前傾
- 會一階一階地爬樓梯
- 需要大人幫忙穿衣、可以將自己的衣服脫下來
- 已長到可能身高的一半
- 開始會控制大／小便、長出最後一顆乳牙、會自己吃東西
- 拇指一食指發展完成、會換手；開始發展慣用手
- 使用小物品尚不熟練、會用雙手緊握杯子
- 會拉扯、翻滾、推倒東西；不穩
- 會旋轉以拿取物品
- 以肢體表達情緒*

創造力
- 模仿其他兒童
- 將平行遊戲與想像遊戲結合
- 玩弄聲音；一再重複音節
- 喜歡簡單的手指遊戲、能跟隨簡單的旋律
- 學習塗鴉、利用藝術獲得感官樂趣

認知
- 認識、探索身體特徵，會分辨性別*
- 運用觸覺與味覺探查事物；對水、洗東西感到好奇有趣
- 喜歡將空的東西填滿

---

* 為文化覺識或認同的主要特徵。

- 注意力集中時間有限、一次只能做一件事
- 活在當下、瞭解熟悉的概念*
- 能說出黑白的區別*
- 需要使用其名字稱呼他／她
- 喜歡簡單假扮遊戲
- 記得常規的順序、能想起玩具放在哪裡
- 能說出書中熟悉物品的名稱

3 歲兒童之成長圖像

社會─情緒

© Cengage Learning®

- 模仿成人、想取悅成人；守規矩*
- 對口頭建議有所回應；容易受到鼓勵、重新定向
- 可以協議、規勸；開始會分享、輪流與等待
- 常跟從說「我也是」*
- 熱情、健談、幽默
- 有想像的玩伴、會做惡夢、有動物恐懼症、有恐懼感
- 有意識地遊戲、與他人合作遊戲*，且在團體裡自然地遊戲
- 追求欲望；為欲望而爭取、常要求獨立
- 常受困擾、沮喪或嫉妒
- 有同情心*
- 強烈的性別角色刻板印象*

語言

- 無論有沒有聽眾都很健談
- 能藉由聽而學習*
- 喜歡新詞*，並且會將言語轉換為行動
- 增加代名詞、介詞的使用
- 會加上「s」以表示複數名詞、加上「ed」表示過去式
- 能使用三字以上的句子、字彙量 300 到 1,000 個字

---

* 為文化覺識或認同的主要特徵。

- 常說「這樣對不對？」
- 常談到非當下的狀況
- 言行並進
- 常在言談中替換字母：以「w」取代「r」
- 喜歡喃喃低語

身體一動作

- 身體平衡感良好、會走直線；腳步靈活
- 會大步快跑；走路時手臂會擺動
- 走樓梯時會雙腳輪流交替
- 會急速開始或停止、會快速轉彎
- 能從容地跳上跳下、能單腳平衡
- 能自己上廁所、完成如廁控制、不需他人幫助即能洗手
- 嬰兒肥消失
- 會騎三輪車
- 能透過協助穿上或脫掉外衣；能解開扣子
- 能用拇指和食指拿抓東西、稍能控制手指拿一些小物品
- 用一手拿杯子、能輕易地用小水壺倒水、能攜帶液體物品
- 有目的及驅力而從事活動

創造力

- 會像戲劇般表演
- 喜歡低俗鬧劇的幽默、嘲笑荒謬的事情
- 實驗一些無聊的語言
- 可能會出現想像的玩伴
- 在許多戲劇遊戲中都會出現三輪車
- 將自己最愛的故事表演出來
- 喜歡簡單的詩
- 學習到顏色的概念

認知

- 根據身體特徵將人們配對*
- 能估計「有多少」；有數字 1、2 的概念
- 喜歡做簡單的選擇、無法將兩個活動結合

* 為文化覺識或認同的主要特徵。

- 機警、興奮、好奇；常問「為什麼」；有模糊的因果關係概念*
- 瞭解「⋯⋯的時間到了」、「讓我們假裝⋯⋯」
- 喜歡猜謎遊戲、謎語
- 有活靈活現的想像力*
- 常以偏概全*
- 注意力集中時間短；能照順序完成二到四個指示
- 常將一頁塗滿單一種顏色
- 能說出簡單的顏色並加以配對、瞭解大小和顏色的比較
- 能認出簡單的旋律
- 能區分晝夜

4 歲兒童之成長圖像

社會─情緒

- 情緒變化迅速；容易過度刺激、興奮
- 嘗試權力的感覺、想支配他人；霸道、吹噓、好鬥
- 武斷、好爭辯；愛現；驕傲、喧鬧、性情暴躁、具備破壞力
- 能夠為自己打架；會打人、會抓人、會堅持欲望

© Cengage Learning®

- 在大團體中會不耐煩*、能在兩到三人的小組中合作*
- 發展出「特別的」朋友* 但是忠誠度易改變、發展小團體、會排擠他人*
- 抵抗、測試底限
- 誇大其辭；說大話、常辯解；常說閒話
- 欺負他人、耍小聰明；十分幽默
- 可能常做惡夢
- 偏食、拒食

語言

- 認識的字比懂得還要多、會把句子結合在一起
- 愛說話、愛發問；問：「什麼時候？」「為什麼？」「這是怎麼做的？」*
- 喜歡字詞、愛玩文字遊戲；誇大其辭、會運用字詞

* 為文化覺識或認同的主要特徵。

- 對詩有極大的興趣
- 能透過談話解決衝突*、能回應口頭指示
- 喜歡輪流唱歌；對戲劇歌曲、故事感興趣
- 會控制聲音、聲調、節奏
- 喜歡被理解

身體一動作

- 體型較高、較瘦
- 精力充沛、有活力、像特技人員一般、好動直到精疲力竭
- 「工作」：建築、司機、飛行員
- 能跳到與自己身高一樣高且直立落地
- 會單腳跳、往前跳躍、丟大球、準確地踢到物品
- 會單腳站立、能跳過物品
- 走路時能維持直線、能在樓梯跑上跑下、會翻筋斗
- 會倒退走
- 準確、急促的身體運動；會雙腳輪流走下樓梯
- 會描畫十字、方形；會畫火柴人
- 以成人的方式握畫筆、以拳頭握法拿鉛筆
- 會綁鞋帶、會自己穿衣，背後的扣子、帶子除外
- 手指活動能準確控制

創造力

- 冒險進取、展現生動的想像力、誇大和極端
- 對於想像遊戲中的暴力行為充滿興趣、能有更精緻的戲劇扮演、能用玩偶演出精緻的戲劇
- 喜愛新事物
- 編造新字、新聲音與故事
- 喜歡書中插圖的複雜性、喜歡有趣的詩
- 能同時看著作品講故事、將語言和想法相結合
- 能找出解決問題的方式

認知

- 能說出美勞作的名稱或創作出類似的作品、將藝術品賦予個人價值
- 能為目標而努力*
- 不斷發問、對事物運作的方式感興趣、對生死的概念感興趣

---

* 為文化覺識或認同的主要特徵。

- 注意力時間增加、能同時進行兩件事
- 戲劇扮演趨近現實*、有想像玩伴
- 能判斷兩件物品中哪一個較大、有數字 3 的概念、能唸出更多數字
- 對時間有準確的感覺
- 充滿想法、喜歡各種物質、具備動態智能驅力*
- 開始會推論；常出錯*
- 能叫出人的名字*
- 能認出幾個印刷體字

5 歲兒童之成長圖像

社會─情緒
- 泰然自若、自信、獨立；有自我認同感*
- 對嘲笑相當敏感*
- 要求正確；堅持
- 有時可能有些愚蠢、興奮或任性；喜歡無厘頭的謎語和笑話
- 喜歡團體遊戲、競爭性的遊戲*；能察覺到規則；向他人解釋規則*
- 會挑選自己的朋友、有交際行為*
- 參與團體決策*、堅持公平競爭的遊戲*
- 喜歡成人陪伴*，接納、尊重權威*，請求許可
- 在緊急狀況中保持冷靜

© Cengage Learning®

語言
- 會使用冷僻的字詞和完整的句子、可以定義並拼出一些簡單的字
- 能輪流對話、有明確的想法且能清楚表達*
- 使用語言傳遞或接收訊息；發問且從答案中學習*
- 堅持「我早就知道了」
- 喜歡說故事、能講出熟悉的故事、編歌曲
- 字彙量約 1,500 個
- 能接電話、留言
- 把內心所想的話講出來*

* 為文化覺識或認同的主要特徵。

身體─動作

- 身體達到完全協調性、擁有像成人般的姿態及巨大的身體動能
- 喜歡精細動作技能；能正確且熟練地使用簡單的工具
- 學習如何打蝴蝶結、能完全靠自己穿衣服
- 能畫出認識的人*
- 明顯有慣用手的習慣
- 能用剪刀剪出線條、開始能在線內範圍著色
- 能從 3 英呎（約 1 公尺）外的距離接球
- 能輪流用雙腳跳躍；喜歡跳、跑和做驚險動作
- 能騎兩輪腳踏車、能在平衡木上保持平衡
- 會跳繩、跳躍、能踮腳尖輕快地跑
- 喜歡舞蹈、動作優美、有節奏性
- 有時會打鬧、爭吵

創造力

- 探索各種藝術過程、對於繪畫主題有想法──企圖讓某些物品易被認出、喜歡模仿、喜歡決定圖樣和設計
- 對繪畫、積木的細節更專注
- 將幻想化為積極行動、較少用語言表達
- 把內心所想的話講出來、有想法且喜歡談論這些想法
- 會學習簡單的舞蹈規則
- 能演出簡單的戲劇

認知

- 對任何事都充滿好奇心*、想要知道「是如何做的？」「為什麼？」*
- 喜歡展現新知識與技能；有時會刻意忽略某些事*
- 注意力集中時間增加；會訂定計畫、執行且專注於任務
- 瞭解明天、昨天的意義；知道名字、地址、城鎮
- 能說出 10 個物品、會唱數到 20
- 運用單一特徵將物品分類*
- 瞭解「最小、少於、一半」的概念
- 能明確說出整點時間；瞭解日曆的作用
- 很少從另一觀點看事物*

* 為文化覺識或認同的主要特徵。

6 歲或 7 歲兒童之成長圖像

Ann Gordon

社會一情緒
6 歲
- 喜歡活動，但通常三分鐘熱度、無法持續不懈
- 有吸引力
- 認為自己是萬事通、對任何意見和建議皆能大方接受
- 將良好的學校作業表現帶回家以做證明、測試和估量自己與同儕的差距*
- 觀察家庭規則*，相信除了自己之外，其他人皆須遵守規則*
- 對性別刻板印象堅持不變*、朋友多為同一性別*
- 容易交到朋友也容易失去*；透過遊戲建立社交關係*
- 主動、外向、對於成就感到驕傲
- 藉由羞辱、直呼名稱以示敵對性*

7 歲
- 對他人的回應更嚴謹、敏感*；喜歡單獨活動
- 渴望家庭責任感
- 會抱怨、沉思、不耐煩；羞愧為普遍情緒之一*
- 遭受批評、嘲笑或反對時選擇逃避，而非面對*；對不公平的對待或不受到喜愛時會抱怨*
- 對成人表示禮貌和體貼*
- 喜歡單獨活動
- 第一次感到同儕壓力：需要「被接納」*、想要成為小團體的成員*
- 自我中心、自我意識；身體能力與自我概念相關*

語言
6 歲或 7 歲
- 喜歡把語言技能展現於紙上、學習印刷體／寫字
- 和成人交談而非對他們說話*、喋喋不休
- 主導對話、錯誤的用語規則仍然可見
- 新字習得逐漸減少
- 若英文為第二語言，雙語能力發展近乎完全*；學習新語言能力依然存在*

* 為文化覺識或認同的主要特徵。

身體—動作

6 歲或 7 歲

- 發展出基本技能，但需稍作改善
- 喜歡測試自己身體的極限、重視身體能力*
- 為自願接受的任務努力
- 日常生活中需有適當的管道以紓解充沛的活力、易受疲勞影響
- 學習騎兩輪腳踏車、滑板及滑雪
- 動作發展為社會化工具；愛喧鬧、喜歡做驚險動作與打鬧
- 視力發展已達正常
- 短時間內就會感到飢餓、喜歡甜食
- 會咬鉛筆、手指甲或頭髮

創造力

6 歲

- 第一次認真地嘗試藝術探索
- 勤奮、有企圖心、好奇、熱情
- 對於過程感到更有興趣，而非成果；對技能與技術感興趣
- 喜歡笑話與猜謎遊戲
- 喜歡著色、繪畫
- 瞭解原因和影響
- 喜歡合作的計畫、活動和任務

7 歲

- 喜歡自己一個人聽音樂、可以開始上音樂課的年齡
- 想讓作品看起來漂亮
- 受到好奇心驅使、渴望發現及發明
- 對事物運作方式相當有興趣：會將物品拆開再組裝回去
- 在書寫和繪畫時皆採用符號
- 對所有分類編碼感到有興趣
- 喜歡選擇與分類物品

認知

6 歲或 7 歲

- 把字母和拼字寫顛倒是常見的、開始學習閱讀和數學技巧
- 能考慮他人觀點*

* 為文化覺識或認同的主要特徵。

- 使用邏輯、系統性思考；能事先計劃；能將情況概念化*
- 喜歡蒐集：分類、歸類；能排出事件順序及重述故事
- 對於輸贏的概念不清楚*
- 喜歡簡單規則的遊戲；可能會逃避或改變規則*
- 想要「真實的」物品：能使用的手錶與相機
- 能過濾且分類資訊*
- 喜歡探索同儕的文化*

8 歲兒童之成長圖像

社會—情緒
- 外向、熱情、熱切健談
- 對於人與事物充滿好奇心*
- 會評斷和批評自己與他人*
- 對於成長感到矛盾、掙扎於自卑感作祟
- 對異性常有敵意，卻又受其吸引、選擇相同性別的玩伴

Ann Gordon

- 自信心增加、透過他人瞭解自己：同儕、父母*
- 能察覺並對其他幼兒差異性具敏感度*；對其他文化的探索有所回應*
- 開始透過穿著、身型、社會地位評估自己和他人*；加入社群；喜歡合作
- 喜歡結識新朋友、到新地方*
- 逐漸能感受到他人的個人特質*、企圖受到同儕的認可與接納*
- 道德責任感日增、對公平與正義話題逐漸感興趣*

語言
- 和成人談話、會注意與回應成人的溝通*
- 嘲笑異性
- 談論「自己」*
- 健談、誇張、模仿同儕語言
- 喜歡解釋想法
- 喜歡說故事及寫短篇故事

* 為文化覺識或認同的主要特徵。

身體－動作

- 開始參與團體運動*、喜歡競爭性運動*
- 通常是快速成長的年紀
- 動作敏捷、能迅速工作
- 靜不下來、活力充沛、需要身體解放、盡情玩樂、使自己精疲力竭
- 手眼協調發展成熟，學習書寫體
- 食慾佳、少有討厭的食物
- 重複練習新技能以達到精熟

創造力

- 想像力豐富
- 喜歡謎語、打油詩、敲敲門雙關語笑話（knock-knock joke）
- 喜歡解釋想法
- 視覺敏銳度能與精細動作技能結合
- 在團體中相當具生產力
- 對過程和成果展現興趣

認知

- 在所有學科領域內皆具評判能力
- 找尋新經驗*
- 喜歡以物易物、討價還價、貿易
- 喜歡蒐集物品
- 對來自其他國家的兒童生活相當感興趣*
- 思考已超越眼前及當下所聽聞，不受時空限制
- 喜歡角色扮演*
- 檢視家長以從其身上學習
- 需要指示、重點
- 喜歡各類型的幽默
- 充滿想法與計畫
- 具體運思逐漸鞏固*
- 勤勞但高估其能力
- 對於邏輯和事物運作的方式感興趣
- 逐漸能承擔責任*

* 為文化覺識或認同的主要特徵。

3-2b　文化、種族與民族考量

　　「兒童的樣貌為何？」這個問題的答案，因為考量美國民族融合，而有了嶄新的意義。現今，課室中有著更多與教學人員的文化和語言背景相異的學生。除非教師瞭解並學習這些差異，否則兒童的能力、學習以及需求都可能受到誤解。最常見的現象是因為師生間的語言隔閡，導致兒童常被認定為學習遲緩甚至是學習障礙。

　　雙語學習者指的是在兩種以上的語言環境中成長的兒童。啟蒙教育計畫研究指出超過四分之一的幼兒生長在非以英語為母語的家庭中（Head Start, 2014）。因此，幼兒專家需要找出方法支援這些兒童與其家庭，讓他們的母語、家庭與文化認同能夠持續保留。德曼—斯巴克斯和愛德華（2010）指出，缺乏對兒童的文化、歷史、信念與價值之理解，將對兒童的自我概念造成損害。雙語兒童唯有在幼教課程能夠針對每個兒童獨特的背景予以回應且提供挑戰時，方能成為成功的學習者。

3-3　不同能力的兒童

　　與幼兒互動時，便能看出群體中的個別差異，因此在教學時，必須瞭解每個兒童的成長與發展速度不一，並且瞭解他們對學習的準備度也因人而異。

3-3a　影響成長之因素

1. 基因組成。每個兒童之獨特基因組成（先天）皆能決定眼珠顏色、髮色、身高、體型、個人特質、智力及特定疾病，如戴薩克斯症（Tay-Sachs）、囊胞性纖維症（cystic fibrosis）或鐮型血球貧血症（sickle cell anemia）。
2. 環境。概念上而言，腦部會受環境因素影響。每個兒童的發展速度與順序皆反映出大腦、身體與環境的相互作用。撫育幼兒的態度、文化、社經地位、照顧者，以及社區環境，都是左右成長的因素。營養、安全、遊戲空間、與成人之關係、鄰近地區和家庭安定性亦影響個別發展。無論兒童生活貧富，環境因素都會與基因作用，塑造出獨特的個體。

─── 多 元 觀 點 ───

混血兒童

　　一個和白人男性結婚的黑人女性對於她的新生兒寫下了一段話，反映出和混血兒有關的心情：「我很擔心我們的兒子膚色會像白人一樣淺，我希望他看起來像個黑人……我希望他能夠說 [他] 自己是遺傳自「我」這一邊——跟我站在同一邊，一起對抗小心眼、無傷大雅的種族歧視以及不公平的對待……在他出生後七個月，[我兒子的] 膚色就像是他父親和我的混色──我稱之為金黃色。」（Kelly, 2009）

　　有一群兒童與家庭時常在探討種族、族群和文化時被忽略，也就是混血或是跨族群。**混血（biracial）**兒童指的是父母各屬不同種族的孩子，例如：美國原住民和白人所生的孩子、韓國人和非裔美國人生的孩子。**跨族群（interracial）**兒童則是指那些父母有兩種以上的種族或民族背景的孩子。這些術語也可運用在被不同種族的父母所領養的孩子身上。

　　自尊與自我認同感對於混血兒或跨族群兒童在青春期以前都是重要議題（Berk, 2013）。協助跨族群兒童在幼年時獲得正面積極的自我概念與認同感是相當重要的。教室環境與課程內容應積極反映出跨族群兒童與家庭，讓孩子能夠認識並與有相同血統的人們做聯結，好讓他們更清楚、瞭解自己。

3. 性別與種族差異。男孩與女孩的成長速度與模式大相逕庭，尤其是在青春期。種族差異漸增亦為普遍狀況。非裔美國兒童與亞裔美國幼兒之成熟速度似乎比北美白人兒童快速，而北美白人兒童成長速度又比歐洲兒童快（Berk, 2013）。成長「常模」應把種族差異納入考量，且予以尊重。

Ⓣ **F**　兒童的差異性可從遺傳及環境做解釋。

基因和兒童生長的環境相互作用，讓每個兒童具有個別性及其獨特與多樣性。

3-3b　特殊需求兒童

　　所有幼教階段兒童之發展能力大相逕庭，因而我們更進一步想要瞭解

「兒童的樣貌為何？」**特殊需求兒童（children with special needs）**有兩種類別：身心障礙兒童與資賦優異幼兒。

　　「特殊需求」一詞包含多種可能或不可能注意到的狀況（請見圖3-3）。有下列特徵之兒童，我們將其認定為有特殊需求：(1) 遲緩；(2) 損傷、非典型或異常症狀；(3) 罹患重症（Allen & Cowdery, 2012）。此定義包含生理、心理、情緒以及社會等方面之發展。

學習障礙

　　每間教室裡可能都會發現對於儲存、處理及產生訊息有困難的學習障礙兒童，他們可能具有下列特徵：

❋ 記憶力障礙；難以遵循指示；手眼協調問題；對於字母、數字與聲音的分辨有困難

❋ **閱讀障礙（dyslexia）**，最常見的學習障礙，罹患此症的兒童可能會將字母（例如 d 與 b）或字詞（was 和 saw）顛倒，雖然有許多非閱讀障礙的兒童也會如此

❋ 學習障礙的幼兒可能在某領域表現特別優異，如數學，但在另一方面卻有障礙，如語言

Ann Gordon

教育者必須協助所有兒童發展出以其文化傳承為傲之感受。

教師可能遇見的特殊需求型態

1. 語音和語言：聽力受損、口吃、發音問題、唇顎裂、慢性嗓音異常、學習障礙。
2. 身體—動作：視力受損、失明、知覺動作障礙、肢體障礙，像是腦性麻痺、脊柱裂、斷肢、肌肉萎縮。
3. 智力：認知遲緩、腦部損傷、腦功能異常、閱讀障礙、學習障礙。
4. 社會—情緒：自殘行為、嚴重畏縮、對自己或他人有危險性攻擊、溝通不良、情緒化、狂怒症、注意力缺陷過動症、重度焦慮、憂鬱症、恐懼症、精神病、自閉症。
5. 健康缺損：嚴重氣喘、癲癇、血友病、先天心臟缺損、嚴重貧血、營養失調、糖尿病、肺結核、囊胞性纖維症、唐氏症、鐮型血球貧血症、戴薩克斯症、愛滋病。
6. 特殊學習障礙：語言使用及習得困難，口語和書寫語言障礙、知覺障礙、腦部受損、輕微腦功能不全、閱讀障礙、發展性失語症。

這些症狀程度可輕可重，因此兒童即使是被診斷出相同症狀，也會有各種不同的能力和需求。欲取得更進一步資訊，請參考相關的特殊教育教科書。

© Cengage Learning®

圖 3-3

　　要特別注意的是，在早期診斷幼兒時，千萬不要輕易將其判定為「學習障礙」，因為幼兒的成長速度因人而異，且在正常發展之範圍內，亦存在一些差異和遲緩。學習障礙並不表示兒童智力受損或發展遲緩（圖 3-4）。

事實(T) 或 迷思(F)

Ⓣ F 特殊需求兒童可分為兩種類型。

特殊需求兒童為具有例外性的兩類型孩子：身心障礙兒童與資賦優異兒童。

注意力缺陷過動症

　　你的記憶中是否有位坐立難安的孩子——總是像毛毛蟲一樣動不停、像麻雀一樣話講不停，甚至持續打斷課堂活動？這些都是典型的**注意力缺陷過動症（attention-deficit hyperactivity disorder, ADHD）**的特徵。

　　治療注意力缺陷過動症的兒童，最常見的方法是藥物治療（Ritalin®，利他能），但此藥物效用時間短且可能有強烈的副作用。因此，最有效的治療

專業準則

學習型態

進行課程規劃時需考量學習型態差異。有些兒童文靜；有些好動、健談；而有些好像老是心不在焉。在農場進行戶外教學時，從這些兒童身上我們可以看到三種常見的**學習型態**（learning styles）：

羅倫佐到處觀察。他向其他人大喊：「我看到一隻山羊了！」或是「你看那個！」羅倫佐是個視覺型學習者。

奧莉維亞一進到穀倉裡就喋喋不休，對朋友說道：「你聽！綿羊的叫聲。」「你有聽到馬叫聲嗎？」奧莉維亞是聽覺型學習者。

當安娜跑到前面時，她大叫：「快來這裡！這樣才能摸到牠們。」或是懇求：「我可以靠近一點嗎？我想要摸摸那隻綿羊。」安娜是動作型學習者。

每個幼兒都以各自的學習型態對每項經驗有所回應。羅倫佐將他在農場裡看到的事物畫下來。奧莉維亞會在她把戶外教學經驗統整後，重複說著這些故事。安娜則藉由捏動物造型陶土與跳各種動物舞蹈，將這次戶外教學經驗表演出來。想想看我們要如何因應這些孩子的學習需求：羅倫佐需要看見老師的臉部表情與肢體語言，還有各種照片與圖案；奧莉維亞需要聽到內容，而不是只有閱讀文本；透過實作，安娜的學習會最有成效。NAEYC 專業準則 1、4、5 強調身為幼教工作者，需要瞭解每個兒童的學習偏好及清楚規劃學習經驗時應做的調整。

因應發展差異與不同學習型態之課程規劃

學習環境應妥善安排以因應不同技能層級的兒童能夠共同活動與遊戲：

☺ 務必確認教材及活動形式多樣。
☺ 滿足同一年齡層幼兒之發展差異。
☺ 根據一群兒童的相似性進行課程規劃，以滿足所有兒童的需求與興趣。
☺ 小團體活動能幫助某些兒童有良好的學習經驗。
☺ 調整教材與活動讓特殊需求兒童也能參與。

© Cengage Learning®

圖 3-4

ADHD 類型

注意力缺陷過動症國家資源中心（National Resource Center on ADHD, 2014）指出現今三種常見的 ADHD 亞型：

1. ADHD 注意力不足型（ADHD predominately inattentive type, ADHD-1）
   - ☺ 常出現粗心的錯誤
   - ☺ 無法專注於細節
   - ☺ 容易分心；注意力難以維持
   - ☺ 看起來好像心不在焉；健忘
   - ☺ 無法貫徹始終
   - ☺ 丟三落四；對於組織型的活動有困難
   - ☺ 可能會逃避需要持續動腦的工作

2. ADHD 過動衝動型（ADHD predominately hyperactive-impulsive, ADHD-HI）
   - ☺ 坐立不安、像隻毛毛蟲一樣亂動
   - ☺ 無法好好地坐著、會亂跑
   - ☺ 話講個不停；在活動中很難保持安靜
   - ☺ 不等問題問完就急著回答；常打斷別人；干擾別人
   - ☺ 無法等待輪流活動

3. ADHD 合併型（ADHD combined type, ADHD-C）
   - ☺ 同時具有上述兩種類型的症狀

方式為藥物治療搭配行為管理策略。處理過動兒的問題並沒有一蹴可及的方式；更重要的是，我們需要進一步研究其原因，並找出安全、有效的治療方式（圖 3-5）。

亞斯伯格症

亞斯伯格症（Asperger syndrome, AS）為自閉症譜系障礙（autism spectrum disorder）之一，是一種神經發展障礙症狀。根據美國國家神經疾病暨中風協會（National Association of Neurological Disorders and Stroke, 2014）資料，患有亞斯伯格症的兒童常有下列特徵：

| 注意力缺陷過動症兒童有效輔導策略 ||
策略	範例
保持規律且一致的規則	「記住，斯塔拉，在吃午餐前一定要洗手。」
切合實際的期望	「我知道要你等一下有困難。那你到數學實驗室去做些事情等到我好了好嗎？」
在下指令時，保持眼神接觸且需搭配簡潔的解釋	「看著我，多比，這樣我才能知道你有沒有在聽。很好，現在讓我們來看看你寫的作業。」
在活動轉換前給予時間做準備	「再三分鐘就要準備放學囉。當其他同學準備離開時，我希望你拿好你的外套並回到這裡跟大家一起坐好。」
挑選幼兒能成功完成的工作	「康妮，請把餐巾拿到桌上排好。」
表揚成效	「做得很好，康妮。妳讓每個人都有一條紅色餐巾，而且自己也乖乖坐好了。」

© Cengage Learning®

圖 3-5

❋ 語言及溝通困難
❋ 思考及行為模式重複
❋ 對單一事物或主題有強烈興趣且甚為瞭解
❋ 重複例行常規或儀式行為
❋ 有社會及情緒上的不當行為
❋ 與同儕互動困難
❋ 笨拙且不協調的動作

　　許多亞斯伯格兒童與正常發展的兒童一起入學。他們的行為在同儕看來可能很怪異，也對會課堂產生干擾。教師應運用下列方法引導亞斯伯格兒童：

❋ 運用簡單、直接的溝通方式。
❋ 結合目標與行動：把書本拿給孩子看，並且告訴他書要放在架子的哪裡。
❋ 提供同儕互動機會，使其能與其他身心障礙學生或有類似語言及社會發展的兒童互動。

❋ 建立可預測的常規與環境；減少分心物。

❋ 藉由讓孩子開口要求物品，而非用手指物，以改善溝通技巧。

❋ 鼓勵孩子常與家人溝通。

3-3c　融合策略

　　融合（inclusion）意指身心障礙兒童全天皆待在皆是常態發展兒童的班級中。教師是身心障礙兒童融合成功與否的關鍵，他們的態度相當重要；且必須承諾，無論兒童智力或技能發展程度，皆能有教無類、給予平等的關懷與愛心。圖 3-6 列出教師用以創造適宜且成功的融合班級之策略。

3-3d　資賦優異兒童

　　美國教育部將**資賦優異**（gifted and talented）學生定義為「與同年齡層、經驗或環境之兒童相比，具有優異能力，且能有傑出表現，或展現其高度潛力的兒童與青少年。」全美資優生協會（National Society for the Gifted and Talented, 2014）訂定六大領域為資優生之標準。只要在一或兩個領域有優異表現即為資賦優異兒童，不需六項全部符合。

1. 創造性思考。言論與寫作的獨創思想家、創造與發明、即席創作、喜歡問題解決與創意活動、有幽默感、不介意獨樹一格。
2. 廣範智能。觀察敏銳且好研究、能擬定假設、將抽象概念系統化，且能以

教師促進融合教育之方法

☺ 促進身心障礙兒童與其他正常兒童之間的互動，以增進健康的社交關係。

☺ **瞭解**每位特殊需求兒童皆有其長處，且依照其長處加強發展。

☺ **接受**和特殊需求兒童、發展障礙兒童相關之訓練和輔導。

☺ 與家庭**合作**，以規劃並實施個別化教育計畫（IEP）。

☺ **確保**身心障礙兒童皆積極地參與且接受所有課程。

☺ **瞭解**特殊需求兒童需受到協助以充分發揮其能力，學校須提供兒童所有需要活動。

☺ 在課程規劃中**著重**兒童個別障礙並加以考量，此外，課程需調整以因應特殊需求兒童。

圖 3-6

改編自 Allen & Cowdery, 2012。

倫 理 議 題

被接納的權力

　　過去五十年間，特殊需求人士的教育課程支助與公共認知一直廣為重視。在以前，對於特殊需求者的態度，無論是公開或私下的態度都是感到羞愧並加以隔離。以往會將特殊需求成人或兒童藏在家裡，或安置在一些特殊機構中。將特殊人口安置在看不見的地方，造成他們被隔離的現象。而今，公眾意識已瞭解並非所有特殊需求者都是心智缺陷。目前，將各種特殊兒童融入學校的課程實務——並且融入美國主流生活——才是更人道的。下列為促進融合的重要立法與實務：

☺ 1972 年：啟蒙教育計畫要求各校需有至少 10% 的招生額是預留給身心障礙兒童，且讓教育趨於大範圍的融合。

☺ 1975 年：**94-142 公法（Public Law 94-142）**，身心障礙兒童教育法案（Education for All Handicapped Children Act）——也就是身心障礙者權利法案（Bill of Rights）——獲得通過，並保障 3 到 21 歲的身心障礙者，能在「最少限制」的環境下接受免費的公立教育。特殊需求兒童家長亦為發展幼兒個別化教育計畫（Individualized Education Plan, IEP）之一部分，將家庭的優勢與需求也納入考量。

☺ 1986 年：**99-457 公法（Public Law 99-457）**，身心障礙兒童教育修正法案（the Amendments to the Education for All Handicapped Children Act），提供先前法案中未提及的資金補助：嬰兒、學步兒和 3 到 5 歲幼兒。此公法上允許「發展遲緩」的兒童融入教育，並提供地方機構收容這些「高風險」幼兒。

☺ 1990 年：美國國會重新審核 94-142 公法，且將其重新命名為身心障礙者教育法案（Individuals with Disabilities Education Act, IDEA; **Public Law 101-476**）。並納入兩項新種類，自閉症和創傷性腦損傷。

☺ 1990 年：**101-336 公法（Public Law 101-336）**，美國身心障礙者法案（Americans with Disabilities Act, ADA），制訂歧視身心障礙者成為非法行為，且規定身心障礙者需有公平的管道可接受公共或私人服務以及適當的設施。

過去五十年來的每一步，為數千名兒童帶來被接納的權利，也提升所有人的尊嚴和價值。

複雜的方式處理訊息、對新想法感到興奮、學習速度快、字彙量龐大、主動性高。

3. 特殊學習性向。記憶力與理解力極佳、能快速習得基本技能與知識、廣泛閱讀且在特殊興趣領域的學業成就高、對於特殊興趣擁有熱忱與活力。

4. 領導能力。有流利、明確的自我表達能力、有自信、深受同儕愛戴且對自我與他人有高度期望、負責任且組織力良好、有優秀的判斷力且能預見結果及進行決策。

5. 肢覺動作能力。喜愛參與各種運動且協調性佳、操控與動作技能優異、活力充沛、動作準確性佳且願意挑戰困難的運動。

6. 視覺和表演藝術。透過舞蹈、戲劇與音樂，以非比尋常的能力表達自我與感覺、有良好的動作協調性與高度的創意表現、對於空間概念有卓越的感受、觀察力敏銳、喜歡創作而非模仿。

　　對於資賦優異兒童來說，教師的角色應該是提供挑戰與刺激。資賦優異兒童的學習環境中需要具有充滿挑戰智能的冒險活動、能夠運用邏輯與抽象概念的機會，以及增進特殊天賦的好奇心。由於課堂中這些豐富的內容，所有孩子都受益匪淺；每個孩子的回應以及豐富的課程內容都能讓全班獲益良

融合環境能促進兒童彼此的互動。

多。此外，資賦優異兒童可能需要運用鷹架策略來協助他們的學習。

　　資賦優異兒童的家長亦需要支持與鼓勵，同時也應接受輔導，學習如何處理自家孩子的獨特性與優秀。此外，親師共同探索開發最適合每個孩子的事物，好讓資賦優異兒童在家裡和學校都能得到充分的教養與挑戰。

3-3e　處理偏見與刻板印象

　　身心障礙兒童最重要的議題之一為被接納。兒童對於困擾或畏懼的事物總是立刻評論或發問。因此，一般兒童可能會因特殊需求兒童而感到焦慮。雖然這樣的行為相當普遍且屬於該年齡層的反應，但我們仍須用各種方式引導兒童的興趣及好奇心，以防止他們傷害或冒犯到其他孩子。德曼—斯巴克斯與愛德華（2010）提出以下策略供參考：

❋ 必須立即處理排擠現象，且向遭到拒絕的兒童保證此行為今後將不被允許。
❋ 協助兒童瞭解彼此的異同處是相當重要的。
❋ 兒童需讓他人認真看待他們對特殊兒童的畏懼，也讓成人瞭解其憂慮。
❋ 問題必須及時、如實、簡單地受到回應。

　　當成人願意面對這些偏見，且加以處理兒童的歧見與誤解時，兒童將成為最大受益者。當我們提供兒童機會與這些外貌、行為不同於己的人互動，便能主動增進個別的接受與尊重。

本章摘要

3.1 幼兒全人教育之概念強調兒童發展的所有面向：生理、認知、社會、情緒以及語言。雖然各發展領域係分開討論，但彼此卻環環相扣、相互影響。

3.2 兒童成長圖像描述特定年齡層兒童之常見行為與典型特徵，協助教師瞭解各階段兒童的發展狀況，且能替全體及個別兒童規劃適當的學習經驗。

3.3 本節討論各種發展差異，包含學習障礙、閱讀障礙、注意力缺陷過動症和亞斯伯格症。另外亦探討在融合的教育環境中，環境與課程需調整以因應特殊需求兒童。資賦優異兒童亦需要能夠支持他們發展的學習環境。

網 路 資 源

Center for the Study of Biracial Children　**http://csbchome.org**

Children and Adults with ADHD　**http://www.chadd.org/**

Council for Exceptional Children　**http://www.cec.sped.org**

National Association for Gifted Children　**http://www.nagc.org**

參考書目

Allen, K. E., & Cowdery, G. E. (2012). *The exceptional child: Inclusion in early childhood education* (5th ed.). Clifton Park, NY: Thomson Delmar Learning.

Bee, H., & Boyd, D. (2011). *The developing child.* Menlo Park, CA: Addison-Wesley.

Berk, L. E. (2013). *Child development.* Boston: Allyn & Bacon.

Derman-Sparks, L., & Olsen Edwards, J. (2010). *Anti-bias education for young children and ourselves.* Washington, DC: National Association for the Education of Young Children.

Head Start: Early Childhood Learning and Knowledge Center (ECLKC). *Report to Congress on Dual-Language Learners in Head Start and Early Head Start Programs.* Retrieved June 1, 2014 from **https://eclkc.ohs.acf.hhs.gov/hslc**

Kelly, R. (2009, February 2) Beyond just black and white. *Newsweek*, 153, 41.

National Institute of Neurological Disorders and Stroke (2010). *What is Asperger syndrome?* Available at: **http://www.ninds.nih.gov/disorders/asperger.** Retrieved January 25, 2014.

National Resource Center of ADHD (2014). **www.help4adhd.org**

National Society for the Gifted & Talented. *Giftedness defined: What is gifted and talented?* Available at: **http://www.nsgt.org/articles/index.asp#4.** Retrieved January 25, 2014.

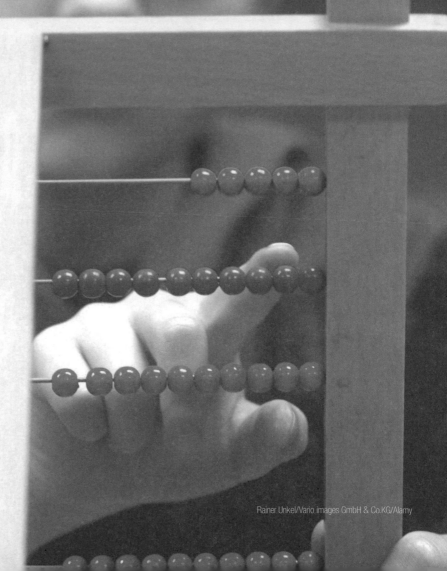

4 發展與學習理論

學習目標

4-1 比較且對照兒童發展相關的理論觀點。

4-2 認識遊戲、依附、性別及腦功能的重要發展主題，做為創造適性發展教學實務之工具。

4-3 分析影響兒童成長與發展之因素。

美國幼兒教育協會幼教專業準則

本章涵蓋之美國幼兒教育協會幼教專業準則：

標準 1：促進兒童發展與學習

標準 5：運用知識內涵建立有意義的課程

標準 6：成為專業工作者

事實(T) 或 迷思(F)

T F 抽菸及咬指甲都是童年時與父母衝突之象徵。

T F 在幼教機構中，教學比遊戲更為重要。

T F 大腦受到情緒的操控。

4-1 ☘ 發展與學習理論

　　幼年時期發生許多值得注意的轉變。**發展（development）**是人類生命週期中一系列有順序的變化，始於個體受孕，終於死亡。為瞭解這些變化的本質及其原因，我們探究：

☀ 兒童如何發展？
☀ 他們學習什麼，其順序為何？
☀ 人們需要做好哪些準備以進行學習？
☀ 影響學習的因素為何？
☀ 所有的人是否都以相同方式發展？
☀ 生長與發展有何異同？

4-1a　發展觀點

　　回答這些問題前，我們需要一些搜尋資訊的方法，並依實際狀況加以篩選及組織，以理解我們所見之事。換言之，我們需要**理論（theory）**。若想廣泛且一貫地去瞭解複雜的人類發展，理論便格外有助益。因為基於理論，我們能做出與兒童行為及發展相關的推測，也就是**假說（hypotheses）**。這些理論以經驗為基礎，故其效度可透過教師每日對兒童的觀察而進行驗證。

發展的本質

　　兒童的成長由許多不同因子交互作用而組成，且隨著時間不斷改變。然而，如此複雜且持續不斷的改變不易描述，且難預測。為了將發展這個課題精簡化，我們試著從個別觀點來探討發展全貌，如圖 4-1 所示。藉此，我們方能在各個並行的發展領域中，更加瞭解發展的主要過程。

☀ 身體─動作發展包含生物學上身體變化的過程。
☀ 智力發展包括思想的認知過程、智能和語言。
☀ 情意發展包括個體與他人的關係、情緒、人格、創造力、靈性之改變所反映出來的社會情感過程。

主要發展議題

　　究竟是**成熟（maturation）**還是經驗影響兒童發展較為深遠？如我們所

Buyenlarge/Archive Photos/Getty Images

圖 4-1 想像一下，就像這道發展領域的彩虹一樣，兒童發展是由各領域結合而成獨立完整的個體。

© Cengage Learning 2013

見，兒童隨著時間轉變，受到內在或外在因素影響。有些理論宣稱，兒童的改變是基於人類先天生物性或基因模組而成；有些則認為改變是由環境與生活經驗（由於家長、學習與遊戲材料、電視、學校等因素）塑造而成。此爭議常與**先天／教養（nature/nurture）**及眾所皆知的遺傳／環境議題相關。

成長是平順而連續的，或是階段性的？有些理論強調成長是漸進、累積而成的，較像「從一顆橡樹種子長成大樹」。強調經驗（教養）的理論通常秉持這種連續性觀點。而其他理論則認為兒童成長可清楚劃分為各階段。此種觀點強調發展是內在本質的變異，如同毛毛蟲蛻變為蝴蝶，並非只是毛毛蟲體型長大，而是改變為另一種生物。

理論與研究對幼教工作者有何效益？科學開啟我們的眼界，使我們見識頭腦之複雜、身體內神奇且與令人訝異的生長。先前的世代中，科學資訊鮮少，因此成人長年信奉著某些流傳在家庭與文化中的說法，例如「如果你太順應孩子的需求，會寵壞他們」或「小時候被疏忽，長大就不會有所成

就。」然而，某些想法其實只是迷思且與事實不符。研究人員與理論家累積許多有科學根據的豐富知識，協助從這些迷思中找出事實。圖 4-2 描述了從數十年來的研究、理論與實務中所精煉出來的十二種原則。

究竟是先天還是教養影響發展？環境與遺傳皆與行為、特徵和發展模式有關，因此，正確答案應該是「兩者」皆影響發展。

　　沒有一套原則能涵蓋所有的發展與學習理論。我們精選出八種理論；其中三種（精神分析、行為主義學習，以及認知發展）被視為兒童發展中最重要之理論；其他理論則佐以加深我們對兒童發展基礎之瞭解。由於兒童發展領域廣泛，含括各種不同主張與實務狀況，因此沒有任何一種理論可描繪出全貌。此外，這些理論分別於不同時期、不同國家形成，故每種理論皆以不同形式描繪兒童與其發展歷程。教師綜合過去的經驗，學習關於兒童的知識，並因應其需求發展適切課程，幫助他們成長。身為一位教師，應該擁有建立各種專業哲學理念的思維。

適性發展教學實務

瞭解兒童如何發展與學習

　　幼教老師應該瞭解兒童如何發展與學習。適性發展教學實務（DAP）即以此為基礎。

☺例如，認知理論認為發展是循序漸進的，因此在知道 2 歲兒童的學習是透過感覺動作而達到最大效果，我們即應規劃一個充滿各種觸覺教材的環境。

☺瞭解兒童發展對於兒童相關事宜的決策極為重要。例如，熟悉社會文化理論的教師即是擁有無比珍貴的工具，能與家長合作且給予建議，讓家長瞭解兒童各階段的典型行為，並且討論超乎一般學前發展的議題。

☺發展心理學及學習理論知識必不可少。瞭解行為主義理論的教師能以策略性的制約或示範技巧，來因應學齡兒童之間的霸凌行為。

發展的基本原則

1. 兒童各發展領域——生理、社會、情緒與認知——是緊密相扣的。各領域的發展是相互影響的。
2. 發展依序排列，新的能力、技能與知識建立於舊有能力、技能與知識之上。
3. 發展速率因人而異，且每個兒童在不同發展領域中的表現也不一致。
4. 早期經驗對兒童的日後發展有加速或延緩的影響；某些特定的發展與學習存有最佳時期。
5. 發展方向是可預測的；趨於更複雜、更有組織，且內化成為個人的一部分。
6. 發展與學習的發生受到多重社會與文化因素之影響。
7. 兒童是主動的學習者，他們會直接從生活周遭的身體經驗、社會經驗與文化傳達的知識中，建構出他們自己的知識。
8. 發展與學習是生物性成熟與環境兩者相互作用的結果，涵蓋兒童生活周遭的物理環境與社會環境。
9. 在兒童的社會、情緒與認知發展中，遊戲是很重要的媒介，它能反映出兒童的發展狀況。
10. 當兒童有機會運用最近習得的技能時，發展將會進步；此外，當經歷的挑戰高於現有能力之時，兒童也會有所進步。
11. 兒童的學習與認知模式相異，並使用不同方式表達自己的知識。
12. 兒童在安全與被尊重的環境之下、身體需求獲得滿足，及心理上具有安全感的情況下，獲得最佳的學習。

圖 4-2 適性發展教學實務是基於研究、理論與觀察而得的兒童發展知識。

資料來源：根據 Bredekamp & Copple, 2009。

事實(T) 或 迷思(F)

T **(F)** 抽菸及咬指甲都是童年時與父母衝突之象徵。

雖然根據精神分析理論有這樣的說法，但因為缺乏實徵驗證，故我們認為這只是個迷思。

4-1b 精神分析理論

精神分析理論與人格發展及情緒問題相關。在闡述發展時，精神分析理論常採用**潛意識（unconscious）**或藏於知覺之外的內在驅力為觀點。該理論認為這些動機是影響人類思考與行為的潛在力量，且建立發展的通用階段。

以精神分析的角度而言，兒童的行為可依照不同階段與該階段中的任務來解釋說明。

佛洛伊德的性心理發展

　　佛洛伊德的職業原為醫生，在治療「歇斯底里症」的患者時，他漸漸對無理可循的人類行為產生興趣。他請病人倚躺在沙發上，敘述所有發生的事，這種技術被醫界譽為「談話療法」。在病患揭露自己的想法、幻想與問題時，佛洛伊德漸漸找出人類的行為模式。

　　佛洛伊德認為，人類具有三種基本的驅力：性驅力、生存本能及攻擊驅力。首先——關於兒童期的性發展——佛洛伊德以**性心理（psychosexual）**階段的方式描繪，每一個階段都以一個特定身體部位來表徵，每一階段身體部位的肉體上滿足，與該階段的主要挑戰任務密切相關。例如，學步兒會咬或吸吮拇指、學前幼兒喜歡「扮演醫生遊戲」，以及性別刻板印象，都可以進行性心理分析。每個階段都有介於兒童與家長之間的衝突，兒童如何度過這種衝突將會決定他們的基本人格與行為模式（Freud, 1968）（見圖 4-3）。

　　雖然佛洛伊德的興趣在於變態的成人行為與其原因，然而他卻讓人們瞭解「童年對人生影響深遠」這個概念。對佛洛伊德而言，人格是發展中最重

佛洛伊德的兒童精神分析論		
階段	年齡	描述／主要部位
口腔期	出生到 2 歲	口腔為愉悅的來源 吸吮、咬、吃東西、長牙齒
肛門期	2-3 歲	排泄為愉悅的來源 如廁訓練
性器期	3-6 歲	生殖器為愉悅的來源 性別角色認同與善惡觀念的發展
潛伏期	6-12 歲	性驅力處於潛伏狀態 將精力用於學業及運動
生殖期（又稱兩性期）	12-18 歲	生殖器為愉悅的來源 從兩性關係中獲得刺激與滿足

© Cengage Learning®

圖 4-3　佛洛伊德的兒童性心理分析論宣稱，每個階段都有自己感到愉悅的部位，且兒童與家長或社會之間在各階段皆存有不同的危機。

要的一環，對於人類成長的影響，比語言、知覺或認知更為重要。其理論描述即將發展的人格結構，同時認為兒童所遭受到的對待將決定他們能否健康發展或形成異常人格。尤其是母子關係在每一個階段尤為重要。因此，兒童的欲望及需求是否能得到（母親或其他成人）回應，是發展順利的核心目標。

所有精神分析理論對人類發展之解釋，皆強調人際關係的重要性、人格發展的順序和階段。精神分析學家艾瑞克森延伸佛洛伊德的理論，並加以精進論述。

艾瑞克森的心理社會發展理論

艾瑞克森（Erik Erikson）在兒童與發展的研究領域中，可說是最具影響力的一位精神分析學家。他的興趣是兒童與教育，教育革新與歐洲的蒙特梭利學校皆受到他的影響。受到精神分析的臨床訓練後，他將精神治療術與教育連結。艾瑞克森成為波士頓第一位兒童精神分析醫師，曾在美國幾所大學工作了幾年。

艾瑞克森認為，每個人在一生中都會經歷一系列的**心理社會**（**psychosocial**）階段，而每一個階段皆建立在先前的階段之上。人們終生不斷追尋「我是誰？」的答案，這種對於個人意義的追求便是發展。而兒童的欲望與環境要求達成平衡之際便形成人格。正向的成長讓兒童的生理及生物發展得以整合，讓個體能夠適應文化與社會制度所帶來的挑戰；過多負面或創傷性的事件會影響兒童對於該階段挑戰的解決結果。因此艾瑞克森創造了「認同危機」（identity crisis）這個詞來表達八大階段中的情緒挑戰，詳見圖4-4。

艾瑞克森與佛洛伊德之理論在一些本質上有所不同：

1. 艾瑞克森認為，認同與意識的驅力產生於社會環境之中，而非只有性及攻擊性驅力。
2. 與「人格僅塑造於童年」做為對照，艾瑞克森認為發展是終其一生的。當面臨阻礙時，人們會從各階段中學習並帶入下一個階段，而非「固著」於該受阻階段。
3. 艾瑞克森主張，生命中所遭遇的發展難題可在往後的時期克服。你可以回溯；童年期的問題可在往後的時期得到解決，因此成人能透過催眠或談話

		艾瑞克森的心理社會發展理論			
階段	描述	挑戰			順利發展後得到的力量
階段 1	嬰兒期	信任	對	不信任	希望
階段 2	學步兒	自主	對	羞愧懷疑	意志力
階段 3	幼兒期	主動進取	對	罪惡感	企圖心
階段 4	學齡期	勤奮	對	自貶自卑	勝任能力
階段 5	青春期	認同	對	角色混淆	忠誠
階段 6	青年期	親密	對	疏離	愛
階段 7	成年期	生產	對	停滯	關懷
階段 8	老年期	圓滿	對	絕望	智慧

圖 4-4　艾瑞克森的心理社會發展理論，焦點放在人類自出生到老年的基本危機。此發展階段論提出，這些衝突是人生過程的一部分，且若能成功的處理這些挑戰，將使一個人得到「自我力量」以積極面對人生。

改編自 Hubley & Hubley, 1975 & 2005。

療法之外的方式順利達成生命價值。

　　每個人都必須滿足特定的生物、社會與心理需求方能健康成長。醫學中有許多關於身體需求的知識——飲食、休息、運動。對於一個健康的生物體，基本的智力、社會與情緒需求是必要的。

應用於教學

　　遊戲是兒童整體發展的重要核心。大部分 6 歲以下兒童的學校都會有一段遊戲時間，稱為「探索時間」或「自由遊戲」。佛洛伊德主張兒童在幻想遊戲中表現出他們衝動進而得以釋放。艾瑞克森明確地支持遊戲的理念，他宣稱，自主和主動進取主要是透過社會與想像遊戲發展而來。他認為，兒童遊戲是「人類藉由創造模擬情境來處理經驗，以及藉由實驗與規劃掌握現實能力的嬰幼兒模式……在遊戲中『表現出來』（play it out）是童年最自然的自我療法」（Erikson, 1963）。

　　成人對兒童而言，主要是情緒理解和社會調節者。教師成為感覺、行動、原因、解答的釋義者。教師觀察每個兒童的情緒，並監控他們在各個發展危機中的進展；危機即是轉機，能使抗壓性增加並激發潛能。從精神分析理論的角度而言，童年期的議題是每一個人的生命議題。雖然童年階段僅殘

存於我們的生命中，但教師若能察覺自身發展過程，必定更能充分瞭解兒童所面臨的困境。

4-1c　行為主義理論

行為主義理論是現代心理學體系中最為實際且實用的。行為主義理論描述發展與學習，從 1920 年代發展迄今仍然持續修正中，亦為美國在心理學上最具特色之貢獻。此理論始於洛克的白板說——幼兒出生時為一塊純淨的石板，上面將寫入整個人生事件。這些事件將造成人類所有重要的行為。行為主義者通常堅持唯有能確實被觀察到事物方能認定為事實。因此，唯有行為能被探討，而感覺及內在狀態則無法辦到。與之相比，精神分析理論則宣稱，行為只是從內在感覺與思維得知真實自我的間接線索。

行為主義者

當俄國心理社會學家巴夫洛夫（Ivan Pavlov）在實驗室研究動物的消化作用時，他注意到實驗室的狗在聽到或看到照顧員準備食物時，會預期食物的出現。這些狗會對一些伴隨食物出現的連結刺激物流口水，而不是看到食物出現在面前時才分泌唾液。他將此簡易的學習形式定義為反應制約。這種會在其他環境條件中不自覺產生聯想的反射，就是所謂的**古典制約（classical conditioning）**，它是行為主義理論的基石。

華生（John B. Watson）是研究巴夫洛夫動物實驗的一位美國心理學者，他將制約的概念套用於人類。例如，他讓一個小男嬰看一隻白老鼠（小男嬰只有 11 個月大，尚不知何謂恐懼），接著製造出很大的聲響使小男孩受到驚嚇，在「看到白老鼠」和「聽到很大的聲響」第七次配對出現後，小男嬰只要一看到白老鼠，不用聽到聲響，便會感到恐懼哭泣（甚至是只要看到毛茸茸的物品）。華生推崇古典制約的力量，宣稱他可以藉由精準地控制嬰兒第一年中發生的事件，來塑造一個人的人生。他提出了有效度的科學證明，證實教師應當設計及布置學習制約的環境，並對適當行為做出正向回應及獎勵。

桑代克（Edward L. Thorndike）亦研究制約學習理論，他是知名的「標準化測驗之父」，他協助發展出測量學生成就的量表及標準化教育測驗（請見第 6 章）。他提出知名的**刺激─反應（stimulus-response）**技術。**操作制**

約（operant conditioning）聚焦於反應行為，而非刺激物，且著眼於可用於增進一個行為再次出現的**增強（reinforcement）**。因此，密切注意行為的結果，並善用各種增強是有效之舉。

史金納（B. F. Skinner）將「白板說」的理念更進一步發揮，創造出「空白的生物體」（empty organism）學說。所有行為都會受到一種以上的環境因素影響，且一個人如同一個容器，將被細心設計的經驗填滿。此外，史金納宣稱每一個行為都可被修正。有些人反對史金納的理論觀點，他們認為此理論使學習過程失去人性，且人類被當作傀儡一般對待。其他人則認為，行為主義心理學能使我們發展出新方法，以幫助人類學習並有效地過生活、面對這個世界。

班度拉（Albert Bandura）發展出另一套學習理論，稱為**社會認知論（social cognition）**。在行為學家開始接受人們說出自身感受並正視內心狀態時，他們觀察兒童如何社會化。**社會化（socialization）**是學習如何遵循社會規範的過程。社會認知理論研究者觀察兒童如何習得這些規則，並應用於群體之中。他們研究恰當及不被接納的社會行為出現時的增強與獎賞模式。根據班度拉，兒童從日常生活中觀察而獲得大部分的社會概念。通常兒童會對最具影響力或最重要的人產生情感連結，因而依附將影響社會學習的過程。由此延伸出**楷模（modeling）**的概念，為**觀察學習（observational learning）**的特殊類型。

行為主義理論與學習

當個體與環境相互作用時，學習因而產生。透過經驗，行為被修正或改變。在行為學家的眼中，古典制約和操作制約是以「學習主要是習慣的發展」為基本概念。人們透過以前未曾出現過的刺激—反應連結而學習。楷模則更以社會理論的形式為基礎。圖 4-5 概述此三種行為主義理論的學習歷程。

古典制約。古典制約可藉由巴夫洛夫最初的實驗中闡明。一隻狗通常在看到食物後才分泌唾液，而不是當牠聽到鈴聲。當鈴聲與看到食物配對，狗「學會」在聽到鈴聲時分泌唾液，即使沒有食物出現。因此，無論是食物〔非制約刺激（unconditioned stimulus）〕或鈴聲〔制約刺激（conditioned stimulus）〕，狗都被制約以分泌唾液（給予回應）。當收

學習過程	行為類型	學習類型	學習者角色	範例
行為主義理論的學習歷程				
古典制約	反射性	透過連結而學習	被動	放學打鐘，學生將講義收入抽屜並且背上書包準備放學回家。
操作制約	自發性	透過增強而學習	主動或被動皆有	教師給予注意、讚美、微笑、擁抱做為社會性增強物〔非社會性增強物包含代幣、玩具、食物或貼紙〕。
楷模	自發性	透過觀察與模仿而學習	主動	兒童在「老師說」的遊戲中被選為領導者，而其他人則跟隨他的指示。

© Cengage Learning®

圖 4-5 古典制約、操作制約及楷模是三種發展行為學習之方式。各自描述如何習得各種行為，以及學習者在學習過程中所扮演的角色。

拾時間的音樂響起，意味著遊戲時間結束，兒童開始收拾玩具，因為他們被音樂制約。古典制約亦用於解釋恐懼的發展。在童年時期有幾次痛苦的看牙醫經驗，會使人一輩子畏懼牙醫。

操作制約。操作制約與古典制約不同的是，它聚焦於反應行為，而非刺激物。在操作制約裡，能促使一個行為再次出現的安排，稱為增強或強化（reinforcement）。促進行為復發的刺激物稱為增強物或強化物（reinforcer）。大部分的人傾向於增加能帶給他們愉悅的行為（例如給予食物或關注）和減少使他們不愉快的行為（如處罰、疼痛、收回食物或關注）。行為主義者企圖藉由操控這些增強，以影響生物體的行為。因此，操作制約比古典制約更為複雜。增強物可能是正增強也可能是負增強（或是被視為處罰），唯有在對學習者產生意義時方能奏效。增強是強而有力的工具，因此成人切勿濫用。當對兒童出現不適當行為而感到憤怒時，成人可能在負增強上不夠溫和，導致兒童最終感覺是受到處罰。忽略於使用正向語言或行為的成人，會逐漸失去塑造及改善兒童行為的機會。

楷模。楷模，亦稱為觀察學習，是藉由範例來進行教導與學習的方法。例如，看到父母親抽菸的孩子很可能也會吸菸。根據班度拉所言，兒童

藉由在日常生活中觀察到的事物獲得大部分的社會概念。無論是成人、同儕或人類以外的事物，被仿效的楷模通常都是照顧者——溫暖、有益並感情深厚者。對兒童最具重要或有影響力的人通常也與兒童有情感上的聯繫。

此外，從語言（聽他人說話）到爭吵（看電視上的言語暴力），任何行為都可藉由觀察而學習。班度拉的研究顯示，暴力影片會增加兒童攻擊行為的發

© Cengage Learning®

楷模。兒童透過觀察他人而學習；成人、其他兒童、非人類的事物及媒體影像亦是被模仿的對象。

生。「觀看影片中具有侵略行為的人和卡通人物的受試者，相較於控制組中未暴露於暴力影視內容的兒童，前者出現近兩倍的攻擊性行為」（Bandura, 1986）。圖像媒體——電視、電動遊戲、電腦活動——對於社會行為的塑造是相當重要的來源。班度拉的理論被擴展為更具社會認知的模式，探究兒童認真思考關於他們所見的事物或感覺。因此，個人與認知因素會影響行為，環境因素亦然，反之，兒童的行為也會影響周遭環境。在思考行為理論時加入觀察因素，並將它與皮亞傑的認知理論做結合（請見下一章）。

應用於教學

行為理論替環境對行為的影響做出有力的引證。在所有理論當中，該理論著重於學習的條件。任何企圖運用玩具、建議、其他方式來教導或輔導兒童的人，都算是行為主義者。行為主義者認為發展是教養而得，而且是連續不斷的歷程（Hauser-Cram et al., 2014）。教師布置環境，藉由留意設備、材料及作息表的規劃來提升正向學習。如果你相信人們會學習或改變行為是因為行為造成的結果，那麼你便有可能會嘗試調整環境以塑造行為。例如，幫助學齡兒童克服尿床問題、忽略學前幼兒的磨蹭牢騷使其無法得到想要的注意、對小嬰兒微笑或用牙牙學語方式給予回應以強化發音，這些都是行為主

義者的學習策略（Rathus, 2014）。甚至，教師對待兒童的方式便是塑造其行為之關鍵。

4-1d　認知理論

成人：活著是什麼意思？

幼兒：就是你可以動、可以玩——可以做任何事情。

成人：「山」是活的嗎？

幼兒：是，因為它會自己長大。

成人：「雲」是活的嗎？

幼兒：是，因為它會下雨。

成人：「風」是活的嗎？

幼兒：是，因為它會把東西吹走。

　　認知理論描述兒童如何學會思考，又思考些什麼。人類思維歷程的結構與發展影響人類對這個世界的理解。皮亞傑的認知發展理論形成了幼兒

倫 理 議 題

行為矯正之際亦保有倫理道德

　　成人對於兒童而言是強而有力的增強物也是楷模。每種學習狀況都是由許多線索組合而成；而學習成果取決於成人是否瞭解這些線索且能否妥善控制。使用行為矯正技術的教師瞭解兒童將要做什麼，也知道如何增強他們的行為。使用該技巧的相關倫理應該是每個人都需要關注的議題。

　　兒童所學由學習環境塑造而成。歡樂的經驗能夠帶來強化效果。與嬰兒玩用雙手遮臉，然後再突然快速把手拿開讓孩子看到臉的遊戲，一直到7歲時首次玩滑板，只要是愉快的經驗，該行為都很可能會被一再重複且學習。

　　兒童所學亦受到心情與氣氛所影響。社會學習對於兒童的生活格外重要。任何行為皆可學習且可能成為技能。疾言厲色使孩子受到驚嚇且感到害怕。充斥著批評或爭吵的環境讓孩子學到反社會或破壞性的行為。第7章將探討行為管理及適切的行為改變技術。

教育中對兒童的基礎概念；其他人則將此理論更進一步發展為學習的**建構**（**constructivist**）理論。

皮亞傑的認知發展理論

皮亞傑（Jean Jacques Piaget）是兒童發展領域中，最活躍的研究學者之一。他是兒童心理學的權威，研究兒童的思維歷程與其隨著年齡的變化。終其一生，皮亞傑致力於複雜的智力與兒童發展理論（1952）。他有系統地記錄兒童的學習方式、學習時間與學習內容。

出生於 20 世紀，以童年時對科學及心理學的好奇心為基礎，皮亞傑在巴黎的比奈實驗室與西蒙（Theodore Simon）博士一起研究〔西蒙與比奈（Alfred Binet）發展第一套智力測驗〕。記錄兒童正確回答問題之能力時，他逐漸著迷於他們不正確的回應。他注意到兒童在某些年齡會傾向於回答類似的錯誤答案。

接著，皮亞傑開始研究兒童的思維歷程。他注意到兒童主動參與自身發展的特性。同時，他也發展出一套研究思維歷程的方式。不使用標準化測驗，他採用問題與回應的方式（稍後於第 6 章討論）。

當其他人思索著思維的發展究竟是受內在固有（先天）或外在因素（教養）影響時，皮亞傑卻認為，兩者都無法提供完整的解釋來說明這些驚人而複雜的行為。他的理論建立在成熟與環境因素的基礎上。

✹ 認知發展的順序是受遺傳所支配，故稱之為成熟（maturational）。遺傳對學習的影響透過：(1) 身體與腦部在生理上的組成；(2) 自動出現或與生俱來的行為，如嬰兒在出生時的吸吮行為。

✹ 兒童的經驗會直接影響他們的發展，故認知發展是受到環境（environmental）的影響。思考與學習是一個人與環境之間交互作用而成。

皮亞傑也認為，所有物種天生皆具有組織與適應周遭生活及世界的基本傾向。人類運用三種基本的思維過程，分別是**同化（assimilation）**（將吸收而來的資訊與個體現有知識相結合）、**調適**或**順應（accommodation）**（個體改變自身的認知以適應新資訊），和**平衡（equilibration）**（個體認知趨於平衡之過程）。

　　為了對各種思想與物體的概念形成或互動，人類發展出**基模**（schemas）或心智概念（mental concepts）。小嬰兒透過味覺及感覺學習感知基模；學前幼兒則運用語言和假裝遊戲來產生他們的理解力；年紀較大的兒童發展出更抽象的基模，例如能幫助他們循規蹈矩之道德基模。兒童在親身實際行動（或遊戲）中具有最佳學習，而非透過被告知或示範。在研究蒙特梭利的理論後，皮亞傑推斷出，教師要布置有刺激作用的環境並與兒童互動，以增進其思考。

　　皮亞傑分類出四個認知發展的主要階段：感覺動作期、前運思期、具體運思期、形式運思期。圖 4-6 舉例說明早期各認知發展中的關鍵經驗。智力正常者均按照順序經歷這幾個階段，然而速率的差異取決於個人經驗。為了讓兒童學習思考並理解這個世界，每個發展階段都有其學習的關鍵。

應用於教學

　　皮亞傑從未宣稱自己是一位教育學家，因此其著作並未直接應用於課室管理或學科主題之中。然而，對於瞭解兒童的思維，皮亞傑的理論確實提供了一套結構及理念。對成人而言，最重要的是瞭解所有兒童在符合他們發展階段及材料充足之環境下，個個都是具有推理能力的思考者。因此，關於兒童，教師應謹記：

1. 兒童思考的方式與成人不同。
2. 兒童在進行探索與表達時，需要許多的材料。
3. 兒童的思維屬於具體模式，因而無法思考無法觀察到的事情。
4. 兒童做判斷與決策時，是基於他們所見事物，而不是基於感知或以成年人的邏輯思維方式。
5. 兒童需要有挑戰性的問題，且需要自己做決定與找出答案的時間。

　　才華洋溢的皮亞傑秉持著對兒童的同理心及智慧，使他成為現今世界知名的兒童心理學家，且在心理學、教育學與相關領域裡認為是與佛洛伊德地位相當之學者。佛洛伊德所發現的潛意識動機、嬰幼兒時期的性驅力及性心理成長的階段，改變了我們對人類人格的思考方式，而皮亞傑發掘內隱於兒童的理論、嬰兒對現實社會的建構，以及心理發展的階段，改變了我們對人類智力的思考方式。

皮亞傑的兒童認知發展理論

© Cengage Learning®	© Cengage Learning®	© Cengage Learning®

嬰兒 感覺動作期	學齡前幼兒 前運思期	小學兒童 具體運思期
關鍵概念 物體恆存	**關鍵概念** 象徵遊戲及語言	**關鍵概念** 推理
定義 ─理解物體持續存在，即使看不到時亦然。 ─必須理解這個物理世界。	**定義** ─使用表象、圖象、聲音或符號來代表物體或事件＝象徵遊戲。 ─使用抽象的、具規則而有系統的符號，並予以連結以進行資訊溝通＝語言。 ─必須發展思考的能力。	**定義** ─可在心中思考。 ─在具體的情況下，邏輯思考取代直覺思考。 ─發展分類的能力。 ─必須具有邏輯思考的能力。
說明 ─出生到 4 個月，嬰兒對於物體有反應，但若該物體被覆蓋則不會追蹤。 ─4 到 8 個月，嬰兒會伸手拿取一部分被覆蓋的物體。 ─8 到 12 個月，嬰兒會到處尋找被隨機藏匿的物體。 ─12 到 18 個月，學步兒會在最後看到物體的地點尋找該物體。 ─18 到 24 個月，學步兒以有系統的方式找尋藏匿物體。	**說明** ─18 到 24 個月，出現第一句話。 ─2 到 4 歲，出現想像遊戲，使用物體做為遊戲中的象徵物（洋娃娃代表嬰兒，在扮家家酒當中用積木假裝是食物）。 ─3 到 5 歲，開始發展社會遊戲，包含假裝遊戲及競賽。	**說明** ─能整理出多種特質而不是只有單一的特性。 ─出現可逆性思考；可以用不同的觀點看同一問題。 ─可以分類物品，並推論它們之間的關係。 ─出現溝通技能；知道無論哪一種容器，液體的容積不變。

© Cengage Learning®

圖 4-6　在認知理論中，兒童的思維依階段發展，且各階段會出現關鍵學習行為。

4-1e　社會文化理論

　　從 20 世紀末起，許多美國幼教工作者把他們的注意力轉移至另一個理論上。基於對義大利瑞吉歐教學模式之興趣，進一步探討維高斯基的理論。他的**社會文化**（**sociocultural**）理論將兒童視為一完整個體，並且將文化與價值的概念納入兒童發展的探討，尤其是語言方面與自我認同感。

維高斯基的社會文化發展理論

　　1896 年出生於白俄羅斯，維高斯基（Lev Vygotsky）在莫斯科受教育，並在心理研究院工作，他將焦點放在教育實務的問題上，尤其是與殘疾兒童有關的事物。他研究佛洛伊德、皮亞傑與蒙特梭利的理論。但很不幸地，他的職業生涯因患結核病而縮短，於 1934 年逝世，享年 38 歲。

　　維高斯基的理論聚焦於價值、信念、技能，以及傳統如何傳遞給下一代。如同艾瑞克森，維高斯基也相信兒童與其重要他人之間的連結關係。和皮亞傑一樣，他斷言許多兒童的學習發生於遊戲當中。如同馬斯洛（請見人本主義理論），他認為兒童是完整的個體，採取人道和質性研究法來研究兒童。其理論扎根於實驗心理學還有與他同期的巴夫洛夫和華生（Watson）（見行為主義理論），但相較之下，他強調家庭、社會互動，以及遊戲是影響兒童生活的主要因素，而非刺激—反應和當時非常普遍的增強規劃。

　　維高斯基提倡發展與學習發生於多樣的社會及文化環境，並受其影響，也就是後來的適性發展教學實務。兒童深受家庭與社會文化的影響，並使發展具有文化特性，並非依序或階段性循序發展（如皮亞傑或艾瑞克森所提倡），兒童學習的精熟度與互動反應，會因不同文化而有所差異。成人在兒童很小的時候就開始教導社會重視的技能；兒童的學習亦深受其家庭的優先考量及價值觀之影響。

　　社會文化理論常與皮亞傑的認知理論相提並論。

皮亞傑	維高斯基
兒童應該與實物互動	兒童應該與他人互動
兒童的思考階段與成熟相關	兒童的思考可透過與他人的特殊互動而增進
兒童的語言為**自我中心**（**egocentric**）語言。	兒童的語言與該年齡的思維有關。

維高斯基相信，在 3 到 7 歲之間，兒童的語言發展與其思維相關。兒童會大聲的對自己說話；經過一段時間，這種「自我談話」（self-talk）會逐漸內化，因此，兒童不用說出口就可以直接行動。維高斯基主張，兒童對自己說話是為了要自我引導和自我導向學習，這類私語（private speech）能幫助兒童思考自己的行為，並替自身行為擬出計畫。隨著年齡，私語（內在）語言〔曾被稱為「自我中心語言」（egocentric speech）〕，由說出聲音轉變成唇部低語，這是兒童的自我調節（self-regulation）的關鍵。

因為語言與發展建立在彼此的基礎上，發展各種能力最有效的方式，就是透過各種方式與他人的互動。兒童透過他人的引導與互動而學習。這種類似學徒制（apprenticeship）的方式，搭配**鷹架理論（scaffolding）**，也就是教導者透過教導的方式來協助初學者，並給予協助，讓初學者能實際操作。其他人則運用這種有益的結構來輔助兒童學習。

Belinda Images/SuperStock

維高斯基的鷹架理論。兒童精通一項技能的方法與時間受到他們從成人與其他兒童身上接受到的有意義輔助影響。朱利亞娜可以自己騎三輪車，但她希望能騎上哥哥的兩輪腳踏車。當然她會跌倒。但若她的叔叔緊隨於旁並協助其平衡，她就能做到。當然，這需要許多嘗試，但在協助之下，朱利亞娜最後就能自己騎單車。

就像是建築物旁鷹架的作用，兒童從他人的輔助中獲得提示、建議，以及組織結構而能精通一項技能或活動。教師與學習者之間的社會互動，不只傳授技能，也將該技能的脈絡背景及文化價值提供給學習者，同時也傳授了人際關係的建立方式和語言。當輔導者感到學習者已準備好要接受一項新挑戰時——或單純的希望學習者進一步獲得學習——他們將初學者拉到**近側發展區（zone of proximal development, ZPD）**，這個學習範圍介於超過初學者可以靠自己的實力達到，與受到他人協助所能達成的範圍之間。

應用於教學

社會文化理論提供給學校教師四個結論：

1. 教師必須致力於理解兒童的家庭與文化，並與其合作，將它融入教學。教師提供年幼的雙語學習者及其家庭全程參與課程的方式；因此，教育機構將每個兒童家庭的母語及英語發展融合統整。這在心理學中亦是一項處於蓬勃發展的專業。教師與研究人員觀察到，社會中各類兒童皆必須社會化，才得以在「兩個世界」中順利生存，於是必須達成**雙重認知（bicognitive）**發展。實際上，任何具有異文化或來自另一種族，卻和主流文化有關聯的人，都必須對雙文化有一定程度的認識。

2. 教師必須與兒童發展出友好與合作的關係。教師與學習者彼此適應；教師運用自己對兒童的認識，調整教學並規劃課程。無論「萌發課程」或自發性的概念，如同反偏見課程所提倡的可教時機，社會文化理論皆予以支持。

3. 教師理解到遊戲具有許多價值。在遊戲中，兒童能實際操作文化的符號與工具。維高斯基（1978）以此說明：

> 在想像的國度、想像的情境下活動、對創造力的自願性、真實生活計畫的形成與意志力激發——這些都出現在遊戲中，並成為學前發展的最高層次。兒童透過遊戲活動得到最佳的躍進。唯有就此意義而言，方能將遊戲認定為領導兒童發展的活動。例如，兒童用積木搭出一個骨架；教師鼓勵他們畫出建築物，然後將整個積木角落畫成一個村莊或鄰里。成人的角色是一個有智慧的調節者，盡可能擴大兒童的近側發展區，繼而傳遞符號的概念，使兒童能以不同的角度來看同一件事物。

4. 貫徹維高斯基理論的教師能察覺個別差異並予以鼓勵，讓兒童多參與活動。維拉瑞亞老師為她的幼稚園班級安排大哥哥大姊姊時間，有三年級的「大朋友」說故事，並邀請其他不同年紀的孩子在接送時間參與班級活動，請他們唱他們知道的歌曲。

4-1f　生態學理論

與社會文化理論一樣，生態學理論是以兒童發展深受外在因素影響為前提。在 1970 年代，隨著生態學在美國及歐洲的興起，產生了一套應用

於人類發展研究的通用性系統理論。發展是「個人與環境的共同作用」
（Bronfenbrenner, 2000），而人類生態系統之概念應包含物理因素（氣候、
空間、住所與學校）和社會環境（家庭、文化與更大的社會）。

布朗芬布里納的生態觀點

　　布朗芬布里納（Urie Bronfenbrenner）是美國康乃爾大學的教授，自
1930 年代末期開始研究心理學與發展科學。他積極參與公立及私立兒童機構
的規劃，並且是啟蒙計畫的創建者之一。

　　布朗芬布里納的**生態（ecological）**模式描述四種影響人類發展的系統，
彼此層層包圍，套疊成同心圓。其模式以兒童為中心，四種系統分別為 (1)
與兒童切身相關的環境；(2) 這些環境之間的相互關係；(3) 社會結構；以及
(4) 這些系統所在之更廣環境，圖 4-7 描繪出這些系統。猶如在大自然中，牽
一髮而動全身。突如其來的收入短缺對家庭造成諸多影響：家長可能因操煩

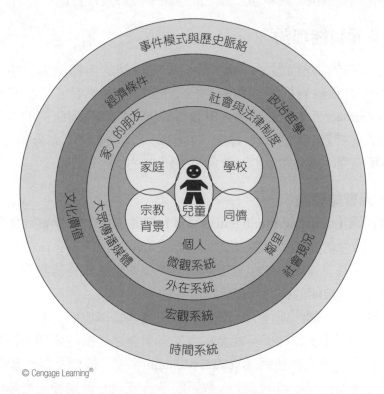

圖 4-7　布朗芬布里納的生態學理論。生態學理論顯現出兒童生活中影響其發展的
多種因素。

而未能好好照顧孩子，因而在學校時，他們需要照顧者更多的關注，而照顧者可能得從社區裡替此家庭尋找資源。

4-1g　應用於教學

社區的價值可能影響社會現狀，且轉而被個別家庭或機構所影響。例如，在一個兒童日益增加的社區中，社區價值轉為採納更多與家庭有關的議題，像是建立社區遊樂場；社區開始在地方教堂裡設置家長參與的托育機構，也有一位退休教師在社區內為嬰幼兒創設居家式托育。市議會提案說服國會立法通過「友善家庭」的政策，並提供獨力照顧孩子的員工一些節稅的福利政策。

教師能運用這個理論讓家長理解此影響兒童家庭的系統。無論直接或間接，兒童的物理與社會世界中有許多元素，皆對兒童發展影響深遠。此理論強調在幼兒教育機構與其服務家庭之間，需要維持良好合作關係。

4-1h　多元智能理論

依皮亞傑的觀點而言，智能展現於學業以外的多種能力之中。因此，標準化與智力測驗對於要綜觀統整的智能似乎稍嫌不足。霍華德·迦納（Howard Gardner）是美國哈佛大學教育研究所人類發展研究的教授，在持續研究的智能特質議題中舉足輕重。其研究深受皮亞傑、布魯納（Bruner）以及腦科學研究（請見本章討論）與資優研究之影響。

迦納的多元智能理論

多元智能（multiple intelligences, MI）理論主張，至少有九種不同的基本智能：「人類的認知內涵以能力、天分或心理技能的整合，才更能清楚地解釋，或是稱為『智能』。所有正常個體或多或少都具有這些智能；而個體間的差異來自於技能的程度及智能的結合」（圖 4-8）。

任何擁有正常腦部運作的人皆擁有展現這些領域技能之能力。然而，某個擁有「音樂智能」的孩子可能會在聽完音樂會之後堅持要學小提琴〔像是美國猶太裔小提琴家梅紐因（Yehudi Menuhin）〕。或像是以跑步為生計的社會文化（例如肯亞地區的人），較可能孕育肢體—動覺智能發達的兒童。迦納以海倫·凱勒的老師蘇利文（Anne Sullivan）為例，說明蘇利文擁有人

你有多聰明？

領域	定義	範例
音樂智能	擁有運用音樂運思之能力，能聽出節奏模式、辨認，並且記住。	迦納舉例證明此音樂智能在世界各文化中之重要性，甚至在石器時代的社會中亦擁有重要地位。
肢體—動覺智能	能運用部分或全部身體來解決問題或完成某事的能力。	我們可從一個人運動（比一場競賽）、跳舞（表達情感，音樂律動或節拍）、演戲，或製作物品的能力，看出一個人的肢體—動覺智能。
邏輯—數學智能　1-2-3-4-5	能以邏輯思考，往往是線性或具一定模式，並具有理解與推理的系統與原則；最常以標準「IQ」測驗進行測試。	解決問題過程通常非常快速（資優兒童），通常不用言語來達意念（像是常聽到的「啊哈！」表達方式）。
語言智能　a-b-c-d	能運用語言來表達個人思想、看法、情感，並能瞭解別人與其言語之能力。	語言資優是相當常見的；口頭語言在各文化持續延續，而圖像語言亦是人類活動特徵之一。
空間智能	運用空間條件呈現事物內部意象之能力，像是航行、地圖、繪圖或建築。	玩西洋棋或其他視覺藝術——繪畫、雕塑——皆使用空間智能；解剖學家、建築師，以及工程師都強調此空間智能。
人際智能	瞭解他人，並區分人與人的情緒、氣質、動機及意圖之能力。	在學校中，人際智能高的遊戲者會在進入遊戲前先觀察別人怎麼玩；有些孩子似乎天生就是領導者；教師、心理治療師、宗教或政治領導者，以及許多家長似乎也能察覺這項與眾不同之智能。
內省智能	瞭解自己、認識自己、瞭解自己如何對外界的反應以及自我內在的能力。	擁有內省智能的人能感受自己的情感及各種情緒，並藉此瞭解和指導自己的行為。具有內省智能的兒童知道什麼事情該做，什麼不該做，且往往也知道什麼時候需要幫助。
自然觀察智能	擁有區別生物（植物、動物）的能力，並對其他自然環境（雲、岩石結構層次）具敏感度。	自然觀察智能在狩獵、採集、耕作等職業具有相當價值，同時對於植物學家及廚師也很重要。
存在智能	擁有思考超感知問題或未能解釋現象之能力。	擁有存在智能者對於生命與死亡之議題、道德問題感到興趣；並反覆思考著存在的意義，與其他心靈相關之問題，像是牧師、僧侶，以及教會領導者。

圖 4-8　迦納的多元智能理論對智能提出新看法。

際智能,在大家皆不瞭解的情況下,她卻能理解海倫的需求。

應用於教學

從幼稚園到高中,多元智能理論(MI)對於各級學校的課程與教學法皆有所衝擊並使之轉變。甚至連「芝麻街」(Sesame Street)的製作人也應用此理論開發節目。幼兒教師亦使用此理論做為環境、課程及教學法個別化之基礎。

❋ 學前機構中,有個孩子的拼圖能力優於他的同學(空間智能);他應該要嘗試更複雜的拼圖,以及在室外工作的機會,以創造迷宮給小組玩(自然觀察智能)。

❋ 幼幼班裡設置了「數數看學習區」,並備有許多材料供畫畫數數(空間智能);老師和孩子一起玩遊戲,數到 2 的倍數就跳一下(肢體─動覺智能);播放音樂並且跟著拍子數數(音樂智能)。第 10 章將舉例說明如何將此理論應用於課程發展中。

4-1i 成熟理論

如第 1 章所述,葛賽兒是一位內科醫師,對支配兒童成長與行為的體內生理時鐘極為好奇。在 1940 年代到 1950 年代,葛賽兒(1940)建立出符合發展的成長與行為常模。為瞭解由出生至青春期兒童的成熟狀況,葛賽兒學院(Gesell Institute)持續提供寶貴的資訊。第 3 章中的兒童成長圖像(Word Pictures)即是陳述成熟理論與研究之優秀範例。

葛賽兒的成熟理論

所謂成熟,為生理與心理成長取決於遺傳的過程。成熟順序的發生具有固定的關聯次序。成熟理論堅信,成長多取決於受孕時的基因。此理論不同於主張「成長取決於環境背景與經驗」的行為主義理論,亦和宣稱「成長與行為是由成熟和學習兩者所影響」的認知理論相異。

成熟與生長互相關聯且同時出現。成熟展現成長的品質;換言之,當一個兒童長高或變重了,成長在本質上(或品質上)便有所改變。成熟是質的變化,其描述嬰兒學會走路的方法,而非只記下嬰兒踏出第一步的年齡。成長是發生的事情;成熟是發生的過程。

　　許多研究證實，無論文化、出生國家和學習環境是否相同，所有兒童的成熟順序都相同。但要謹記兩個重點：

❊ 雖然成熟決定發展的順序，但精確的年齡只是大致估計的。發展的順序原則上不變，但兒童在各階段中成長速率卻大相逕庭。

❊ 成長具有不平均性。兒童的成長是突發的。粗大動作發展可能在某些階段發展緩慢，但在其他階段快速。例如，一個嬰兒可能在兩個月內每天體重增加 30 公克，之後一整個月只增加 230 公克。一般而言，在青春期會出現一次爆發性的成長，因此有些兒童 13 歲左右就會接近成人的身高，然而其他兒童卻不到 150 公分。不可預測性伴隨著個別差異。

應用於教學

　　成熟理論對描繪兒童的成長與典型行為相當有益。例如第 3 章裡的兒童成長圖像，這類圖表能協助成人更加理解兒童行為，且避免他們產生過多或不足的期待。請牢記成長具有顯著的個別差異性與不平均性。謹防過度類推此常模圖，因為葛賽兒的原始資料取樣有限，且僅從美國兒童推論出該結果。在過去二十年來，進一步依據之後的世代，從更大規模、更多元的人口中進行研究和提出修正。在判定一個孩子的成長是否處於正常範圍時，成熟理論能提供極佳的發展常模，協助家長、教師與醫生達成共識。

4-1j　人本主義理論

　　隨著心理學開始發展，有各式教育理念的學校相繼成立。本世紀中之前，主要有兩種「勢力」支配著美國心理學界。第一種是精神分析理論，也就是廣為人知的佛洛伊德與艾瑞克森。第二種是行為主義理論。1950 年代中期，馬斯洛（Abraham Maslow）提出了心理學的第三勢力。**人本主義（humanism）** 理論主要針對人類健康、成功及心理健康的驅動原因進行研究。這是一個源自心理疾病問題而加以修正的理論，例如精神療法或動物行為研究等，隸屬於行為主義的研究。

馬斯洛的需求金字塔

　　馬斯洛的**自我實現（self-actualization）** 理論是一套關於人類的需求及維持健康的理念。他斷言每個人都被若干基本需求所驅動，無論年齡、性

別、種族、文化，或地理位置。根據馬斯洛的研究，基本需求有以下特徵（Maslow, 1962）：

❋ 缺乏基本需求將引起疾病。
❋ 擁有基本需求能預防疾病。
❋ 重建基本需求將治療疾病。

　　這些基本需求有時候被稱為匱乏需求（deficiency needs），因為這些是人們生存不可或缺的需求，缺一則可能導致死亡。直到這些需求都達成才會產生明顯的成長。成長需求（growth needs）在基本需求實現後產生。而高層次需求（higher needs）取決於以上兩者需求。高層次需求是我們努力爭取成為更滿足和健康的人。

　　這些理論被形容為階層（hierarchy）或金字塔（pyramid）型的理論，因為這些需求以特定方式有所關聯，以最重要的基本需求為基礎，實現之後方能進一步實現其他成長需求（圖 4-9）。

應用於教學

　　對於處於飢餓狀態的兒童可能會忽視課程內容，或無法集中注意力，教

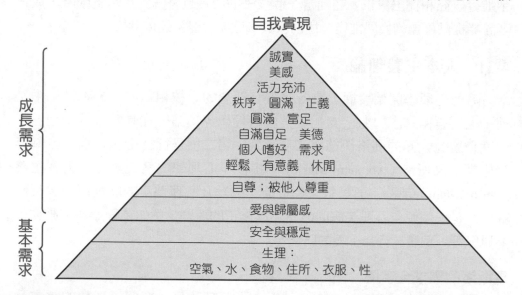

圖 4-9　馬斯洛的需求金字塔。馬斯洛研究健康的人格，並將人類的成長視為以基本需求與成長需求為基礎的階層。

資料來源：改編自 Maslow, 1962。

師對這一點究竟瞭解多少。又一個疲累的兒童會將學習材料及學習經驗拋到九霄雲外，直到充分休息後才恢復。幼教領域中的問題亦能從需求金字塔中找到相關答案：

✽ 基本生理需求未獲滿足的兒童，腦中可能只會想到這些需求；事實上，「這類人相當於活在只與麵包為伍的生活中」（Maslow, 1962）。人本主義學者強烈建議學校提供早餐或午餐，並鼓勵有規律的休息時間及午睡時間。

✽ 一旦生理需求達到滿足，安全需求亦將浮現。若將兒童送入一個他們預料之外的家庭或學校中，他們將因無法感受到安定而擔憂與焦慮。馬斯洛因此勸告教師給予有限度的自由，而不是完全忽略或任意縱容孩子。

✽ 兒童往往會直接且明確地表達出他們對愛、歸屬感以及尊重的需求。自尊包含對信心、能力、支配掌控、滿足、成就、獨立和自由的需求。而被他人尊重包含威望、認可、接受、注意、地位、聲譽和讚賞。

✽ 自我實現是人對生活的滿意度。因為想要更加理解這世界及周遭的人，因而產生更高層次的需求。這些需求表達方式為熱情、好奇心，以及學習與嘗試的動機。人本主義心理學可說是與那些將「神」而非「自我」置於階層頂端的文化及宗教大相逕庭。在非洲世界當中，可能會將社區的利益做為判斷一個人是否成熟的依據。而具有「共同體」概念的文化，則是將家庭或群體視為人道的最終目標，而非個體或自我。

4-2 幼兒教育中的主要發展議題

　　為了拓展我們對兒童發展的知識，接下來將探討幾項重要的主題。熟知這些發展議題的教師將能做出與教室及課程相關的最佳決策，且能與兒童之家庭有所連結。

4-2a 認同

　　隨著兒童成長，**認同（identity）**的形成逐漸成為發展中重要的一環。無論是精神分析或人本主義理論，兩者皆強調自我概念發展對於成長有正面之

影響；認知與社會文化理論則指出，兒童透過種族、族裔、性別及能力建構對自我的理解。同時他們也在家庭傳承信念、態度及期望行為時形成自我觀感。

族群及文化多樣性

族群和文化多樣性對教育所帶來的影響如下（Lightfoot, 1978）：

1. 若兒童所說的語言不能被來自於另一個文化的照顧者所理解，問題因此產生。
2. 當照顧者因兒童來自地位低的文化族群而給予較低的期待，而非依據其實際能力時，問題因此產生。
3. 當照顧者未做好準備去面對一般行為模式與自己不同的兒童時，問題因此產生。
4. 當標準化測驗與評量技術施用於特定的文化族群，卻對該文化模式認知不足或不夠尊重時，問題因此產生。

創造文化回應教育是落實適性發展教學實務的不二法門。熟悉兒童，尤其是雙語學習者家庭使用語言，讓家庭成員及同事能夠學習所有兒童的語言及文化。

性別

以社會文化理論的面向而言，**性別（gender）** 即男性或女性。幼兒時期的性別發展中，有兩方面重要的考量：性別認同（對身為男孩或女孩的感覺，大多數兒童於 3 歲左右獲得此概念），以及性別角色（對男性及女性應有之行為、想法與感覺之期望）。

性別在某些發展與學習理論中是重要的。佛洛伊德的性心理發展階段理中，透露出這個信念，性別以及與性有關的行為是天生固有的本能。艾瑞克森亦主張人格特質是隨著性別而與生俱來的觀念：因為基因構造，男性較為侵入（intrusive）；而女性較為包容（inclusive）。

認知理論強調兒童透過觀察與模仿而學習適當的性別行為，而行為主義者宣稱兒童是透過增強而學習。此觀點的倡導者說明了家長與媒體對男孩與女孩們參與特定活動及各種遊戲有所影響。關於人類如何成長，以及造成兒童發展如此神奇的遺傳和環境間之複雜影響，在艾莉諾・麥考比（Eleanor

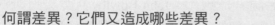

多元觀點

何謂差異？它們又造成哪些差異？

在生理上，男性的身高比女性高 10%，而女孩比男孩較少出現身心障礙的情形。男孩比女孩活動力高。身體的侵略性具有性別差異；然而，即使男性比女性出現較少的自我調節情況，但在語言侵略性這方面兩者較無差異性。研究指出，男孩與女孩的智力和推理行為無顯著的差異。某些認知功能與人格差異確實存在，但總體來説，其差異過小而無法構成普遍模式。

所以……這些差異進一步造成了什麼差別嗎？性別基模理論認為兒童使用性別做為組織與理解這個世界的一種方式（Campbell et al., 2004）。若兒童學到的是男性具有力量，而女性是軟弱的這種性別刻板印象，所有的兒童便會恪遵著各自的角色。若這個角色是正面且適當的，便會造成極大的差別，卻也會因為受到壓抑與限制而產生問題。

Maccoby, 1998）的研究中，提供了有力的數據資料與開放的討論空間。

性別認同之發展順序如下：

❈ 幼兒通常在 2 到 3 歲之前獲得能正確標記自己與他人性別的能力；性別行為也開始出現；4 歲前發展出性別穩定性的概念（瞭解終其一生性別都不會改變），且會選擇同性的玩伴以及根據性別類型選擇偏好的玩具。
❈ 大約 5 到 6 歲時為性別恆定期（理解一個人無論外型或打扮都不會改變其性別）；從遊戲場上的活動可看出不同性別的孩子從事不同類型的活動。

兩性之間相似或相異的議題仍具有爭議，故教師需要注意公平原則。性別角色概念一不小心即可能受限，因此成人在傳遞訊息給兒童時需要格外小心。社會化可以用來說明我們在兒童身上看見的性別行為。

© Cengage Learning®

認同感形成。自我概念的發展是終生的課題，包含角色、信念以及志向的追尋。

4-2b 依附

依附（attachment）這個名詞，是鮑比（John Bowlby）與艾因斯沃斯（Mary Ainsworth）的研究中慣用的獨特術語，此概念也應用於懷特（Burton White）的描述性研究、葛柏（Magda Gerber）的嬰兒教養者資源（Resources for Infant Educarers, RIE）機構、美國西方教育研究實驗室及遠西教育研究實驗室（WestEd/Far West Laboratory）的嬰幼兒教保人員計畫（Program for Infant and Toddler Caregivers, PITC）。依附是情緒的連結，一種兩人之間的「情感結合」（Bowlby, 1973）。依附於另一人的兒童或成人，將對方當成在這個世界探險時的「安全堡壘」，一個在傷心或承受壓力時的慰藉，以及獲得鼓勵與支持的來源。依附行為就是對另一個人保持親密，像是微笑、眼神接觸、談話、觸摸，甚至是緊黏著哭泣。

事實(T) 或 迷思(F)

T (F) 在幼教機構中，教學比遊戲更為重要。

遊戲是兒童的事業，反映出孩子的成長，同時也是讓教師通往兒童世界的窗口，並且創造教育經驗。

　　嬰兒與成人形成依附，從而確保他們得以存活。「如同其他生物，這是人類本質的一部分。嬰兒會與扮演母職的角色形成依附，這個角色不見得一定要是真正的母親，任何一個能扮演此角色的主要照顧者皆是」（Ainsworth, 1979）。佛洛伊德相信，嬰兒會對餵食者形成依附。艾瑞克森亦宣稱，1 歲是建立依附關係的關鍵期，是發展信任與不信任的階段。

　　兒童依附行為的天性一直以來受到廣泛地研究。研究中顯示，人類與動物的幼子在非常早期就會對其母親發出信號。人類嬰兒的早期信號包括哭泣和凝視，這兩者皆能影響成人，且定時的哺乳使母親參與依附關係的發展。雖然所有的嬰兒都會與一人以上的照顧者發展出依附關係，但是其依附的安全感卻不相同。我們可以藉由父母親在或不在現場的兩種情況下，觀察兒童對陌生人的反應來測量其依附程度。研究人員發現，大多數的美國嬰兒在陌生的情境下屬於安全依附。若依附發展失敗會面臨障礙，「共舞」需要搭檔；因此無論嬰兒或家長（照顧者）都必須擁有情感連結的技能。

❋ 嬰幼兒通常一開始缺乏這些技能，且某些有健康問題或難養型的嬰兒常會導致家長認為他們較無回應。

❋ 童年無安全依附的家長可能無法理解依附行為的需求。虐待或是其他疏忽情形增加——例如憂鬱、極度貧窮，或其他壓力——會使依附失敗的機率增高。

　　但並非所有的發展心理學家都認為，依附關係對兒童日後能力及自我認同具有重要影響力。科根（Kagan, 1978）相信嬰兒有可塑性，兒童可以在各種多樣不同的養育方式下正向成長。此外，依附關係存在著很大的文化差異。德國嬰兒比美國嬰兒更有可能被歸類為逃避型，這或許是由於鼓勵早期獨立之文化因素所促成。日本嬰兒也很有可能被歸類為逃避型，但這可能是由於記錄方法等因素所造成，例如將幼兒獨自留在房間而無母親陪伴，但實際上這個情境對大部分的日本嬰兒而言卻是極為罕見的。值得注意的是，雖然歐美國家對於依附賦予相當高的價值，比起其他族群卻似乎較少抱著嬰兒。

　　另外，托兒機構也備受議論，尤其是嬰兒托育機構，因為這類的托育是否會破壞兒童與家長之間的依附關係？此爭論促成許多對幼兒托育機構與家長—兒童依附的研究。無論嬰兒托育機構是否能有效提供依附關係，目前我們所得到的結論是：在高品質的托育機構中，兒童不會承受較高的風險。

4-2c　遊戲

　　遊戲（play）！多麼美妙的詞彙啊！「你可以陪我玩嗎？」是印象最深也是最常聽到的問句，伴隨著對世界的期待和愉悅、對世界的探索與冒險、一個專屬兒童的世界。

　　市區的街道、公園和操場、房屋、小棚子、空房間及後院都是遊戲的場所。遊戲是兒童的一種生活方式；遊戲是他們的自然反應。遊戲就是童年，因為它源於兒童天生固有的動機，並自然滿足兒童的需求。遊戲的定義為：

❋ 遊戲是由兒童自行掌控的自由規則，除非危害到兒童本身。

❋ 遊戲是由兒童所掌控與決定。

❋ 遊戲猶如在真實生活中活動。

❋ 遊戲專注於活動——實際操作——而非結果或成品。

❈ 遊戲需要兒童的互動與參與。

對兒童而言，遊戲就是他們認真投入的工作。所有他們選擇參與的活動都是遊戲；而遊戲是無極限的。

教育學家與心理學家將遊戲稱為兒童成長的倒影、兒童生活的精髓、進入兒童世界的窗口。透過自我滿足的遊戲，兒童獲得掌控權並逐漸理解生活。遊戲使兒童瞭解自己，他們學會自己有多高或多矮；學到若要輪流盪鞦韆，要說些什麼；爬梯子的時候，手該放哪裡。兒童透過遊戲理解這個世界：紫色是什麼、如何製作猶太麵丸子、如何交朋友。更重要的是，遊戲幫助孩子定義自我。

遊戲具有許多形式。遊戲可能只是純粹的體能活動（跑、爬、丟球），也可能需要高度智力（完成複雜的拼圖、記憶歌詞）。運用到蠟筆、黏土與指印畫時，遊戲變成為創造力的表現。在兒童假裝自己是媽媽、爸爸或小嬰兒時，遊戲展現出各種情緒。和朋友跳繩、玩拋接遊戲，以及共讀一本書都是社會形式的遊戲。

遊戲的種類

社會遊戲的發展具有一般順序性（圖 4-10）。嬰兒和學步兒對社會自我有很清楚的定義。嬰兒遊戲在出生時就開始有既定的模式：

❈ 嬰兒會注視、微笑，並發出社會性的聲音來回應父母或照顧者之照顧品質與頻率。嬰兒透過互動而社會化。在他們滿週歲時，嬰兒會對人微笑、彼此互相觸摸、牙牙學語等社交行為。

❈ 學步兒會自己玩（單獨遊戲），也會和大人玩。大約 1 歲時，他們開始會一人的假裝遊戲。但他們仍會觀察其他人（旁觀者）。當他們漸漸注意到其他人，他們會各自玩各自的遊戲，沒有互動產生（平行遊戲）。

❈ 學前幼兒知道有其他人在場，也很高興有其他人，但並不直接參與或介入。在這個階段，開始產生一些協調遊戲，兒童開始與其他兒童一起做事情（聯合遊戲）。

❈ 年紀更大的學前幼兒開始積極結合他人的力量（合作遊戲）；他們以言語表達、規劃並執行遊戲。這是幼稚園與學齡時期中，最普遍的同儕互動模式。

❈ 大部分的遊戲並無特定結構且自然地發生。自發性遊戲是未經過事先計

遊戲的種類

© Cengage Learning®

無所事事型遊戲
❋ 定點不動
❋ 觀看周圍
❋ 出現無目的之隨意動作

© Cengage Learning®

單獨遊戲
❋ 自己玩
❋ 獨自玩而不參與其他人

© Cengage Learning®

旁觀者遊戲
❋ 當他人遊戲時在旁觀看
❋ 可能會說話但不加入遊戲中
❋ 表現出對遊戲感興趣

© Cengage Learning®

平行遊戲
❋ 在他人身旁遊戲
❋ 各玩各的遊戲，但與他人有類似的玩具或動作

© Cengage Learning®

聯合遊戲
❋ 遊戲中具有社會互動但較無組織
❋ 對彼此有興趣但無共識的計畫

© Cengage Learning®

合作遊戲
❋ 一個群組中的社會互動
❋ 參與有組織的活動，遊戲的原型

© Cengage Learning®

圖 4-10　柏登（Parten）於 1930 年代提出的遊戲分類至今仍適用。

劃，兒童可自由地參加他們自己選擇的活動。當他們在自由遊戲的情境中可自行選擇時，兒童將會根據他們的興趣、需求和閱讀程度選擇活動。

❋ 戲劇遊戲——或模仿遊戲、假裝遊戲——是常見的自發性遊戲。3 到 4 歲時對此類遊戲的興趣達到最高峰。戲劇遊戲裡，兒童擔任不同的角色，活潑出色或內向皆有。兒童將自己當作所扮演的人或物，將他們感到興趣或害怕的情境扮演出來。戲劇遊戲可以將兒童在環境中，對人和事的態度及概念顯露出來。藉此，他們可以宣洩自己弱小和缺乏力氣的感覺。超級英雄遊戲之所以討人喜歡是因為它可以很快地處理兒童的無助與弱勢感。戲劇遊戲為兒童提供自我解決困難的方法。藉此，他們可以自由地追求其他

任務和更多正規的學習。

　　社會戲劇性（sociodramatic）遊戲發生於至少兩個兒童一起進行戲劇遊戲時。這兩類型的遊戲有兩個基本元素：模仿和假裝。這是象徵遊戲的最高發展形式。維高斯基注意到兒童在假裝遊戲中，近側發展區（ZPD）可以讓兒童提升到更高的行為水準。根據皮亞傑的認知理論，此類遊戲可協助兒童以有規則的方式來創造想像情境。艾瑞克森也曾說過，遊戲是一廂情願、讓自己感到強大和偉大，並且充滿希望的活動。

　　適性發展教學實務中的遊戲應達成以下三種目標：

1. 兒童能夠認識自我，並培養積極正向的自我形象及意識到自己的能力。他們應該知道自己在學習，並為自己的成長感到高興。他們應該培養獨立性及自律性，且能充分運用其感官技能來獲得知識。

2. 兒童能夠認識周遭的人與環境，發展出對他人的理解力。教師應該訓練兒童精進其社會溝通技巧，使其能在社會上成為更敏感的參與者。這意味著兒童將從他們的父母、社區，和整個社會來學習，並且欣賞其價值。當兒童意識到生活於現今社會之需求時，這種意識將可幫助他們成為更負責任的公民。著重於社會互動及群體關係是兒童發展中所強調的目標之一。

3. 為了學習解決問題之能力，兒童需要善於觀察與分析調查。舉例來說，當玩拼圖時，他們需知道如何拼湊、操作、拆解，並且觀察別人如何完成拼圖，以及知道如何在拼圖不合時尋求協助。他們應該知道如何預測和實驗——例如幼稚園幼兒推測用玻璃杯罩住燃燒的蠟燭會發生什麼狀況。學前幼兒童需要學習協商、討論、妥協和堅持立場，尤其是當他們面臨這些狀況，以及需要解決社會性問題時。3 歲幼兒想要一台小推車，但是已經有個 5 歲的孩子在使用了，那麼老師應該在一旁觀察這個 3 歲幼兒在解決問題時的臉部表情、聲音及肢體動作。教師可以在旁協助，教導他使用語言表達、阻止侵略行為、解決衝突。教師對適性發展教學實務的運用應包含如何幫助兒童藉由經驗學習成為一位有效解決問題的人。

4-2d　腦功能

　　21 世紀最令人振奮的研究發現莫過於腦部研究。**神經科學（neuroscience）**研究開發了一些先進的技術，如超音波、核磁共振影像（magnetic resonance

imaging, MRI）、正子放射斷層攝影（positron emission tomography, PET）、等有效的、非侵入性的研究方法來研究大腦化學物質〔如類固醇激素皮質醇（steroid hormone cortisol）〕。在過去十年間，有許多神經科學與教育領域共同的研究。「**神經教育學（neuro-education）**是一門發展中的學門，其企圖結合神經科學、心理學、認知科學以及教育學，藉以更能理解人類

腦科學說 聯結點：神經科學如何支持理論與 DAP

神經科學與許多幼兒教育的適性發展教學實務及學習基本原理環環相扣。Rushton（2011）提供四種原則；提供做為和課室實務的聯結。

原則一：「每個腦袋都有其獨特之組成。」……因而教學中應提供符合兒童各個階段技能的教材。例如，美術區須備有練習字母書寫的材料，以增進兒童對字母的認識；圖書室裡應放砂紙字母（可以刺激兒童的觸覺，使其熟悉字母），感官探索區中應放置字母表，以及在積木區放置字母形狀的積木。

原則二：「大腦的成長與改變持續不斷，且因應環境而不斷調適。」……因而教學中應提供友善環境。人人都應該以笑臉面對兒童，讓兒童對於所處之地感到熟悉且有歸屬感，另外也讓兒童參與教室空間的設計創造，教師須對兒童的情緒和活力有高度回應力。

原則三：「與腦相容的課室教學能夠促成學習和正向情緒之連結。」……因而教學中應給予兒童選擇機會。允許兒童進行決策（例如：「你想先刷牙還是先把午睡的被子鋪好呢？」）以及給予一些選擇（例如：「今天想要玩哪一種戶外遊戲呢？」）都能促使兒童發展正面力量及能力。

原則四：「兒童的腦袋需沉浸於真實生活、實作與有意義的學習經驗之中，以得到問題解決的能力與通則。」……因此教學中應設定時間，讓小團體在無干擾的狀況下投入一個主題。如果兒童拿著他感興趣的物品進到教室，那麼教師應該要和他分享並且探索，而不是把物品拿走收到玩具屋裡。鼓勵兒童表達他們的解釋與思辨能力——對你、對訪客，或是任何能夠傾聽的人。

思考問題

1. 什麼樣的遊戲能夠促使大腦成長？
2. 在學校每天有哪些活動對腦部發展是不適當的？

學習的方式，運用資訊創造更有效的教學法、課程及教育政策」（Carew & Magsamen, 2010）。

目前為止，我們發現什麼？腦部似乎依循「用進廢退」的原則而運作。出生時，一個人約有 1,000 億個腦細胞及 50 兆個連結。經過使用，這些細胞會長出分支與其他細胞連結。若缺乏使用則可能失去這些分支。在人生的前十年裡，連結的數量逐漸衰退，在十幾歲時約有一半已經退化（這個數字會一輩子維持穩定）。葛林斯基（Galinsky, 2010）指出，這些連結因重複經驗而增強並保留，反之則消失。因此，兒童的早期經驗——無論正向或負向——皆幫助腦部的成長。

每個環境都有促使各種物體、人類和情境之間相互作用的機會，以刺激腦部成長。相對的，環境亦能使腦部退化。這與玩具較無關，而是與互動及情緒氛圍有關。近日，波傑斯醫師發展出一套綜合理論，指出我們的大腦意識與調節的方式（Proges, 2011）。他指出大腦中各個部分與身體合作，結合了神經調節系統以造成心理及情緒連結。當腦部察覺到威脅或壓力，身體便產生反應。二十年前，**腦功能退縮（downshifting）**（Caine & Caine, 1994）

專 業 素 養

研究應用於專業實務

　　腦科學及腦功能研究能給予專業教師相當大的啟發。關於如何行動，提供以下三項建議：

☺不要造成傷害。盡力幫助家長或照顧者與兒童形成強大的安全依附。同時，我們需要教育並提供家長關於協助孩子腦部及健康成長的資訊。最後，我們必須提倡且促進高品質的幼兒教育及托育。

☺第二，最好能防患未然，若兒童需要協助，盡可能有效而迅速地介入。腦部運作連續不斷，兒童也能從嚴重的壓力中恢復。許多情況都能預防；避免不必要的損害是每一個人的職責。

☺第三，促進每一個兒童的健康發展與學習。風險不代表結局糟糕。「醫學、心理學、教育文獻皆提及足夠數量的人物範例，他們在度過關鍵期後，發展出或恢復這些有意義的能力，所以我們要對每一個個體保持希望」（Shore, 1997）。

即點出了這種腦部能力降低並觸發身體系統的現象，如調整心跳、臉部表情，甚至是神經失調。長期的情緒障礙、社會輕蔑，或是單純催促、時間限制等慢性威脅，都會引發這些反應（見第 1 章，壓力）。

　　圖 4-11 概述幼教老師在教室裡運用對腦功能瞭解之關鍵原則，並將神經科學及教育相連接。

神經教育學原理

1. 大腦具有獨特性。大腦依其自身的時間表而發展；兩個正常的大腦發展可達三年的差距。我們不應該依年齡或是性別給予學習者相同的標準。

2. 壓力與威脅對大腦造成多方面的影響。大腦會降低理解力、認知能力及記憶力，並且會降低較高層次的思考技巧。學習者會因缺乏認同、無充分協助與不可及之過高期望而倍感威脅。

3. 大腦受到情緒的操控。負面情緒會影響所有學習意願。正面情緒則促進學習的興趣與熱愛。更重要的，我們只有在信任與認同其價值的情況下，才會擁有強烈的學習動機。

4. 新皮質層是依照模式運作，而非依照事件。我們在主題、模式以及完整經驗之下具有最佳學習。學習者會尋找資訊的模式以獲得對事物的理解。

5. 我們以視覺、聽覺、感覺動作、意識以及無意識的多途徑並行的方式學習。若我們依「零碎」、依序而無脈絡的方式學習，則學習將最無效率。

6. 我們不擅於機械記憶。在有情境脈絡或事件順序的情況下，才能得到最佳記憶。

7. 所有的學習都是思想與身體的連結。生理狀態、姿勢以及呼吸吐納都會影響學習。教師應該學習如何管理學生狀態，同時也教導學生如何管理自己的狀態。

8. 充實大腦。我們的大腦受到各種挑戰與新奇事物的刺激，並在學習環境中給予回饋。多創造這些情境對大腦的成長極為重要。

9. 例行化是讓大腦能做出預測的方法。增加正向且可預測的例行事件能夠降低壓力感與威脅感。

10. 制式化的資訊對大腦而言較無成效。大腦用於學習人類生存所必要之事物。對於有學習欲望的事物通常都能夠學會。藉由專注於學習，而非教學，我們能使大腦學得更多。

11. 週期與節奏。大腦具有高低週期而非平衡穩定的。「任務中」或「無任務」這類的詞彙並不適用於解釋大腦活動。

12. 評估。對腦部與學習的關鍵大多無法測試。最佳的學習通常在創造不同看法、主題、楷模與深度理解時產生。

圖 4-11　所有幼教工作者都能從透過瞭解腦部知識及其運作方式而受益良多。

4-3 影響成長與發展之因素

身為一位教師，有責任將理論付諸實踐。沒有任何一種理論能全盤涵蓋。有思想的教師擁有自己的觀點；若要將理論融入教學實務中，則需對照主要發展與學理理論。圖 4-12 回顧各理論的重點。

大多幼教工作者都是偏好折衷理論，也就是說，他們在每一種理論中摘錄一部分，而發展出自己的教育哲學觀。每一位教師都有責任具備兒童生長與學習的理念。

重要理論及其學者和重點		
理論	主要學者	重點
性心理理論	佛洛伊德	人格階段論；心理可分為三部分：本我、自我與超我 教師角色：母子關係的支持者
心理社會理論	艾瑞克森	社會與情緒發展階段論；各階段的主要危機與挑戰 教師角色：情緒理解的解說者、社會調節者
行為主義理論	巴夫洛夫	古典制約 教師角色：注意同化
	華生	制約的環境因素 教師角色：設定學習條件並獎勵反應
	桑代克	標準化測驗；刺激－反應技術的運用 教師角色：協助兒童習得習慣
	史金納	空白的生物體；操作制約 教師角色：謹慎地調整兒童行為
	班度拉	楷模；社會認知；自我效能 教師角色：環境的安排者、行為的增強者
認知理論	皮亞傑	認知發展階段論；強調成熟與環境因素同化、順應及平衡的思維過程 教師角色：提供教材、安排時間以支持兒童發展獨特的思維方式
社會文化理論	維高斯基	發展依附於家庭及文化之中 兒童透過合作與輔助學習以增加近側發展區的範圍，此狀況之下能達到最佳學習效果；使用私語 教師角色：搭建鷹架以輔助兒童學習

圖 4-12 兒童發展與學習研究之主要理論，並描述兒童及其成長方式。

理論	主要學者	重點
生態學理論	布朗芬布里納	影響發展的四個系統彼此層層套疊 教師角色：瞭解影響家庭與兒童之系統；提倡生態學理論
多元智能理論	迦納	九種智能，亦可視為問題解決與創造力的表現 教師角色：提供多種學習與表達知識的方法
成熟理論	葛賽兒	強調遺傳、典型發展與行為之常模 教師角色：根據典型及常態引導行為發展
人本主義理論	馬斯洛	需求階層包含基本與成長需求；根據健康狀態發展至自我實現層次 教師角色：基本需求與成長需求的提供者
依附	鮑比 艾因斯沃斯 葛柏	依附理論及類別研究 教師角色：支援親子聯繫
認同	萊富 （Lightfoot） 麥考比	教育中的文化及語言議題 教師角色：文化能力的促進者 性別差異與性別研究 教師角色：察覺性別基模與刻板印象
遊戲	柏登	遊戲類型與其在童年時期之價值 教師角色：安排遊戲空間及時間；使用遊戲促進兒童技能發展
腦功能	神經科學家	以核磁共振影像及其他技術一窺兒童發展；大腦「用進廢退」之原則 教師角色：溫暖及關愛

重要理論及其學者和重點（續）

© Cengage Learning®

圖 4-12（續）

4-3a　理論應用於實務

　　大多數的教育工作者認同一些基於發展與學習理論的基本原則：

1. 在兒童獲得經驗及「成長動機」之前，基本的生理需求及生理和心理安全的需求，都必須達到滿足（人本主義理論、精神分析理論、依附及腦功能）。

2. 兒童發展具有不平均性且以非直線方式成長，且趨向心理社會的成熟與心理上的康樂。兒童生活中的各種因素，以及他們詮釋自己的經驗模式，關係到社會和情緒成熟的速度與結果（精神分析理論、社會文化理論、行為主義理論、成熟理論、生態學理論）。

3. 正常成長過程中出現的發展危機可能造成最大幅度的心理成長，但這些危機也可能造成衰退或負面的適應（精神分析理論、依附及腦功能）。

4. 如同克服外在世界一樣，兒童亦為了掌控內心世界而奮鬥（心理動力理論、認知理論及遊戲研究）。

5. 兒童在生活中與重要他人之間的互動，是他們發展中的主要部分（心理動力理論、行為主義理論、社會文化理論、人本主義理論及認同研究）。

4-3b　研究發展結論

　　研究及其產生的資訊，必須符合從業人員的實用需求。教師可將研究與個人觀察和經驗相結合。圖 4-13 結合發展理論基礎及如何將其運用於教學。另外，請回顧圖 4-2 發展的基本原則。同時，對於這些研究的結論需保有洞察力。對大眾傳播媒體的報導保持警覺，不可將團體研究的假設套用於個體。因為部分科學方法是一再重複實驗而得，所以勿將研究結論概括至其他案例。另外，亦不可由相關研究取得因果關係的結論；也就是，結果僅是綜合而成並非是原因。最後，務必考慮到資訊來源，並評估其可信度。

事實(T)　或　迷思(F)

Ⓣ F　大腦受到情緒的操控。
壓力與威脅會影響大腦功能。當滿腦子都是負面情緒時，學習也會受損。相對地，好心情則會帶來對學習的興趣與好奇。

4-3c　學習的條件

　　發展理論有助於定義出促進學習的條件，由此創造出正向的學習環境。所有理論研究皆擴展了兒童學習的知識。理論與研究協助大家瞭解：

發展研究結論與教學意涵

發展研究顯示：	教師能：
1. 成長的發生有順序性。	☺ 在規劃課程時考量兒童的發展步驟。 ☺ 瞭解該年齡兒童的發展順序。
2. 任何年齡群組的兒童都有類似的行為。	☺ 設計符合該年齡兒童的活動。 ☺ 瞭解該年齡兒童的行為特徵。
3. 兒童會依一定的階段成長。	☺ 瞭解班級裡兒童的成長階段。 ☺ 察覺與一般發展階段不一致的行為。
4. 成長發生於四個相互影響的領域。	☺ 瞭解一個領域的成長能夠帶動另一個領域的成長。 ☺ 為語言成長做計畫，即使兒童仍使用肢體語言。
5. 智力發展： 兒童透過感官學習。 兒童從做中學且需要具體經驗。 認知發展出現在四個領域中：感知、語言、記憶、推理。	☺ 提供視、聽、嗅、味、觸覺的活動。 ☺ 瞭解語言是抽象的；讓兒童實際接觸。 ☺ 提供配對、找出異同處，或具有聲音、味覺、符號的教材及活動。 ☺ 提供兒童尋找及命名的機會，與成人、朋友談話，將「看起來像什麼」或「聞起來像什麼」的感覺說出來。 ☺ 瞭解 3 歲前的幼兒通常能記住二到三個指令。 ☺ 瞭解視覺搭配實際接觸能幫助兒童記憶。 ☺ 瞭解兒童剛開始有推理能力，所以兒童尚以所見事物來判斷，而非以推理的方式判斷。 ☺ 確保兒童在學習推理時，有成人在旁輔以解釋。練習找出「開放性問題」的答案，像是「你覺得很累時會怎麼樣？」
6. 社會發展： 兒童只從自己的視野看這個世界。 眼見為憑。 發展出團體遊戲。 隨著能力成長，獨立自主的現象亦增加。 人非天生就知道成功的法則。 成人的注意非常重要。	☺ 預料到兒童只能瞭解自己的想法。 ☺ 知道兒童鮮少能察覺他人的權利。 ☺ 記住如果兒童無法看見該事物，則無法談論。 ☺ 提供自由遊戲時間，及可進行社會性遊戲的地點。 ☺ 瞭解因為兒童的「自我」定位，有架構的團體遊戲對兒童較為困難。 ☺ 瞭解兒童會探索自主的極限。 ☺ 瞭解兒童會由獨立轉為依賴（在團體之中或單獨的兒童皆如此）。 ☺ 瞭解兒童需要從嘗試與錯誤中學習。 ☺ 個別瞭解每個兒童。

圖 4-13　發展研究驗證成長與學習理論，並找出與兒童及童年有關的事物。

發展研究結論與教學意涵（續）	
發展研究顯示：	**教師能：**
「慢慢來」並不是幼兒與生俱來的本質。	☺ 能與每個兒童相處，而非只與團體在一起。 ☺ 在兒童失去控制前就轉移至另一個情境中。
7. 情緒發展： 發展自我形象。 心智－大腦－身體的相互作用連接起感覺與肢體反應。	☺ 觀察每個人自我形象的形成。 ☺ 給予讚美以增加對自己的好感。 ☺ 瞭解給予兒童責任感能夠協助自我形象的建立。 ☺ 談話時眼睛看著兒童。兒童依例學習。 ☺ 如果想要兒童表現合宜的行為，自己先做榜樣。
8. 身體發展： 肌肉發展未成熟。 肌耐力無法持久。 大肌肉發展優於小肌肉。 手部動作逐漸形成。 一項技能必須經過多次練習才得以內化。 大小便控制尚未成熟內化。	☺ 無論是大肌肉或小肌肉活動，都不該期待完美的表現。 ☺ 規劃一些讓兒童坐下來的時間。 ☺ 給予大量的活動機會；期待兒童完成較精細的手部工作時應該要溫和。 ☺ 觀察兒童如何決定其慣用手。 ☺ 讓兒童在遊戲時能輪流使用左手與右手。 ☺ 讓各種教材的使用率提高。 ☺ 規劃課程讓同一技能得以反覆練習。 ☺ 瞭解「意外」是正常的。 ☺ 如果可能，盡可能讓廁所設備可以使用，並使之吸引兒童。

© Cengage Learning®

圖 4-13（續）

1. 學習必須是真實的。我們教導兒童有關他們的身體、家人、鄰里與學校。我們從教導兒童他們是誰，進而擴展至他們眼中的整個世界。我們傳授他們文字——無論是家庭裡所使用的語言或是學校所使用的主要語言——理念，以及如何自己找出問題與答案的方法。

2. 學習必須獲得回報。熟能生巧，但唯有情境的配合下才能練習、犯錯與再嘗試。我們需要排入時間做到提供認同的氛圍與對完成舉動（甚至於只超過標準一點點）的立即回饋。同時，練習會得到更好的經驗，因為它能提醒兒童自己能勝任的事。

3. 學習必須建立在兒童的生活上。我們協助聯繫家人與兒童和教師。因為我們瞭解兒童學習文化和語言的方式是透過家人與社區裡各領域的專業成員，例如，教師、圖書館員、商店店員等。我們知道家庭事件的重要性，

專 業 準 則

標準 1：促進兒童發展與成為專業工作者

　　專業教師必須知道且瞭解影響發展與學習的各種影響，並且將這些觀點融入工作。但是理論眾多，要如何不過度概括而運用一個理論有效促進兒童發展？

　　前 NAEYC 執行長暨榮譽教授 Bettye Caldwell（1983）提供三項看法：

☺ 第一，兒童皆有相同的需求及權利，也會經歷相同的發展階段，有相同的發展目標。雖然年齡發展在各文化與個體間有所差異，但依據皮亞傑理論的跨文化研究中仍可看出全球通用的發展順序。

☺ 第二，兒童在某些方面與其他兒童相同。雖然所有的 2 歲幼兒處在語言發展階段中，字彙增加率會根據語言對其文化和家庭的重要性而異。缺乏對學生文化理解的教師容易處於誤用發展理論與常模之風險。

☺ 第三，每個兒童在某些方面與其他兒童相異。從基因的獨特性、氣質、活動力、感官敏感度、興趣以及動機到名字都不相同。理論有其限制；雖然理論能促進瞭解兒童的全貌，但這些理論必須考量文化多元及尊重個別差異。

　　並協助家人支持學校事務。對兒童來說，無論睡夢中或醒著，學習隨時都可能發生。家長可以瞭解學習的重要性，並協助他們的孩子學習。

4. 學習需要良好的階段。健康的身體使頭腦保持機警的學習狀態，所以優良的教育意味著照顧好兒童的健康，包含了身體健康、情緒與心理健康。一位適任的教師會提供並協助兒童的身體安全與福祉。心理健康包含了情緒上與智力上的健康。在提出意見、建立計畫、爭辯決策時，教師需提供多樣的活動與彈性的流程。

　　只要我們關心這些孩子，我們就會忙得不可開交。有了本書中這些理論基礎的支持，我們就能運用這些工具進入孩子的世界，並將它運用到幼兒教育中。

本章摘要

4.1 本節介紹與兒童發展及學習理論相關之八大顯學。精神分析理論（佛洛伊德、艾瑞克森）；行為主義（巴夫洛夫、華生、桑代克、史金納，及班度拉）；認知理論（皮亞傑）；社會文化理論（維高斯基）皆被視為兒童發展理論之大家。生態學理論（布朗芬布里納），多元智能理論（迦納），成熟理論（葛賽兒），以及人本主義（馬斯洛）亦具有其象徵性及重要性；此八種理論造就了幼兒教育的豐富內涵。

4.2 本節介紹影響童年的中心發展主題，分別為認同、依附、遊戲，及腦功能。此外，族群／文化多元性及性別議題也對認同形成產生影響。建立兒童與家長或主要照顧者之間的依附關係對於早期發展極為重要。遊戲的類型以及兒童從中所學能夠幫助教師設計自然且豐富的學習。當前神經教育學研究的主要結論可做為發展高品質幼教機構之準則。這些主題提供教師能用於發展適性發展教學實務之豐富知識。

4.3 成熟與環境因素皆影響兒童的生長與發展。瞭解如何將理論應用於實務能夠幫助教師注意到這些因素。發展研究相關之結論亦能用於提供兒童正面的教育經驗。教師使用理論與研究以瞭解影響兒童成長與發展之因素，並且創造合適的學習條件及環境。

網路資源

Classics in the History of Psychology　**http://psychclassics.yorku.ca**

National Association for the Education of Young Children　**www.naeyc.org**

（見 *Young Children* and *Teaching Young Children* 期刊以做為研究和理論之實際應用）

National Institute for Early Education Research　**www.nieer.org**

American Psychological Association　**www.apa.org**

（美國心理學會針對研究成果和應用，每年舉辦年會並發行刊物）

參考書目

Ainsworth, M. (1979, October). Infant-mother attachment. *American Psychologist*, pp. 131–142.

Bandura, A. (1986). *Social foundations of thought and action: A social cognitive theory.* New York: Prentice Hall.

Bowlby, J. (1973). *Attachment and loss* (Vol. 2). New York: Basic Books.

Brazelton, T. Berry, & Sparrow, Joshua D. (2006). *Touchpoints: Birth to three: Your child's emotional and behavioral development*, 2e. New York: Da Capo Press.

Bredekamp, S., & Copple, C. Eds. (2009). *DAP in early childhood programs serving children from birth through age eight*, 3e. Washington, DC: NAEYC.

Bronfenbrenner, U. (2000). Ecological system theory. In A. Kazdin (Ed.), *Encyclopedia of psychology*. Washington, DC: American Psychological Association/Oxford Press.

Caine, G., & Caine, R. (1994). *Making connections: Teaching and the human brain.* New York: Addison-Wesley.

Caldwell, B. (1983). *Child development and cultural diversity.* Geneva, Switzerland: OMEP World Assembly.

Campbell, S. B., et al. (2004). The course of maternal depressive symptoms and maternal sensitivity as predictors of attachment security at 36 months. *Development and Psychopathology, 16* (2), 231–232.

Carew, T. J., and Magsamen, S. M. (2010). Neuroscience and education: An ideal partnership for producing evidence-based solutions to guide 21st century learning. *Neuron, 67* (5), 685–688.

Erikson, E. H. (1963). *Childhood and society* (2nd ed.). New York: Norton.

Freud, S. (1968). *A general introduction to psychoanalysis.* New York: Washington Square Press.

Galinsky, E. (2010). *Minds in the making: The seven essential life skills every child needs* (2010). New York: Harper Paperback.

Gardner, H. (1993). *Multiple intelligences.* New York: Basic Books.

Gesell, A. (1940). *The first five years of life.* New York: Harper & Row.

Gardner, H (2000). Intelligences reframed: Multiple intelligences for the 21st century. New York: Basic Books.

Hauser-Cram, P., Nugent, J. K., Thies, K. M., & Travers, J. F. (2014). *Development of children and adolescents.* New Jersey: Wiley & Sons.

Hubley, John, & Hubley, Faith (VHS, 1975; DVD, 2005). Pyramid Media.

Hyun, E. (1998). *Making sense of developmentally and culturally appropriate practice (DCAP) in early childhood education.* New York: Peter Lang Publishing.

Kagan, J. (1978). Perspectives on infancy. In J. D. Godowsky (Ed.), *Handbook on infant development*, 2e. New York: Saxon (2001).

Lightfoot, S. L. (1978). *Worlds apart.* New York: Basic Books.

Maccoby, E. E. (1998). *The two sexes.* Cambridge, MA: Harvard University Press.

Maslow, A. H. (1962). *Towards a psychology of being.* New York: Van Nostrand.

Mooney (2000). *Theories of Childhood.* Beltsville, MD: Redleaf Press.

Nakahata, A. (2001, Fall). Identity is tied to culture. Interview by Marion Hironaka. *Connections: California AEYC Newsletter.*

Parten, M. B. (1932). Social participation among preschool children. *Journal of Abnormal & Social Psychology, 27*, 243–269.

Piaget, J. (1952). *The origins of intelligence in children* [M. Cook, transl.]. Oxford, England: International Universities Press.

Porges, S. W. (2011). *The polyvagal theory: Neurophysiological foundations.* New Jersey: Wiley & Sons.

Ramirez, M., & Casteneda, A. (1974). *Cultural democracy, biocognitive development and education.* New York: Academic Press.

Rathus, S. A. (2014). *Childhood & adolescence: voyages in development* (5e). Belmont, CA: Wadsworth Cengage.

Shore, R. (1997). *Rethinking the brain: New insights into early development.* New York: Families and Work Institute.

Vygotsky, L. S. (1978). *Mind in society: The development of higher psychological processes.* Cambridge, MA: Harvard University Press.

5 教學:專業承諾

© iStockphoto.com/DanielBendjy

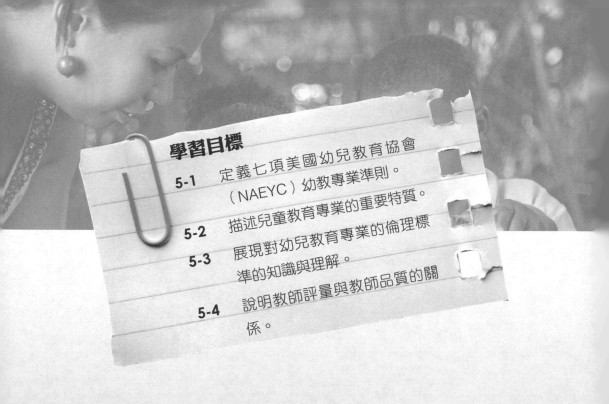

學習目標

5-1 定義七項美國幼兒教育協會（NAEYC）幼教專業準則。

5-2 描述兒童教育專業的重要特質。

5-3 展現對幼兒教育專業的倫理標準的知識與理解。

5-4 說明教師評量與教師品質的關係。

美國幼兒教育協會幼教專業準則

本章涵蓋之美國幼兒教育協會幼教專業準則：

標準 1：促進兒童發展與學習

標準 2：建立家庭與社區的關係

標準 3：經由觀察、記錄與評量來支持兒童與家庭

標準 4：運用促進兒童發展的有效教學法和兒童與家庭建立關係

標準 5：運用知識內涵建立有意義的課程

標準 6：成為專業工作者

標準 7：幼教現場實務經驗

事實(T) 或 迷思(F)

T F 每一個專業標準均強調知識和技能的需求。

T F 幼兒教育的一個主要特質是須具備家長的經驗。

T F 核心價值和個人的價值觀不同。

T F 教師品質可透過優質的評量工具得以進步。

5-1 定義七項美國幼兒教育協會幼教專業準則

　　美國幼兒教育協會（NAEYC）發展一套**標準（standards）**來確認教師可以獲得最好的專業培訓，和追求他們所需要的教育。這些標準定義了專業發展的知識和技能的共同期待，相關的內容也幫助教師形塑他們的專業的目標。每一個指標期望提升幼教內涵和多元性，並強調知識，也重視經驗。

美國幼兒教育協會對於初任教師和進階教師所提出專業培訓標準

什麼是當前教師應該要知道的和必須要做的？

標準 1：促進兒童發展與學習
☺知道和瞭解兒童的特質和需要
☺知道和瞭解發展和學習的多元影響
☺運用發展性的知識創造健康的、受尊重的、支持性的和具挑戰性的學習環境

標準 2：建立家庭與社區的關係
☺知道和瞭解多元家庭和社區的特質
☺經由互相尊敬和互惠的關係，支持和鼓勵家庭和社區
☺將家庭和社區納入兒童發展與學習

標準 3：經由觀察、記錄與評量來支持兒童與家庭
☺瞭解使用評量的目標和益處
☺知道並使用觀察、紀錄和其他適當的評量工具和模式
☺瞭解並實施負責任的評量，提升每一位兒童的正向學習成效
☺知道評量需要家庭和專業同事間的合作

標準 4：運用促進兒童發展的有效教學法和兒童與家庭建立關係
☺瞭解正向關係和支持性的互動式是與兒童一起工作的基礎
☺知道和瞭解兒童教育有效的策略和工具
☺使用廣域內涵的適性發展教學／學習
☺反省自己的教學，提升每一位兒童的正向學習

（續）

美國幼兒教育協會對於初任教師和進階教師所提出專業培訓標準（續）

標準 5：運用知識內涵建立有意義的課程

☺瞭解學術訓練的內涵知識和資源

☺知道和應用重點概念、探究工具以及內容的架構或學術訓練

☺使用自我的知識、適當的早期學習的標準和其他資源來設計與實踐

標準 6：成為專業工作者

☺認定並將自己納入兒童教育領域

☺知道並實踐有關倫理的標準和其他專業的標準

☺投入持續性和合作性的學習

☺將知識、反思和批判性的觀點融入兒童教育

☺為了兒童與專業發展，從事並提倡兒童教育

標準 7：幼教現場實務經驗

☺經由專家的引導，展現幼教教學的能力，讓理論與實務相結合，發展專業的行為

☺應用對兒童與家庭的整體認識

☺運用適性發展以兒童為中心及以遊戲為主的教學和學習

☺展現課程內容領域的知識，設計、應用和評量學習經驗，藉以提升全部兒童的正向發展與學習

☺成為優質妥適的兒童教育政策與實施的積極推動者

（經美國幼兒教育協會同意使用，美國幼兒教育協會專業培訓標準，http://www.naeyc.org/files/naeyc/files/positions/profPrepStandards09.pdf）

5-2 兒童教育專業的重要特質

　　幼教老師準備教育的指標是為教學卓越和專業提供一條前進的道路。成為專業者需要時間、培訓和經驗，如以下所提出的本質屬性。

5-2a　知識和技巧

在從事兒童教育之前，應瞭解教育基礎知識：

❋ 包含一些基本教學技能，以及兒童教育中適用的方法與技巧。

❋ 在踏入兒童教育圈時，必須達成某些專業期望。而為達成基本專業期望，需對兒童發展與人類行為研究、家庭關係、親職教育及發展、課程計畫有所涉獵。

❋ 在主任教師的指導下，能有實際教學的經驗，以熟悉觀察與記錄技巧。

❋ 專業性成長與維持由各州政府主責，某些程度上，幼教師需要特別訓練的證照與資格。

事實(T)　或　迷思(F)

Ⓣ F　每一個專業標準均強調知識和技能的需求。

每一個標準包括一個關鍵元素，所有的幼教老師需要熟練應用知識和技巧，才能幫助兒童達到充分發展的可能性。

圖 5-1 是加州兒童發展專業執照取得標準。此執照標準包括多種教職類別層級及其資格要求，各個層級中，都有不同的多元角色。

5-2b　瞭解教師所擔任的角色

教師一天中擔任多重的角色，這些角色可能是說故事的人、木工、交通指揮者、音樂家、問題解決者、詩人、守衛等。不同的情境下，這些角色和所擔負的責任或許會有所不同，但通常會包括下面的內容：

在教室內

❋ 與兒童互動，建立溫暖的關係和信任感，隨時觀察與傾聽，並成為兒童行為的模範

❋ 班級經營能做到管理和協助督導同儕，關心環境安全和維持活動與計畫的進行

❋ 設定好班級**情意架構**（**emotional framework**）下的調性，這樣的氣氛支持兒童的生長與學習

兒童發展專業執照標準		
層級類別	教育背景	相關經歷
助理	6 個幼兒教育（ECE）或兒童發展（CD）學分	無
副教師	12 個幼兒教育／兒童發展學分，包括核心課程	50 天，每天 3 小時以上，在 4 年內
教師	24 個幼兒教師／兒童發展學分，包括核心課程及 16 個普通教育（GE）學分	175 天，每天 3 小時以上，在 4 年內
主任教師	24 個幼兒教師／兒童發展學分，包括 16 個普通教育學分、6 個專門學分，以及 2 個成人督導學分	350 天，每天 3 小時以上，在 4 年內
中心督導	專科文憑（或 60 個學分）連同 24 個幼兒教育／兒童發展學分，包括核心課程、6 個管理學分，以及 2 個成人督導課程	350 天，每天 4 小時以上，且至少有 100 天的成人督導在內
機構主管	學士、24 個幼兒教育／兒童發展學分，包括核心課程、6 個管理學分，以及 2 個成人督導課程	中心督導身分及一年中心督導工作經驗

© Cengage Learning®

圖 5-1　學歷和工作經驗的整合形成加州兒童教師專業發展生涯階梯。AA（associate in arts）為專科文憑；BA（bachelor of arts）為文學士；GE（general education）為普通教育。

❋ 計劃和評量課程，確認學習目標達成，課程保持有意義且適合兒童

在教室外

❋ 記錄兒童的進步、健康和家庭資訊，如同師資認證與培育的過程一樣，持續發展課程與紀錄
❋ 參與會議，例如一週一次的同仁會議、親師會議、家庭教育會議、家庭訪問和研討會
❋ 規劃與蒐集資源，用於教室內和課程中
❋ 與家庭和其他特殊教育的專家透過電子信件和電話保持聯繫
❋ 與家庭一起規劃募集基金、戶外教學和家長參與教室活動

團隊教學：合作的成果

　　團隊教學（team teaching）是指一個教室內有兩位或更多的成人與一群兒童一起工作，這樣的情景於幼兒教育是常見的現象。州政府的法令通

常會以幼兒的年齡和人數，規定一定的師生比。美國幼兒教育協會（2005）提出下面師生比的規範：

✱ 嬰兒／學步兒的階段（出生到 30個月），最佳的群組人數為 12 人或更少，師生比則為 1:3 到 1:6
✱ 幼兒園階段（30 個月到 5 歲），最佳的班群規模為 20 名或更少，較大兒童的師生比為 1:6 到 1:10
✱ 學齡幼兒（5 到 8 歲），最佳的班群規模為 30 名更少，師生比則為 1:10 到 1:12

　　團隊工作是由不同能力、經驗和訓練的人共同組成。每一個團隊可以有一個主責老師、助理、協助者、實習教師、實習生和志工。假如帶領一個運動團隊時，你會知道團隊工作並不會自己出現。它需要

© Cengage Learning®

教師示範學習、傾聽和關愛。

有意圖、組織和計畫。圖 5-2 強調成功團隊教學的主要核心因素。

5-2c　文化知能

　　透過本書，會大量接觸文化覺察和敏感度的相關議題。當今具有文化知能的幼教專業人員會接觸輔導模式、家庭關係、移民家庭的關注、雙語和今日幾乎所有教育領域的文化影響。

　　對於 21 世紀的教師而言，需要面對自己是否可以適應不同族群的家庭或是**文化知能（cultural competency）**的挑戰。對於雙語學習者而言，這樣的議題更具真實性。教師可以學習兒童在家使用的語言，並透過將教室內的物品標上母語、提供母語的故事書或是 CD、旅遊的海報、餐廳的菜單，以及一些和母語與家庭文化傳統有關的物品，將這些語言運用於教室環境中。聚焦於個別家庭的需要，比關注整個文化更重要（Nemeth, 2012）。

團隊教學的要素

將教師組織成一個運作良好的合作團隊需要彼此的承諾，及認知以下六項要素：

合作和共享權力 團隊的每一個成員都有合作的技巧，並能與其他成員共同合作。團隊有共同的目標，為了兒童要一起形塑和執行計畫。共同權力是對代表班級兒童和家長共同合作的教師之相互尊重、支持和信任。

角色定位和滿意度 每一位老師都具有獨一無二的資源，其個別的才能和經驗應該被珍惜與利用。將教師工作職責清楚敘述，幫助教師瞭解自己與團隊內成員的所處的位置與工作範疇。

靈活度 靈活度意味著教學團隊成員間願意提供協商和接受彼此溝通。如同有效率的老師學習因應孩子的興趣和需要而調適與接受改變，所以教師團隊對自己的同事也可以同樣做到溝通與協調。團隊成員每天的付出與收穫都是團隊的成果。

公開與經常性的溝通 創造一個教學團隊，最重要的因素可能是團隊成員能夠誠實公開地溝通想法、關注焦點和感覺。教學團隊需要彼此分享兒童與家庭的相關資訊，提供新的想法給團隊，共同合作解決問題。溝通是一個持續進行的過程，團隊成員需接受成員一起工作時，會出現不同的意見、不同教學取向和不同的個人特質之挑戰。（請見圖 5-3）

自我覺察 有能力自我反省也是教學團隊成員特別重要的要素，愈能察覺自己的優點和缺點，就更有能力透過這些特質來促進自己與團隊成員間關係建立，並與團隊合而為一。

相互的尊重和接納 珍惜和接受其他團員的個別特性，對於團隊成果而言是重要的。信賴的氣氛來自於彼此的尊重，這會讓團隊中的每一個人都願意貢獻他或她最好的一面。

© Cengage Learning®

圖 5-2

做這樣的改變需要多元思維的態度，以及與跨文化和個別案例溝通的能力；同時也須具有檢視自己價值和信仰，及學習我們服務的兒童與家庭的價值與信仰的能力。

5-2d 執行目的性教學

目的性教學（intentional teaching）意味教師所做的每一件事情都具有特別的目標和目的。目的性教學比反省性教學更進一步，並且能改變你的教學

專業素養

幼兒教師的角色定義

職稱	職責	資格門檻
學徒或教師助理	當執行計畫時，直接對教師負責	入門初階，之前沒有正式的訓練，但是已經進入幼兒教育相關的課程訓練中
助理或助理教師	教學團隊的一部分，在教師的督導監督下，執行課程、管理幼兒和家長溝通	兒童發展助理教師認證（CDA）
教師	協同領導者，計劃與執行課程，和家長一起合作，評量兒童發展的進程	幼兒教育或其他相關領域的副學士
主要教師	創造一個教室模式，實踐優質幼兒教育，管理其他教學團隊成員，發展新的課程，提供團隊專業領導	幼兒教育或是相關領域學士；教學督導相關經驗；外加課程如家庭生活、評量和督導等領域

圖 5-3　專業態度與行為促進團隊教學。

策略。假如任何人詢問你為什麼做某些事情時，你就要對自己的決定和行動提出一個良好的解釋（Epstein, 2007）。當教師為兒童選擇最好的學習經驗時，有意圖的教學就扮演了重要的角色。

我們知道兒童可以從選擇自己有興趣的學習區，經由工作和遊戲學習。我們也知道經由老師指導式的學習經驗，可以幫助兒童對於概念與內容的學習更好。不管是自我引導或是教師中心的取向對於成長中的兒童都很重要。透過目的性教學，設定教學目標、設計教案、選擇教學策略，並聚焦於尋找最有效的方式來幫助兒童學習。

5-2e 投入教學反思

教學反思（reflective teaching）意味著以較擴大的意義來仔細思考你身為教師的角色、態度和行為。反思是一種內在的思想，可能是依循著你的任何經驗或是發生在你計劃前或是教學過程中。反思是教學的重要核心：反思是一種介於自我理解和對於教學實踐相互衝擊間的一種關係。

一步一腳印，反思始於自我檢視、自我覺察和自我評量，展現教學過程和結果。與同儕、學生、督導和主管之間的反省性對話，提供機會讓我們挑戰自我、強化我們的專業知識，並讓我們可以更深入地理解自己的教學。

事實(T) 或 迷思(F)

T **F** 幼兒教育的一個主要特質是須具備家長的經驗。

基本的教學技巧、兒童發展背景、教學經驗和證照是一位幼教專業工作者的主要特質。

5-2f 個人特質

假如你要回答問題如「教師需要什麼樣的個人特質？」你可能會回答一些特質如：奉獻、熱情、有洞見、具彈性、有耐心、有活力、有幽默感、有責任感和值得信賴——以上是一位好老師所有的特點。優良老師在工作的歷程中會透過兩種特點持續認識他們自己：

1. 自我覺察：回答以下問題，「我是怎樣的老師？我如何讓我教的兒童其生

反省自己的信仰和偏見

自我檢視以下問題

☺ 我是否覺察自己的認同，並且這些認同影響我的信仰和行為？

☺ 對於我所工作的兒童和家庭，我是否有擁有一套自己的倫理信仰？

☺ 我是否對於與我價值觀不同的人，可以培養出尊重的態度？

☺ 我是否檢視自己的偏見和看見改變自己態度的方法？何時？如何做？

☺ 我是否對於與我的道德觀、文化和宗教背景等相似的兒童給予較多的喜愛？何時？如何做？

☺ 在教學過程中，我是否夾雜著自己對於兒童的偏見？何時？如何做？和誰？

☺ 我是否真的樂於與不同的族群共處？何時？和誰？

反思與面對自己的反應，內省洞察力會幫助自己成為一位更好和更專業的老師。

© Cengage Learning®

圖 5-4

活有所不同？」即是邁向自我覺察的第一步。自我的認知和自我覺察——檢核個人特質與價值觀——需要勇氣和耐心。反省性思考對於接受自我提供一種健康的態度，而且這種的方式也對於接納兒童有好的開始。

2. 態度和偏見：態度和價值觀之間關係密不可分。個人的生命史充滿了對於種族、文化、性別、能力和社會階層的偏見，而且有可能影響我們的教學。**反偏見（anti-bias）**取向（Derman-Sparks & Edwards, 2010）倡導所有的兒童都值得我們的尊重，並且挑戰老師檢視自己的信仰、態度和行動，其實是否認無條件接受兒童。圖 5-4 提出的問題可以幫助老師們檢視自己對於偏見的覺察。

5-2g　專業成長的途徑

好的老師是終生學習者。具有創造性和刺激豐富的教室，是教師持續學習如何教學的最好成果。依據美國幼兒教育協會的標準 5 所建議，優質教師應為了教學實務品質，全心投入持續性和合作性的學習。以下是一些獲得專業成長的方式：

專業發展和持續教育

當獲得更多教學經驗後，可以開始準備探究新的概念和教學資源。這是參加工作坊、進修課程，或是參與區域性和國際性研討會議的好時機。許多幼兒教育的課程，提供在職老師可以與當地教學資源工作者一起進行短期性的實務訓練，或者是工作人員會向其他團隊介紹他們的發展出來的新概念。**專業發展（professional development）**的意義在於拓展你對組織動力、文化敏感度或是兒童檔案評量等概念的學習，並且幫助你豐富職涯選擇和擴大對同儕們的貢獻。

加入專業團體

有許多組織很關心兒童、老師和幼兒教育相關專業議題。老師們可以從這些組織獲得豐富的資源（紙本或是網路）。美國幼兒教育協會是其中最大的一個組織，可以透過加入地方性和州立的組織，成為其中的一員。該協會提供會員許多服務，包括研討會和出版期刊，例如：*Young Children*。國際兒童教育協會（Association for Childhood Education International, ACEI）有類似的功能；兒童發展研究社群（Society for Research in Child Development, SRCD）則聚焦於兒童心理學、研究和發展。

職涯抉擇知能

假如你考量以幼兒教育為職業，有許多面向的工作機會可以選擇。圖5-5 列出幼教職涯的一些可能性。

5-2h　倡議者

每位教師都能成為兒童**倡議者（advocate）**，並且顯現保育和教育對幼兒和他們家庭的重要性。要接受挑戰，成為一個有效率的幼兒權利倡議者，你必須遵循以下步驟：

1. 做出個人承諾成為倡議者，並且讓其他人知道幼教有何危機。
2. 持續關注影響兒童和家庭的法案議題。
3. 知道如何與相關議題接觸及其相關程序，並在適當的地方表達自己的觀點。關注執行和成效。

幼兒教育專業的選擇	
兒童和家庭的直接服務	兒童與家庭的間接服務
幼兒教師	課程設計專家
托育中心、托育機構、蒙特梭利課程主管	電腦課程教學專家
居家式托育服務人員	兒童發展研發人員
保母或寄宿保母	幼兒教育專家
寄養家長	課程顧問
社工／領養業務轉介者	消費權益倡議者
小兒科護士／學校護士	大學或專科學院師資培訓者
家庭治療師／親職教育工作者	顧問
小兒科醫師	資源及轉介計畫管理者
親職教育家	州立、全國性的教育和／或人力服務部門
早期療育專家	
休閒娛樂領導者	
遊戲團體領導者	
家庭訪視員	
社區參與	其他選擇
州／地方合格證照工作者	溝通顧問
立法倡議者	編劇／編輯
托育議題政策法律的專家	自由作家
幼兒教育環境顧問	童書作家
兒童活動空間設計師	兒童攝影師
政府兒童議題企劃顧問	軟體應用設計專家／課程顧問
雙語教育和多元文化顧問	
兒童營養專家	
托育機構轉介顧問	

圖 5-5

資料來源：Eyer, D. *Career Options in Early Childhood Education*（2011）。

4. 讓自身的努力與支持被看見，並且對他人的倡議做為表示感激。

5. 與議題有關的各方成員建立和諧和信任的關係。

6. 教育相關立法者，讓他們瞭解幼兒、家庭，以及教師的需求。

| 腦科學說 | 工作中的「鏡像神經元」 |

「一位老師每時每刻的作為以及與兒童的互動，對於兒童學習成果和發展具有重要的決定性。課程很重要，但是教師的角色是最重要的因素」（Copple & Bredekamp, 2009）。神經系統科學支持適性發展的理論，假如你對小嬰兒吐出你的舌頭，他會做出同樣的動作。人類看著別人做動作時，因為他腦部同樣的部位開始活動，造成他也會跟著做同樣的動作。猴子會跟著做動作，兒童也一樣。

這個現象顯示了特定腦部的區域具有「鏡像神經元」，這些神經元網絡設定了「兒童的神經元的鏡像連接不僅是顯現舊的行為和互動……同時這些鏡像神經元還影響了兒童觀察教學者的情緒」（Rushton et al., 2009）。這意味著不只是教師所呈現事物的重要，尚有如何呈現和誰來呈現。「兒童成長環境中不能或缺的主要元素就是人」（Thompson, 2001）。幼齡階段對腦部發展最危險的事情就是慢性壓力，包括忽略、沮喪，除此之外就是過度嚴苛，或是陰晴不定的成人。

目前鏡像神經元的研究運用，還不是很確認。鏡像神經元可能影響兒童觀看老師時的情緒嗎？「在潛意識階段，兒童觀察老師的表情和情緒，然後內化老師的感覺。神經系統科學家相信我們有能力對其他人有移情作用，有一部分的因素在於我們的鏡像神經元系統在我們觀察他人時被啟動」（Rushton et al., 2010）。

兒童的行為和他們的鏡像神經元反映他們的外在世界。研究建議「一個正向、熱誠的老師會對兒童的鏡像神經元傳達訊息，反之，鏡像神經元也會影響他們如何接受學習對象所傳達的訊息。我們呈現的不僅是我們自己，而是學習旅程的現象，也是兒童情緒發展的重要核心」（Rushton, 2011）。

思考問題

1. 曾看過兒童哪些模仿行為，可能是鏡像神經元的表現？
2. 假如研究建議課程需呈現個別特質，什麼樣的活動有助於學步兒／學前幼兒具有正向的意義？
3. 瞭解你自己對於兒童鏡像神經元系統發展的影響後，面對兒童時，將如何呈現自己的行為？

5-3 倫理守則的行為

縱貫教學生涯終究需要面對兒童、家庭和同事，做出一些困難的決定。許多決定與倫理兩難的困境和道德規範有關。

5-3a　什麼是倫理？

倫理（ethics）是一個具有特別哲學、宗教、群體或是職業的道德系統或是守則，而且道德規範了我們自己和社會的行為。

當我們面對倫理的難題，我們常常依據從家庭、朋友、宗教和文化所學得的倫理和道德價值，幫助我們判斷事情的正確或錯誤。每一天我們與兒童、家庭和同事互動的生活，就真實的反映這些想法和規範。

成為一位全人教師

當獲得專業知識和技巧，以及對教師角色和責任的理解後，加上文化能力和個人特質，專業成長機會的成果終究會出現。透過知識、訓練和經驗等融合後，反映出老師的圖像。從自我力量與信念發展自己的專業哲學，幫助釐清老師要做什麼，和老師的角色是什麼的議題。

一旦將培訓、經驗及個人風格與天性融合，就會找到自己專屬的風格，也是個人反映於教學的總和，更是獨一無二的表現。此外，將個人特色加入教師專業角色中，兩者相互作用後所產生的成效必定大於其中任何一個，而此成效也讓教師在洞察力與理解力中自由成長。

5-3b　倫理情境

做「對的事情」有時候可能變得困難；知道什麼是正確的可能難以捉摸。即使認定什麼是正確的──倫理的情境下──可能無法如此明顯。

有些個案很明顯是倫理兩難的問題：懷疑孩童可能受到教師或家長虐待、在校外隨意漫談孩子或家長的私事，或是無正當理由解僱員工。但有些案例則不是那麼明顯。例如下列日常生活中的例子：

多 元 觀 點

處理多元議題的策略

　　接納多元差異於行動的方法：

1. 內省：開始面對偏見時，第一個步驟透過理解自己根本想法、習慣和價值觀。
2. 不只一個「最好」或「正確」的方法：接受和探究其他人的建議，而非堅持自認是對的方法。
3. 從「或者」到「二者皆可」的觀點：透過分享理念、計畫與歷程的合作，幫助其他人感覺被接納和尊重。
4. 培養接納的氛圍：每一個人的信仰必須被尊重，也需要被聽見。
5. 辨認自己、他人和機構的偏見：當看見偏見、聽見偏見，能夠立即處理它。
6. 有能力處理多元觀點的議題：盡所能去認識任教兒童的家庭，以便瞭解和認識他們的價值系統。
7. 創造融合教室與課程：呈現多元觀點融入工作夥伴、課程和環境中。
8. 擴展教學策略：向執教的兒童及家庭學習，並將此經驗整合於教學內容中。
9. 提升教學團隊的公平性：助理、助教和志工群如同主要教師與行政人員一樣都需要獲得同樣的尊重。
10. 邀請家庭參與：幫助他們在教育體制下發出自己的意見聲音。

　　當某位家長：

1. 不接受你的建議，執意要求讓他的孩子轉到某個班級
2. 希望你使用的規範要和他們的家庭和文化吻合，但這可能與你的價值觀有衝突
3. 企圖和你聊其他兒童、家庭或是同事的八卦

　　當某位老師：

1. 建議在校外與某些特定老師召開私下會議

2. 拒絕輪流清掃動物籠子

3. 經常缺席員工會議

4. 不認同學校的教育理念，並執意以其他教學方式進行教學

5. 向學校行政主管抱怨其他工作同仁

　　當某位行政主管：

1. 堅持在人數已飽和的班級再安插一名兒童

2. 根據私交做人事裁決，而非因應實際狀況

3. 只聽信家長單方面抱怨老師的說詞，卻沒有聽聽老師這一方的講法

5-3c　美國幼兒教育協會的倫理守則

　　2005 年美國幼兒教育協會採用修定過的專業倫理守則與聲明書，其中包含應對下列四個對象負起責任：(1) 兒童；(2) 家庭；(3) 同事；以及 (4) 社區與社會（請見本書附錄）。

5-3d　倫理守則設定理由

專業的**倫理行為**（**code of ethics**）：

✿ 從廣泛的專業基礎中，提供集體智慧及適當建議

✿ 說明個體用以評量與管理專業行為的準則

✿ 呈現許多團體與組織對於自身工作的道德維度

✿ 提供老師一個眾所皆知的專業價值核心條件——也就是身為幼兒教師絕不能違反的基本原則

✿ 確保教師及管理者在難以抉擇時，減少做出帶有個人偏見定奪的機會

✿ 支持老師在做抉擇時給予協助說道「這麼做是錯的：身為一個幼教工作者，我不該這麼做」（Kipnis, 1987）

5-4❤ 教師評量：品質之鑰

許多幼兒教育的情境顯示，一年一次的**評量**（**assessment**）是一種專業要求的表現，也成為專業發展的路徑圖，更是確認教學的最高品質的最好方式。

每年一度的教師評量提供機會以展現特殊的目標，以及這些目標如何幫助你改進教學。專業性評量是個持續的歷程，評量後續的追蹤創造長期且持續改進發生的可能性。圖 5-6 顯現教學目標和表現是一種的持續循環。

事實(T) 或 迷思(F)

Ⓣ F　核心價值和個人的價值觀不同。

核心價值展現的價值是立基於普及共識的專業標準和倫理行為，和個人的價值觀是不一樣的。

5-4a　評量的類別

評量始於目標設定和反思：這是看見自己的處境、想法和如何改進教學的好時機。下個步驟就是設定一些可以達成的目標，例如：改進團體活動的

倫 理 議 題

美國幼兒教育協會倫理守則的核心價值

　　這些**核心價值**（core values）立基於普及共識的專業標準和倫理行為，詳見附錄全文。

☺愛護兒童，將他們視為人生中獨一無二且值得珍惜的重要階段
☺工作基礎植基於兒童發展的相關知識
☺支持與愛護兒童和家庭間的密切聯繫
☺確保兒童在家庭、文化和社區等情境下被理解與接受
☺尊重每位兒童、家庭成員和同仁的尊嚴、價值和獨特性
☺立基於信任、尊重和正向的對等關係，協助兒童和成人發揮成長的極致性

技巧、深度認識兒童及其家庭的文化，或是提升與拓展領導策略。於評量的過程中，會和督導老師或是主管討論設定的目標，進而一起發展有效的獨特策略，俾使於時間內完成所設定的目標。該歷程說明如**反饋迴路（feedback loop）**圖示（見圖 5-6）。各種類的評估模式常常混合運用。

教師評量和評估的理由

　　瞭解進行評量的原因是為創造信任與相互信賴的氣氛。十個理由如下：

1. 堅持幼兒教育領域的專業標準
2. 維持信賴和專業的必要性
3. 辨認優勢和限制
4. 提升每位老師、兒童、家庭和課程之福祉
5. 促進教學反思
6. 達成合理性目標
7. 增加技巧層次
8. 不論目標是否達成，都要進行評量
9. 促進健康提升
10. 增加自信

改編自 Browne & Gordon, 2009。

© Cengage Learning®

圖 5-6　反饋迴路是教師行為在接受實作評量時，所產生的連續循環過程。藉此檢視評量結果，以確認是否達成影響教師行為的成長目標。因此，該循環每個細節環環相扣，每個步驟都有助於下階段的成長。

自我評量

　　自我評量（self-assessment） 對自己的專業成長占一席之地，因為它提供機會有效協助一位教師的養成。針對自己的優勢和弱點進行評量，協助聽見別人對於你教學技巧的評估。圖 5-7 是教師自我評量的範例，將教師的目標與機構的教育哲學連結。

視導評量

　　工作表現是行政管理者的責任；因此，教師期待視導者加入評量的工作中。有許多格式，包括：觀察、會議、影帶、報告、檔案和故事敘述等可供參考。

　　有時一個教師自我檢核的表單可以和主管的評量合併運用，如圖 5-8。

事實(T) 或 迷思(F)

Ⓣ **F**　教師的品質可透過優質的評量工具得以進步。

教師的專業成長——教學品質的提升——奠基於一年一度的評量所提供的訊息與回饋。

實作本位評量	
教師目標	**範例**
協助每位兒童發展正面的自我接受	我用微笑和個別化稱讚迎接每位兒童。
幫助每位兒童之社會、情意、認知和生理技巧的多方發展	在各個發展階段或領域，我為每位兒童設立不同的目標。
提供各種機會讓每位兒童都能成功	我的親師會談文件會提供範例；例如，查理不太想參與團體活動，因此，我請他挑一本書，並幫我唸出來給其他幼兒聽——現在他每天都來上學！
鼓勵創意、提問和問題解決	這是我該加強的地方，因為我總是重於講述、習慣告訴孩子怎麼做，很少給孩子發表的機會。
增進每位兒童學習的樂趣	我善用團體時間，讓每位兒童輪流有機會表現。
促進兒童的健康認知及社會包容技能培養	我參與教學中心所辦的自學活動，並研習反偏見的課程以吸取相關資訊。

© Cengage Learning®

圖 5-7　實作本位評量將課程目標與教師工作結合。此目的是為了讓老師進行自我評量；主管、家長或是同儕也藉此方式給予第二次評量。

文化覺知與敏感度

當評量一位老師的表現時，需要將文化覺知納入考量。假如評量者是主流文化族群的一員，被評量的老師卻不是，則洞察該教師的社會和文化的背景就更形重要。

溝通深受文化背景因素所影響，諸如，時間與個人空間感、眼神、肢體動作、臉部表情、沉默和威權概念等。評量者於難得的機會下，在眾文化間創造一個理解與認識的橋樑。進行評量的歷程中，他們可以創造一個影響教師在文化相關議題之雙向溝通管道的表現。

© Cengage Learning®

評量是一種專業責任，它幫助老師釐清工作實務、專業發展和面臨的挑戰。

自我評量檢核表 員工：＿＿＿＿＿　評量的期間：＿＿＿＿				
評核點 觀察到的頻率：總是（90-100%）經常（60-89%）偶爾（30-59%）從不（0-29%）				
	總是	經常	偶爾	從不
一般性工作概況				
1. 準時上班工作				
2. 出勤狀況穩定；請假預先告知				
3. 盡責工作職務				
4. 保持健康與警覺安全				
5. 遵守中心的理念				
6. 樂於接受新觀念				
7. 能彈性分配的任務與班表				
8. 秉持正面態度看待職務工作				
9. 積極探究改進課程策略				
10. 保持冷靜面對緊急情境				
11. 準時完成必繳之文書資料				
專業發展、態度和努力				
1. 認真投入工作並積極提升技能				
2. 參與工作坊、教室和團體活動				
3. 閱讀與討論所發送的講義				
4. 對於未來的發展目標會進行自我反省				
兒童互動技能與態度				
1. 友善、溫暖和熱情				
2. 和兒童互動時會蹲下與兒童同高度				
3. 使用抑揚頓挫和適當的語氣				
4. 熟知每一個個體並展現尊重				
5. 覺察每個發展階段特徵及其變化				
6. 鼓勵獨立性和自助				
7. 促進溝通時的自信				
8. 降低解決問題時的介入				
9. 避免刻板印象和標籤				
10. 加強正向行為				

圖 5-8　教學的品質和成效，受到評量過程的品質與效能所影響。本表使用於自我評量和主管評量。

自我評量檢核表（續）　員工：＿＿＿＿＿　評量的期間：＿＿＿＿＿

評核點　觀察到的頻率：總是（90-100%）　經常（60-89%）　偶爾（30-59%）　從不（0-29%）

	總是	經常	偶爾	從不
11. 很少使用隔離的策略				
12. 定期進行兒童觀察與記錄				
家長互動技能與態度				
1. 讓家長覺得親近與樂於幫助				
2. 能傾聽和善意回應家長的意見				
3. 成熟地處理負面意見				
4. 嚴守個人資料保密				
5. 建立和家長的夥伴關係				
6. 定期與家長溝通				
7. 依行事曆規劃舉辦家長座談會				
課室經營技能與態度				
1. 創造一個樂學情境				
2. 提供適性發展的活動				
3. 從觀察和兒童檔案的內容發展教案				
4. 提供教材供所有的課程運用				
5. 提供良好的身教				
6. 能預先考量困境並重新調整				
7. 能回應兒童的需求並彈性調整				
8. 準備好每日活動				
9. 有技巧地處理轉銜活動				
同儕互動技能與態度				
1. 尊重與友善待人				
2. 對公平分派的工作盡力				
3. 分享想法和教材				
4. 直接溝通和避免八卦				
5. 以學習的態度進行批判				
6. 尋求有效的協助方法				

備註：

圖 5-8（續）

適 性 發 展 教 學 實 務

教學檔案評量

教學檔案評量（portfolio-based assessment）成為常見的工具，它可以幫助教師覺察自己的教學經驗。檔案是有目的地於一段時間蒐集材料和資源。檔案本身不是一種評量，而是在系統性蒐集的過程展現專業成長的成果。

文件資料是建構教學檔案時的重要資源，它顯示教師如何理解與運用適性發展教學實務，並將理論對應於實務應用。

教學歷程的檔案是不斷變化的，其內容反映個別老師的價值觀。但是哪些資料要放入，哪些要刪除，透過檔案顯示評量者教師能力的實際證據。檔案評量提供設定新目標的架構，也提供個人更多教師的承諾和專業發展方向。

教學檔案評量可以包括但不限定下列項目：

☺教師於課室中發展出來的教材
☺教師教學的影帶
☺包含學習評量的特殊活動教案
☺於課室中發展出來的教材樣本
☺給同仁、家長分享的通訊刊物
☺教學日誌
☺校外教學或專題的實錄照片
☺教學省思札記
☺專業題材

教學檔案建置是適性發展教學實務的實踐，反映教師專業成長和對教學本質的認識。

本章摘要

5.1 成為專業教師意味著他們有專業的引導和標準要遵守。美國幼兒教育協會提出七項專業標準（促進兒童發展與學習；建立家庭與社區的關係；經由觀察、記錄與評量來支持兒童與家庭；運用促進兒童發展的有效教學法和兒童與家庭建立關係；運用知識內涵建立有意義的課程；成為專業工作者；幼教現場實務經驗）是現今和未來要成為教師的知識與必備能力以面對挑戰。

5.2 幼兒教育主要核心為知識與技能、瞭解教師在課室內外與教學團隊所擔任的角色、文化能力。個人特質則是自我覺察、態度和偏見、覺察專業發展的機會、職涯相關議題與倡議者。綜合這些要素形塑一位全人教師。

5.3 專業倫理守則所設定的行為標準乃立基於所有幼兒教育的專業人員共享的核心價值和承諾。

5.4 一年一度的評量與專業發展密切連結，它是維持幼兒教育品質的主要因素。評量的過程包括自我評量和主管評量，藉此設定專業目標。瞭解教學團隊的文化內涵，更是評量歷程的一個重要面向。

網 路 資 源

Center for Child Care Workforce　**http://www.ccw.org**

Council for Professional Recognition (CDA)　**http://www.cdacouncil.org**

National Association for the Education of Young Children　**http://www.naeyc.org**

參 考 書 目

Browne, K. W., & Gordon, A. M. (2013). *Early childhood field experience: Learning to teach well: An early childhood practicum guide.* Upper Saddle River, NJ: Pearson Learning.

Derman-Sparks, L., & Olsen Edwards, J. (2010). *Antibias education for young children and ourselves.* Washington, DC: National Association for the Education of Young Children.

Gordon, A., & Browne, K. (2014). *Beginning and beyond: Foundations in early childhood.* Belmont, CA: Wadsworth Cengage Learning.

Kipnis, K. (1987, May). How to discuss professional ethics. *Young Children*, pp. 26–30.

NAEYC (2005). *Code of ethical conduct.* Washington, DC: Author.

NAEYC (2005). *Early childhood program standards and accreditation criteria.* Washington, DC: Author.

Nemeth, K. N. (2012). *Basics of Supporting Dual Language Learners: An introduction for educators of children from birth through age 8.* Washington, DC: National Association for the Education of Young Children.

6 觀察與評量：
解讀兒童

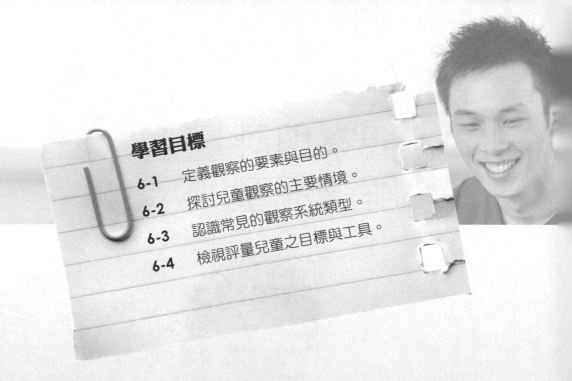

學習目標

6-1 定義觀察的要素與目的。

6-2 探討兒童觀察的主要情境。

6-3 認識常見的觀察系統類型。

6-4 檢視評量兒童之目標與工具。

美國幼兒教育協會幼教專業準則

本章涵蓋之美國幼兒教育協會幼教專業準則:

標準 3: 經由觀察、記錄與評量來支持兒童與家庭

標準 6: 成為專業工作者

事實(T) 或 迷思(F)

T F 觀察和記得所見事物一樣簡單。

T F 瞭解觀察須從兒童個人與團體角度來看。

T F 敘事法為最常見的觀察法。

T F 測驗是評量兒童的有效方法。

6-1 ❀ 定義觀察

　　兒童是多麼迷人啊！他們淘氣、獨一無二、忙個不停、創意十足、難以預測，也情感豐富。在學校、家裡、商店或公園，兒童有各式各樣不同的行為。有個學步兒正開心地走向鞦韆；有個氣呼呼的孩子隨手抓了書本或玩具就跑開；還有個好學的孩子正認真地玩拼圖呢！

　　這些如同相機快門捕捉的畫面，快速地閃過腦海。這類兒童的活動、遊戲或生活的點點滴滴，對教師都有莫大的幫助。熟練的觀察者，除了意識到這個多變的世界，也時時留意著每個兒童相同又獨特的特徵。

　　良好的觀察技巧可協助教師迅速捕捉兒童生活中的片刻。記憶有時候只是短暫的印象，搭配視覺影像或文字敘述的紀錄，能夠檢視印象的真實性。在本章，將學習觀察的目的、要素與情境；多種觀察與記錄系統；以及如何運用能夠體現兒童特質的方式來記錄和評估其行為與成長，以免造成不當評量。

6-1a　何謂觀察？

　　教師都應該學著記住每一次互動中的重要細節：

❀ 這是我第一次看到凱倫和布萊斯一起玩。當積木堆起來時，他們臉上的笑容是如此的燦爛。

❀ 已經 5 分鐘了，尼諾一直站在沙坑旁看著學步兒小組玩遊戲。他無視其他孩子的開懷嬉笑，也拒絕老師的邀約加入。

❀ 安東尼奧每次快爬到攀爬架頂端時便停止。他會快速地環顧四周，若是有老師與他四目相交，他便會快速地爬下並跑開。

　　透過上述行為，這三個孩子顯現各自的性格。教師職責之所在，便是仔細觀察並彙整這些資訊。第一個孩子，凱倫，一直在尋找一個特別的朋友。現在，她已經學會以不驚嚇到他人的方式與其他孩子接觸，因此孩子們開始願意跟她一起玩。尼諾的爸媽在兩週前分居了。很顯然地，他為此感到痛苦難過，在學校變得不合群。在家裡，安東尼奧被期許能夠在第一次就把事情正確無誤地完成，因為爬到架子頂端有點難度，所以他不想嘗試；在學校，他通常只做自認能正確完成的事情。

　　觀察的能力——「解讀」兒童、瞭解團體、「洞悉」狀況——是教師所具備的能力中，最重要且自由度最高的技巧。洞悉指的是有靈敏的觀察力與聽力、審慎評估及同步記錄的能力。雖然要精通這些技能並不容易，但熟能生巧。要成為熟練的觀察者，首先應該將焦點投注於兒童身上。

　　觀察為教職之基礎，其影響教師建立環境與改變環境的方式與時機，同時也能幫助教師排定日課表、規劃合適的時間從事各種活動。更重要的，觀察讓教師對人際關係有所察覺，並且給予回應。

　　觀察，並非只是所見及所知。要成為一個精準的觀察者，必須要有相當的活力與專注力。教師必須訓練自己能隨時記錄下所見所聞。此外，教師更需學習區分細節與瑣事的能力，並學習找出可能影響觀察準確性的偏見。一旦具備上述能力，幼教工作者便能有客觀的觀察技巧，能以科學、專業的角度去觀察兒童。

事實(T) 或 迷思(F)

T **(F)** 觀察和記得所見事物一樣簡單。

精準的觀察者需要技巧與練習。學習如何仔細地觀察、避免驟下結論，以及過濾不相干的訊息只採納必要的資訊，這些科學方法都是複雜且具高度挑戰的。

6-1b　為何而觀察？

以增進教學成效

　　教學準備完善且評量系統完整之教師，其教學成效必定優良。但要掌控自己的進步過程則需對某些方面有所察覺——無論是對自己、兒童或環境。觀察兒童協助教師在兒童照顧過程中更加客觀。進行觀察記錄時，教師先得清楚孩子正在做什麼，這與檢視兒童該做的事不同。此時教師就像一台相機，記錄眼前所見而不立即做評斷。如此的**客觀性（objectivity）**能平衡教學中強烈的個人看法（見圖 6-1）。

　　偏見（bias）是與生俱來的，我們必須承認這個真理，但絕不因此而貶低努力的價值。觀察無法完全客觀，因為所有行為都會受到觀察者的信念、偏見、假設、背景、理解力與知識所左右。

兩種觀察紀錄

不佳觀察紀錄

A. 朱力歐經過衣架時，不小心將自己的毛衣弄掉在地板上。他對老師總是感到羞怯(1)，所以他沒有請求老師幫忙將毛衣掛回衣架上。他走向辛西亞，因為她是他最好的朋友(2)。當朱力歐對其他孩子態度不友善時(3)，便是他開始想出鋒頭或霸道(4) 的時候。因為他想引起其他人的注意(5)，於是對其他孩子叨叨唸(6)，把他們趕離開桌子到積木區，就像 4 歲男孩子那樣(7)。

分析與評論

(1) 基本性格的推測。

(2) 兒童情感的推測。

(3) 觀察者本身的看法。

(4) 沒有實際證據的推論。

(5) 對兒童行為動機的看法。

(6) 觀察者的推論。

(7) 以偏概全；刻板印象。

優良觀察紀錄

B. 艾米力歐用右手把拼圖從架子上拿下來，用雙手捧著拼圖到附近的桌子。他用雙手依序把拼圖一片一片取出，擺放到左手邊。莎拉，一個坐在艾米力歐對面、眼前有玩具的女孩，伸手把所有拼圖推到地上。艾米力歐漲紅著臉、繃著嘴巴、瞪大眼睛看著莎拉。他開始握拳、皺眉，並生氣對著莎拉大叫：「住手！我討厭妳！」

分析與評論

從艾米力歐的表情、手勢和肢體動作，可清楚看出他在生氣。兒童說話的方式通常十分直接，不拐彎抹角。肌肉緊繃是另一個窺探兒童情緒的線索。但單憑生理上的線索是不夠的；教師必須同時考慮情境。例如，光是看到一個坐在椅子、紅著臉的孩子，我們並無法得知他是難為情、生氣、發燒還是受到過度刺激。我們需瞭解讓他紅著臉的原因，才能正確地評估整個狀況。先理解再加以思考，而非驟下結論，才能更瞭解兒童。

圖 6-1　範例 A 包含多種偏見，在左欄中以底線標示，右欄有詳細註解。範例 B 有清楚的描述，相對而言，少有偏見的敘述。

　　教師在教學中會受其童年教育經驗影響。教師接受教養與訓練的方式，對於兒童學習、遊戲、成長或其行為之概念會有某些程度的影響（見多元觀點專欄）。此外，教師在密集的活動中，往往只能看見眼前狹隘的景象。後退一步，觀察與記錄能幫助教師具備更寬廣的視野。

　　教師團隊能相互幫助，對班級、個人與活動更加瞭解。與兒童相處時，

所有教師都留下對他們的看法與印象。有些孩子看似羞怯，或熱心助人、溫柔親切、積極進取、合群合作、固執己見等，各有不同特點。這些看法都會影響教師與兒童互動的方式。觀察是驗證——或調整——教師觀點的一種方法。透過有系統的觀察檢視個人意見，教師在反思過程中建立團隊之專業。

倘若我們將重心放在兒童身上，我們便會致力於「放慢腳步」，這對兒童與教師雙方都有益處。規律的觀察激勵教師思考重要的問題（Jones & Reynolds, 2013），例如：

❋ 某個兒童在遊戲中發生了什麼？
❋ 他每天的例行事務有哪些？
❋ 他具備了完成每項工作所需的技能與材料嗎？

要回答這些問題，親師皆須練習以兒童的角度思考。此外，謹慎觀察兒童的遊戲情況也能找到答案。

以建構與應用理論

觀察為理論與實務之連結。幼兒教育是整個教學系統中的一個層級，強調兒童發展。若想發展出適合兒童的課程計畫——他們能力所及，且能培養思考溝通能力、能夠清楚感受——我們則必須將完善的兒童發展知識應用於課室內。此外，我們也運用幼教領域研究者所得到的結論做輔助。

回想一下，發現蓋布瑞爾老師正在看他攀爬便跑開的安東尼奧。蓋布瑞爾老師想起艾瑞克森的心理社會發展理論，幼兒園孩童此時正處於於「主動進取對罪惡感」的挑戰階段。安東尼奧擔心在攀爬時可能會出錯，所以蓋布瑞爾老師應該要找個方法，支持安東尼奧嘗試新事物的「好主意」，並且協助他減少在滑倒或是爬得慢時的「罪惡感」。

深度的觀察亦能探知活動中的腦部發展，並得知何時會有負擔過重的風險。請見腦科學說專欄之解說與範例。

以發展課程

觀察協助教學團隊記錄課程中的細節。與教師主導的傳統課程相比，此類課程強調觀察孩子以得知其興趣，並藉由兒童與成人之間的互動發展出各種活動。

想一想範例中教師所做的觀察紀錄。教室附近的一塊建築工地激起兒童

多元觀點

仔細觀察！

相同的情境、相同的行為，各個觀察者的看法卻大相逕庭。透過不同的文化觀點，我們會有不同的反應及評量方式（Gonzalez Mena in Gordon & Browne, 2014）。

身為一個旁觀者，你看到什麼？

© Cengage Learning®

© Cengage Learning®

一個 2 歲的小女孩尖叫著：「這是我的！」並且試圖躲開一個想拿走她手上毯子的男孩。

你看見：「很顯然，她在保護她的安全毯；她是在維護自己的東西。」
☺ 著眼於私人財產。

或是：「看看那個自私的孩子；她吵到教室裡所有的人，真小器。」
☺ 著眼於團體和諧。

一個 4 歲的孩子對著另一個孩子大叫：「不要把它推倒！我們才剛把它堆起來！」

你看見：「他在保護他的空間；他對自己創造的東西感到驕傲。」
☺ 著眼於自我表達與低挫折容忍度。

或是：「他真粗魯；他傷害了別人的感覺，而且太不友善。」
☺ 著眼於團體隸屬感與社群概念。

對建築活動的興趣。探索區轉型為工作坊，每一張木工桌子都是室外固定的工作站，每週固定有小團體到此進行戶外教學，練習說故事或是繪畫，這些都能成為家長座談會展示的優良紀錄，讓家長知道他們的寶貝孩子是如何透過活動學習。想像某天有個建築工人來共度點心時光，並且捐出了工程用安全帽，放在戲劇角給大家使用，孩子們將會多麼興奮啊！

專 業 素 養

耐心等候的科學家

　　專業的教師進行觀察時，須注意兩項：

☺**耐心等候。** 培養耐心，學習等待以觀察真正發生的事情，而非驟下結論或斷定行為的原因，甚至直言應該怎麼做才對。

☺**抱持科學精神。** 一個優秀的觀察者，應清楚區分事實與推論之間的差異，以及真實行為與印象或結論的不同。先觀察再思考。直到對問題有所想法，接著設定解決方法且加以測試。如此的「行動研究」在教學中相當容易適用。

© Cengage Learning®

學習評量且記錄兒童的技巧與行為，對於幼教工作者而言愈趨重要。在教育系統中，對於年紀稍大的兒童，評量通常是以考試的方式呈現，但對於年幼的孩子，如何適當地評量他們卻是個挑戰。

以協助兒童之家庭

　　每個家庭皆能受益於觀察。親師座談會中，教師可以分享每個孩子的生活紀錄。教師用鮮明、有意義的實例來展示孩子的成長和能力，透過討論，將觀察紀錄與家中的觀察相比，親師雙方都能有所收穫。有些問題變得更明朗，親師亦能共同訂定合作計畫。計畫成效能在日後的觀察中加以驗證。兒童學習歷程檔案等真實性評量（將於本章稍後進行討論），通常是師生用以溝通的最佳工具。

以評量兒童

　　評量為教師重要職責之一，而評量兒童包括觀察、評量其行為與發展。真實性評量，資料蒐

腦科學說　觀察：捕捉運作中或超載的大腦

　　幼兒教育建立於幼兒全人教育之信念上，強調要瞭解兒童所有的發展面向，而非侷限於單一部分。與大腦有關的資訊則為兒童行為及發展的生物基礎提供了新見解。其中壓力與其對兒童行為的影響最為令人感興趣，幼兒照顧者對於壓力應扮演的角色亦備受關注。

　　人類壓力系統有兩個分支：下視丘—腦垂腺—腎上腺軸（hypothalamic-pituitary-adrenocortical, HPA）系統以及自主神經系統。受到「三大要素」：可控制性、可預測性／熟悉度，以及社會支持之影響，若受刺激時，HPA 會產生壓力荷爾蒙的腎上腺皮質醇（Gilkerson & Klein, 2007）。具備該知識的教師能夠運用這項資訊與兒童的家庭成員合作，在兒童年幼時提供這三項因素。

　　第二，則是運用自主神經系統之相關知識，提供觀察教師相關的物理線索，瞭解受觀察兒童的壓力程度。通常壓力會伴隨著特定的改變而提高。「膚色的變動、呼吸模式、冒汗、打呵欠，或是想上廁所，這些都是兒童受當下環境影響而感到負擔之線索。同樣地，觀察動作行為與注意力的品質，也能夠瞭解兒童經歷任務的複雜度及其需要援助之情形」（Gilkerson, 2001）。

　　因此，當孩子亂扭動、不配合，或是不專心時，想想孩子的行為告訴你什麼重要的線索。進一步的觀察便能夠揭露大腦活動以及適當地給予協助或正確地回應每個孩子的感受。

思考問題

1. 受到壓力的孩子可能是什麼樣的感受？
2. 觀察如何幫助教師確定一個孩子有多少能力可以參與特定活動？
3. 你記得在學校時任何感到負擔過重的時候嗎？當時是什麼感受或是模樣？

集自兒童於自然情境下進行真實任務的表現，最符合適性發展之整體目標。教師除了為兒童設定特定目標，也為整個班級訂定整體目標，進一步記錄兒童的進步。如此一來，教師便能對他的客戶負責：兒童、家長及社會大眾。在本章裡，我們將討論學習歷程檔案紀錄、篩選等評量技巧。

6-2 ✿ 瞭解觀察的目標

觀察兒童之目的是為了對更瞭解他們。而觀察資料能幫助成人以多種方式瞭解兒童。下列為幾種教師觀察與記錄兒童行為的主要情境。

6-2a 以獨立個體的角度觀察兒童

兒童如何度過在學校的時間？哪些活動是困難的？他們最好的朋友是誰？藉由觀察每個孩子，教師能夠因應他們的興趣及技能，適當選擇活動或教材。此稱為**差異化教學（differentiated instruction）**：根據兒童所具備之能力及其學習意願，適當修改教學內容。此教學模式能讓兒童獲得真實且與相關知識連接的教育經驗（請見第 10 章），並成為適性發展教學實務的一部分。

觀察能幫助教師看清兒童的長處及困難點。一旦知道這些，教師便能規劃活動，讓兒童的學習經驗成功圓滿。

6-2b 以團體的角度觀察兒童

當記錄行為時，教師同時看見兒童成長模式的發展。皮亞傑與艾瑞克森都曾使用觀察法，進一步瞭解兒童的思考模式及社會、情緒發展之過程。葛賽兒曾研究過許多兒童並得到兒童生理成長之發展**常模（norm）**（請見第 3 章兒童成長圖像）。

觀察能讓人瞭解團體行為與發展衡量標準，進而在團體裡比較個體。觀察兒童能得到下列問題之答案：

✤ 當 2 歲孩子倒果汁時，你能對他們有何期待？

✤ 二年級的孩子在戶外教學時能有何表現？

© Cengage Learning®

觀察兒童並實施差異化教學屬於特殊需求兒童課程的一部分；而為達此目標，需要教師、教育專家和家長共同發展能讓孩子受益更多的個別化教育計畫（Individualized Education Plan, IEP）。

❈ 3 歲兒童與學齡前兒童在故事時間的注意力廣度之差異為何？

❈ 當孩子第一天待在幼稚園時可能會如何？

事實(T) 或 迷思(F)

Ⓣ F　瞭解觀察須從兒童個人與團體角度來看。

藉由觀察個別兒童，教師能夠得知兒童所學之技能與所面臨之挑戰，同時透過蒐集資料，瞭解對該年齡層兒童的表現能有何種期待。

適 性 發 展 教 學 實 務

兒童觀察三層次

兒童觀察可分為三個層次：

1. 確實記錄兒童所做之事：確實記下孩子做了哪些動作。
2. 表達兒童對所發生之事情的感覺：記下表情、肢體語言、行為品質。
3. 包含教師本身的詮釋：最後，加上觀察者個人回應與感想。

注意下列這位老師的日誌：

馬修有些需要特別注意的地方──他到這裡已經三個星期了，而我幾乎每天都要跟著他。

☺ 今天他在室內遊戲時間時，推倒了其他孩子辛苦堆起來的積木，然後把點心桌的椅子翻倒，威廉騎三輪車時，他在後面奮力地推著跑。（層次一）

☺ 你應該可以想像，當時威廉臉上的表情有多驚恐吧！而當我要他看著威廉的表情時，他顯得很困惑──甚至是很訝異。當我雙手環抱著他們「協調」這件事情時，他甚至輕鬆地就坐在我的腿上。（層次二）

☺ 一定有什麼事情我不瞭解的。所以，我在放學後告訴馬修的媽媽這些事。馬修的媽媽告訴我，在家時，她給馬修一張椅子讓他到處推來推去，於是我瞭解馬修的行為原因。不僅如此，她下星期還要帶馬修找一位專業治療師進行感官運用問題的測試。天哪！（層次三）

☺ 我們可以很放心地說，只要教師面臨問題──無論是兒童行為問題、一天當中特定時間所產生的問題、教材問題，或是一連串令人費解的問題──解決辦法的第一步驟必定是觀察。

　　教師便能進一步對兒童有適齡層級的期待。例如：經驗豐富的學步兒教師不會將水彩納入課程範圍，但是二年級的教師卻可能常使用水彩當材料。教師非常清楚 4、5 歲的孩子在遊戲時會將其他人排除在外，因為他們知道這是這個年紀孩子的特性。3 歲半的凱拉妮「太小」而無法自己上廁所；這並不會對任何一個具有兒童發展知識的教師造成困擾，因為他們瞭解，這樣的行為符合發展原理。最後，觀察與瞭解許多兒童之後，教師便能夠因應兒童的個別需求與能力做決定。

6-2c　以發展相關性觀察兒童

　　觀察能讓教師瞭解各種發展類型與相關事宜。兒童行為是各發展面向的混合結果（請見第 4 章），也是各部分相互影響的綜合呈現。藉由「幼兒全人教育」的概念，我們所考量的是各發展過程是否能以協調一致的方式發揮作用。

　　觀察能協助教師將各個瑣碎的片段完整拼在一起。經驗老道的教師會告訴你，兒童的發展量表通常包含二至三年的技能差距。安東尼奧有 3 歲兒童的身體協調性，5 歲兒童的語言技巧，以及 2 歲幼童的自我調節技能，但其實他是 4 歲！

6-2d　影響行為之因素

　　謹慎的觀察能讓我們洞悉影響行為之因素與動力。

　　教室布置及日常作息安排會影響兒童行為，因為他們非常容易受到環境左右。

6-2e　瞭解自我

　　觀察兒童也是自我瞭解的關鍵。能輕易看清人格特質的人，同時也能增加自我察覺。「要對自己客觀很難，然而當你在觀察自己的行為與互動時，即可更瞭解自己在各狀況中的感受及回應方式，同時也能瞭解自身行為會對他人造成哪些影響」（Feeney et al., 2012）。例如，有位對學校權威有疑義的教師，可能會反映在課程的「規則」上，例如頻繁地給予孩子例外機會。

─── 專 業 準 則 ───

以觀察、記錄與評量支持幼兒發展

布萊斯的學年中報告顯示出他在跑步及攀爬方面缺乏熟練度，但他在語言及聽力技巧方面異常突出。這些對他在下列發展領域中有所影響：

情緒。他缺乏自信，當他覺得自己的身體技能很笨拙時，他的自尊心便更加受挫。他甚至害怕攀爬與跑步，因為他怕跌倒或摔下來。

社會。其他孩子因為布萊斯在戶外遊戲時，常無法跟上他們的腳步而嘲笑他。因此，在較激烈的追逐遊戲中，通常布萊斯最後是獨自一人或是看著別人玩耍。

智力。布萊斯在遊戲的整體發展中，他缺乏冒險進取的勇氣。因為他的身體發展緩慢，似乎也無法用其他新的方式去挑戰自己。

因此，從布萊斯的發展報告中，首要設定的目標為身體／動作技能方面，因為促進此領域的發展將對其他學習領域有正面影響。

或許她不打算要破壞班級指導方針，但她確實造成了不合作的行為。倘若察覺到她自身的行為──加以省視其動機──便能改善她的教學品質。

觀察	影響與結果
博茲每天早上到托育中心時都有分離焦慮，但卻表現良好而且說他喜歡上學。透過進一步的觀察之後，他最喜歡的戶外活動是玩攀爬架與沙坑。但他對於像美術創作這類室內主要活動卻少有成就感。	博茲對於一天開始的活動有不確定感，因此他便藉由哭泣和緊抓住爸爸不放來表達他的不安。因為波斯語是他的家庭語言，老師便請博茲的爸爸列了幾個教職員可以即刻上手的波斯單字或短句。透過物理環境的改變，像是在室內進行沙桌活動，教師便能營造出正面與吸引博茲的氣氛。加上在學校也能聽到家裡使用的波斯語時，博茲也能感到安心，樂意與爸爸道別了。

觀察	影響與結果
瑪莉每天都是開心來上學，但幾乎整天動不動就會哭。有什麼事情讓她情緒崩潰嗎？我們在自由活動時間結束，團體時間開始時觀察她。當要到戶外玩耍、點心時間、午睡等時間時，她很容易受到孤立，單獨一人。	瑪莉的問題較難探察，因為外在的物理環境似乎對她具有吸引力，並不成問題。進一步觀察後，教師發現她的哭泣與干擾行為似乎只有發生在改變活動的時候，無論是活動前或活動後。此為環境因素中的時間因素。因此教師需特別提醒她轉銜時間的到來，並且帶到下一個活動中。例如告訴瑪莉：「再五分鐘就要午睡囉」或「洗完手之後到餐桌吃點心」，透過暗示讓她瞭解自己必須參加每一個活動與改變過程。此外，讓她宣布打掃時間快到了，也能讓她擁有掌控轉銜時間的能力。

6-3 ❀ 記錄所見事物

　　觀察的第二部分即是完整且生動地記錄兒童行為，捕捉每個孩子的特質、文化及個性以及團體情況。記錄時，你必須學習觀察角度及**文件紀錄**（documentation）之語言。

❀ **學習觀察**。雖然實際上教師很少有時間進行觀察，但他們經常計劃利用較短的片段時間來觀察。因此，試圖在空閒時間多注意兒童遊戲期間所發生的事——無論是兒童的或你自己的空閒時間。在身上帶一本小筆記本，盡可能快速記下孩子各自的玩伴。一天結束之後，再把這些筆記拿出來，看看你現在對這些孩子的玩伴狀況瞭解多少。

❀ **文件記錄**。嘗試快速記下兒童玩樂時所觀察到的事情。這容易令人感到沮喪，特別是當你不習慣這樣的書寫方式時；然而，當你練習找到取代一般字彙的同義字時，你便會覺得較輕鬆。例如，孩子總是活潑好動的；有哪些可以敘述跑的方式？可能是飛奔、衝、快步走、閒晃、蹦蹦跳跳、單腳跳。或是思考一下各種兒童說話時的方式：尖叫、低語、哀訴、大喊、請求、啜泣、口齒不清、大吼等。

元素	定義	範例
焦點	你想知道的事情是什麼？ 你想觀察的對象是誰？ 你想知道哪一方面的行為？ 觀察目的為何？	午睡時間發生些什麼事？ 兒童（一個或多個）、教師 社會互動、衝動控制、問題解決技巧 學習環境，檢核作息表之效益、處理負面行為
系統架構	你將做些什麼？ 你如何記錄你所需的資訊？	定義用字、決定記錄時間長度 精細度層次、測量單位
工具	在觀察過程中需要些什麼？	錄影機／錄音機、相機、圖表、鉛筆
環境	觀察進行地點在哪裡？ 觀察地點本身的限制為何？	教室、家裡 其他人或事物等干擾

© Cengage Learning®

圖 6-2　所有觀察類型皆有四種主要元素：焦點、系統架構、工具和環境。

務必確保你所用以記錄的語言對你而言是最簡單且不費力。一旦你對這些描述詞彙的使用熟練，記錄任何一件重要的行為都易如反掌。

6-3a　觀察的基本元素

用以記錄兒童行為的各種觀察方式，對於定義及描述行為都有其主要成分，且就各種不同的因素重複觀察，例如：時間、兒童數目、活動名稱。所有觀察系統基本上都有共同元素（見圖 6-2）。

6-3b　觀察法類型

觀察與記錄兒童成長與發展主要有四種方法。每一種都以獨特的方式捕捉兒童的行為，依據教師的需求而做選用。

敘事法

敘事法（narrative） 為最有價值但也最困難的資料記錄法，企圖記下所發生的每件事。以兒童為例，則表示需記錄兒童所做、所言與姿勢，甚至是感覺以及思考方式。為了保持事件或行為紀錄的準確性及客觀性，敘事法需運用**流程紀錄（running record）**，記下每一次的互動狀況。觀察者將所見所聞以文字轉述，並且藉此瞭解一個事件或一個人。

敘事法為最古老且最有用的報告方式。葛賽兒利用母親的**嬰幼兒傳記**（**baby biographies**）做為**日記記錄法**（**diary description**），以及醫師的敘述，綜合之後訂出一套基本的兒童發展常模。這些**樣本描述法**（**specimen description**）為人類學及生物科學上的標準技術，且裴斯塔洛齊、達爾文和皮亞傑也利用日記與日誌，詳細記錄孩子的成長。

流程紀錄為教室最普遍採用的方式。此意味在特定時間內觀察每項活動並加以記錄。可能是利用自由活動時間裡短短的五分鐘，觀察學齡前兒童的活動狀況，或是在閱讀時間內詳實記錄一年級生如何拆字、拼音、讀字。另一個方式則是觀察一個特定地點，將兒童兒在該地點如何使用材料的情形加以描述記錄（圖 6-3）。

敘事法觀察
獨自一人的兒童
無所事事行為。小雪緩緩地從教室走向戶外遊戲區，每當有孩子發出聲響時，她便將目光投注於那孩子身上。她走到桌椅之前停下來，開始拉扯自己身上運動衣的帶子。她站著，環視了整個院子大約一分鐘，接著又慢慢晃到翹翹板那邊。靠著翹翹板，她小心翼翼地碰了一下，接著雙手垂放，再次看著院子裡其他地方。（詮釋評語。無所事事的行為可能有兩個原因：小雪體重過重，而且與其他孩子相比之下，語言能力有限。拉扯身上的衣帶可能是為了消磨時間，因為她過重的體型使她的肢體無法靈活運動。）
旁觀行為。茱兒站在溜滑梯旁看著她的同學玩耍。她抬頭看了一下，並且向他們打招呼：「嗨。」看著其他孩子上下溜滑梯，她的眼睛愈睜愈大。小皮邀請茱兒加入遊戲，但她搖頭說：「不了。」（詮釋評語。茱兒對溜滑梯很感興趣，但是卻不願意嘗試。當其他孩子從溜滑梯上上下下時，她臉上有一絲擔憂；或許溜滑梯對她而言挑戰性太高了。）
單獨遊戲。雷手上抓著兩隻畫筆還有滿滿的一桶水在院子裡跑來跑去。沙坑裡有一群正在玩玩具車的孩子，雷在距離約 3 英呎的地方停住並坐下。他把畫筆扔到水桶裡，被濺出來的水花潑灑到臉；他笑了出來。他先用畫筆在水桶裡攪拌，然後開始用手指在裡頭攪拌。（詮釋評語。雷是個活力充沛的孩子，他的戶外遊戲時間裡，有水就能樂此不疲。這次，他加入創意攪拌更多了一個愉快的經驗。）

© Cengage Learning®

圖 6-3 使用敘事法觀察能提供教師豐富的兒童行為內容。雖然其中可能摻雜了教師的偏見，但仍可記錄下有用的資訊。

　　敘事法需要每天當場做記錄，容易應用在大部分的兒童活動環境中。教師只要在口袋裡攜帶一本小筆記本及一隻筆，接著快速記下任何值得記錄或重要的事物。這樣的軼事記錄法對於觀察記錄是最熟悉的形式。通常每次只著重一件事：

✽ 著重部分環境：科學區的使用情況為何？
✽ 著重一天當中的特定時間：午睡起床後發生什麼事？
✽ 著重特定兒童：凱倫打其他孩子的頻率是如何？

　　這些紀錄在親師會或是教學報告中，都會成為豐富的資料來源。搭配兒童活動的照片或作品，這些對話或行為紀錄都會成為課程的部分參考。

　　因為這樣的記錄法不但耗時且不能受到干擾，敘事法的使用上具備相當程度的挑戰。**日記／日誌法（log/journal）**中的日記記錄法常被用於嬰幼兒記錄。教師為班上每個孩子保存一張紀錄表，教師需在課程一結束便立刻寫下紀錄，或是由教學團隊成員在課堂中進行觀察和記錄。

　　敘事法的另一個挑戰在於如何用文字傳達，讓他人在閱讀時，有景象重現、身歷其境的感受。無論教師所使用的言語精闢與否，都需確保清楚、確實。對此要求，則必須察覺個人偏見會影響觀察準確性的事實。每個人都有偏見是眾所皆知的，所以說要完全沒有偏見是不切實際的空談。因此我們的目標應該是要意識到我們帶了哪些偏見到工作中，並且敞開心胸，運用多樣的方式觀察與詮釋行為。這是防止個人偏見左右我們觀察來自各種背景的兒童，或是與其互動的方式。

　　雖然敘事法然是最為廣泛使用且有效的觀察法，但許多教師卻偏好更有結構性的觀察方式，例如以下將要介紹的方式。

時間取樣法

　　時間取樣法（time sampling）為在一特定時間內觀察所發生之事件。此方法為 1920 年代在實驗學校中發展出來，做為一種觀察策略，用以蒐集大量兒童相關資訊，並藉由分析得知特定年齡或性別的兒童所擁有的規範行為。其曾用以觀察記錄自主、依賴性、任務持續性、侵犯行為、遊戲模式，以及緊張習慣（像是咬指甲、玩弄頭髮）。在時間取樣法中，行為依據規律時間間隔做記錄。在使用此方法前，必先抽樣檢查，看哪些行為發生的次數較頻

兒童與他人遊戲情形之時間取樣法

兒童與他人遊戲情形
P = 平行遊戲
A = 聯合遊戲
C = 合作遊戲
時間單位

兒童	9:00			9:10			9:20			9:30			總計		
	P	A	C	P	A	C	P	A	C	P	A	C	P	A	C
賈邁爾															
瑪蒂															
達麗雅															
凱斯															

© Cengage Learning®

圖 6-4 兒童遊戲狀況時間取樣法,其內容包括行為的界定及編碼表以便觀察。

繁,從中挑選至少每十分鐘發生一次的行為。使用時間取樣法中最可靠的研究為是對兒童遊戲模式的觀察(**Parten, 1932**)。在此研究中所發展出的編碼,已成為典型的遊戲模式,於本書及專業領域中用以描述兒童遊戲互動的狀況(圖 6-4)。

時間取樣法能協助教師明確定義想要觀察的事物,且從有意義之行為中蒐集群體資料。為了減少觀察者偏見所造成之問題,需發展制訂出一套分類與編碼系統。然而,減少偏見的同時也削減了資訊的豐富性及品質。當時間被劃分為不自然的小單位,且只有少數幾種分類,觀察便難以得到資訊的全貌。

事件取樣法

所謂**事件取樣法**(**event sampling**)指的是觀察者為事件下定義,策劃設計出一套系統,用以描述及編碼,然後等待事件發生。欲觀察之行為一發生,記錄者則必須開始著手記錄。因此,行為在其自然發生時,記錄也同步進行。

教師能使用事件取樣法檢驗類似蠻橫、逃避教師要求或是退縮等行為。在學齡前兒童爭吵的典型分析研究中,即採用事件取樣法(**Dawes, 1934**)。爭執一開始,觀察者立刻著手記錄。如同時間取樣法,事件取樣法也將重心

事件取樣法				
時間	兒童	事件前	行為	事件後
8:30 45 秒	雪莉、麥克	黏土桌；雪拿起了麥一直在用卻放在一旁的滾棒；沒有其他人在桌旁。	麥大叫：「還給我！」並抓住雪的手。 雪眼睛瞪得大大的，然後拿起餅乾模型。	雪看著老師，告訴她：「他拿走了」然後開始哭；麥無視並且繼續滾著滾棒。
9:40 兩分鐘	小奈、小雪、羅蕾娜	奈和雪正在搭建農舍；羅跑過並且踢倒了積木還有動物偶。	奈大喊：「不要踢！我們不喜歡你了！」 雪往後坐，看著奈，然後撿起了動物偶開始玩。 羅轉過身並且吐舌頭說：「走開，你們都不能來參加我的生日！」老師靠近解決問題。	老師把三個孩子都叫來；奈跟羅都皺著眉頭，然後開始說他們的感受。雪聽著然後問到她時，她小聲地說：「我想要玩」；羅跟奈同意「和好」；五分鐘後三個人玩在一起。

© Cengage Learning®

圖 6-5　事件取樣法能幫助決定特定事件發生的頻率。

放在特定行為或事件上（圖 6-5）。但不同的是，事件取樣法是以事件為統計單位，而非以規定的時間間隔為單位。事件取樣法在課堂中是教師的最愛，因為教師可以專注於教學，直到事件發生，再開始記錄；有效率且快速。

兒童研究技巧改良

　　因為要在自然情境下研究幼兒，觀察是主要的方式，因此便發展出許多文件記錄的方式。通常問題需要立刻解決，因此，兒童研究技巧的改良能協助教師快速地定義出問題的範圍。這些技巧包括：檢核表系統、評估量表，以及影子追蹤研究。運用實驗法的實驗步驟或是臨床法的臨床技巧，也都能進行團體及個別兒童的研究。

　　檢核表（checklist）包含大量能快速記錄的資訊。一份精心設計的檢核表能顯現出一個兒童或整個班級的多樣資訊，資料在短時間內便能蒐集齊全。檢核表（圖 6-6）資料能在一週左右蒐集完畢，也能修改成迷你檢核表，在行為可能發生的時間內列出（「進食」代表吃點心／午餐，「粗大動作」代表室外活動）。**頻率計數（frequency count）**為檢核表的一種，能大

技能發展檢核表

動作技能觀察（2–4 歲）

兒童年紀：＿＿＿＿＿＿

日期：＿＿＿＿＿＿

觀察者：＿＿＿＿＿＿

	是	否
進食：		
1. 能用一隻手拿杯子喝水		
2. 會將水從杯子或茶壺裡倒出		
3. 會用湯匙舀湯但會灑出少許		
4. 會用三隻手指抓取食物		
衣著：		
1. 會解開扣子		
2. 會穿鞋子		
3. 能雙手並用（例如，能一手拉住夾克，另一手拉上拉鍊）		
精細動作：		
1. 能用三隻手指抓握鉛筆或畫筆		
2. 會畫直線		
3. 能模仿畫圓圈		
4. 能用剪刀至少剪出 5 公分的條線		
5. 能粗淺寫出一些字母		
6. 能堆疊 6 至 9 塊積木		
7. 會一頁一頁翻圖畫書		
粗大動作：		
1. 能用雙腳輪流前進／後退		
2. 能不靠支撐，用單腳站立		
3. 會雙腳離地跳		
4. 會接球、伸直手臂，將手肘放在身體前		
5. 會騎三輪車		

圖 6-6 檢核表能提供教師個別兒童動作技能發展狀況。

致提供兒童如何運用其時間及顯示其興趣。追蹤兒童遊戲的地點能夠讓教學團隊瞭解環境之運用情形，以及做為課程調整的參考。

　　檢核表根據不同功用，可調整其長度與內容複雜性。在設計檢核表時，教師得先決定觀察的目的為何。接著為兒童將進行的活動下定義，以確認要觀察的行為。最後，設計一份當有其他任務考量時，依舊易於使用且便於規劃的檢核表。

　　雖然檢核表容易記錄，卻缺乏較詳細的敘述。檢核表的優點在於可以廣泛地記錄各種資訊，但卻無法記錄情境。此外，檢核表通常也應用在**評鑑**（evaluation）中。

　　評估量表（rating scale）與檢核表類似，事先為要記錄的事做好規劃。評估量表的形成是在檢核表中加入待觀察的特質。因此，與檢核表不同的是，評估量表需教師做出精確的決定。在評估量表裡可能會有一些慣用語或數字。例如，一份測量兒童在團體中專心度的評估量表可以此方式形成，以 1 到 3，教師對兒童的專心度進行評分：

　　未曾專心：扭來扭去、擾亂他人、遊蕩閒晃

　　偶爾專心：會模仿一些手勢、有一半以上時間會看著老師

　　總是專心：熱心積極參與每一項活動、對模仿教師動作有強烈企圖心

　　其優點為蒐集較多資訊。而潛在問題為觀察者的意見需納入考量，因此，可能會對客觀性有所妨礙。

　　影子追蹤研究（shadow study）是兒童研究技巧改良的第三種類型。其形式與日記記錄法相似，且一次只著重一個兒童。做為一個深入徹底的方法，影子追蹤研究能提供觀察者一幅詳細的畫面。教師觀察並記錄一個特定兒童的行為，一週或一段時間後，將紀錄筆記加以比較。或許筆記規格不一，但仍希望有基本相同格式及架構。影子追蹤研究裡的資料為描述式，所以此方法之優點與敘事記錄法相同。影子追蹤研究有一個很有趣的副作用，當兒童被觀察時，他們的行為會有所改善，不良行為的出現次數似乎會減少。當兒童受到觀察、注意時，教師的注意力多少會改變他們的行為。因為兒童有時候會感受到教師這股正面、關愛的注意力，便會予以回應。

　　另外有兩種用以取得兒童相關資訊的傳統策略。因為部分涉及成人的介入，因此並不嚴格要求觀察及記錄一定要與事件發生時間相同。但這些技巧對於教師瞭解以及記錄兒童仍然有很大的助益。

　　實驗步驟（**experimental procedure**）是指研究者嚴密操控狀況及各種變數。研究者通常會創造出符合下列條件的情況：

1. 能用以觀察某種特定行為之狀況。
2. 對行為進行假設或猜測。
3. 利用實驗驗證假設的正確性。

舉例來說，某個實驗可能企圖觀察 7 歲兒童的精細動作，驗證「若經由特別指導，兒童便能大幅改善其縫紉時之精細動作技能」此一假設。實驗中需兩組兒童進行測試。一組有縫紉用的圓形架子、針、線，並要求他們「試著縫出 10 針」。另一組則先由專人示範如何縫針，且在嘗試時給予指導，接著指派相同的任務。完成後將兩組的成果品質、堅持度以及任務回應性做比較。

　　直接與兒童共事的教師，很少會利用嚴格的標準進行真正的科學實驗。然而，瞭解這些過程卻十分受用，因為有許多調查兒童思考、認知、行為的基礎研究，皆是利用這些技術進行。此外，教師就是研究者的方法，在課室中也常用來聚焦於持續性的專業改進。

　　臨床法是最後一種成人直接涉及兒童活動的資訊蒐集技術。此方法通常運用在心理治療與諮詢環境中，像是諮商師問的一些探測性問題。皮亞傑在觀察、質疑或嘗試驗證兒童的新思維時，運用了**臨床法**（**clinical method**）。例如：一群學齡前幼兒正聚集在戲水桌之前。美穗老師注意到有兩個杯子，一個深又窄、一個寬且淺，接著她問：「我想要知道哪個杯子裝的水多？還是一樣多？」孩子們紛紛回答他們所認為的答案及原因。這時，其中一個孩子將一個杯子裝滿水後，倒到另一個杯子裡。

　　老師不單只是觀察與記錄所發生的事。有時，他們會介入了兒童的自然遊戲活動中，提出了合理且有系統的問題，接著聽取答案，以及觀察孩子找出答案的方式。臨床法並不僅是一種觀察法，而是一個只要謹慎使用，便能提供資訊、顯示許多兒童能力與知識的方法。

　　觀察法及其各種方式已廣泛地運用在幼兒教育課程中，甚至在小學教育中，也用以評量兒童。圖 6-7 將先前提過的各種觀察系統做統整。藉由練習觀察——不經意或刻意地觀看，而變得更加敏銳——教師能學習完整且生動地記錄兒童行為，捕捉每個孩子或團體的特質、文化與個性。

觀察技術彙整表

方法	觀察時間間隔	記錄技巧	優點	缺點
1. 敘事法 　　日記記錄法	每天	使用筆記本與鉛筆；將活動與其他行為詳細列舉；可見成長模式	詳細；能維持事件順序；行為描述生動	可能摻雜觀察者偏見；耗時
樣本描述法／流程紀錄	連續順序	同上	結構較不嚴謹	有時需要後續追蹤觀察
日誌法	規律；通常為每天／每週	日記，通常每個兒童的紀錄之間要有間隔；通常以摘要的形式	與敘事法相同	不易找到時間記錄
「無事先準備」軼事記錄法	偶爾	課堂進行時間；使用記事本	快速、容易；僅記錄與事件／細節相關的部分	缺乏細節；需事後記錄；會降低教學效率
2. 時間取樣法	短且一致的時間間隔	限定時間內立即記錄；使用預定的紀錄表	便於記錄；易於分析；免於偏見	限制行為；缺乏細節、順序以及事件環境
3. 事件取樣法	整個事件發生期間	與時間取樣法相同	便於記錄；易於分析；課堂進行流暢不受影響	限制行為；缺乏細節；需等到事件發生才能記錄
4. 改良版 　　檢核表	規律或週期性	使用預定的紀錄表；可用於課堂進行或結束後	易於設計與使用	缺乏細節；提及行為原因少
評估量表	連續行為	與檢核表相同	易於設計與使用；各種行為觀察都能使用	用語模糊；受到觀察者偏見及主觀影響
影子追蹤研究	連續行為	敘述型記錄；使用預定的紀錄表	詳細；深入著重個體研究	偏見問題；容易占用太多時間與注意力
實驗步驟	短且一致的時間間隔	可能是檢核表、預定的紀錄表、錄音帶或錄影帶	簡單、清楚、純研究、少摻雜偏見	困難、不易從教室中獨立出來
臨床法	任何時間	通常是筆記本或錄音帶	相關資料；能同步記錄、易於進行	成人會影響正在觀察的行為，使其改變

圖 6-7　幼教專業人員記錄兒童行為之常用觀察技術彙整表。

改編自 Irwin, D.M., and Bushnell, M. M. (1980). *Observational strategies for child study.* New York: Holt, Rinehart, and Winston.

6-3c　如何有效觀察

　　為了讓觀察在課程計畫中確實可行，教師必須謹記許多觀察與記錄的方式。

❈ **一天當中，必定會有某些特定時間較易進行觀察**。許多教師偏好在遊戲時間觀察，有些教師選擇在一天活動結束之後再次進行記錄。堅持觀察兒童的專業團隊，通常會找尋支持觀察實施的方式。

❈ **要找到固定時機進行觀察實屬不易**。人員配置完善的幼教機構能讓教師免於擔心教室內的職責，而能專注地進行觀察。有些則會請求家長監督兒童活動，教師便能記錄；或是教師合作，一位負責帶兒童進行遊戲，一位負責記錄幼兒展現的技能。

❈ **兒童最初會有自我意識，但若有規律地進行觀察，則很快地便會重新以常態行為活動**。當兒童知道自己被觀察時，他們可能會問觀察者一些問題，甚至為了迎合標準而改變自己的行為。一旦觀察成為例行公事，與課堂活動融為一體，觀察便能協助將大部分的注意力集中在兒童身上，而非教師主導，同時也能增加兒童與成人間的溝通。

❈ **教師在課外也能增進評量技巧**。例如參加「觀察與評量」課程或工作坊；或是兩人一組參觀其他課程，參觀結束後將兩人記錄的筆記相互比較討論。校務會議也有其重要性；當教師將所觀察到的事物表現出來或詳加討論時，便能增進評量技巧。

　　對於在課堂進行時做記錄的教師則有其他考量，必要時需事先準備記錄工具，所穿著的衣服至少要有一個大口袋。請留意，不要把筆記留在桌上或任何人看以看見的地方，以免他人任意閱讀。這些資料在整理放進兒童成長報告之前，都必須保密。也有些人喜歡使用記事本或是攝影器材，但無論使用何種器具，教師都必須以下列方式進行組織：

❈ **事先準備與蒐集資料**。這意味著每位教師也許需要穿著大口袋的圍裙，帶著筆記本或者一套小卡片做記錄。

❈ **考慮進行觀察地點**。布置觀察場所（桌椅擺設、物品擺放）；或是在設備精良的院子裡或室內，你可以自行巧妙地運用。

❋ **規劃觀察時間**。在規劃良好的時程中，教師能自由運用兒童遊戲時間，時常練習觀察。

❋ **協助每位成人，使其也成為觀察者**。定期提供每位教師對兒童遊戲進行觀察和回應的機會。

事實(T) 或 **迷思(F)**

Ⓣ **F** 敘事法為最常見的觀察法。

在四種主要觀察法中，敘事法是最常使用的文件記錄方式，能夠捕捉兒童行為的豐富度與各種情境，同時因為只需透過紙筆兩種簡單的工具，所以是大部分環境中都能夠容易使用的方式。

此外，教師需隨時隨地尊重兒童及其家庭的隱私。任何蒐集的觀察內容資料都須絕對保密。因此，在計劃觀察活動時，保持專業**保密原則**（**confidentiality**）極為重要。師生們需注意不能在日常對話中提及受觀察兒童的姓名，也不能在其他孩子或是他們面前談論觀察內容。因此嚴加保護兒童的隱私是成人的責任。在校外將這些事情當成茶餘飯後的話題也許有趣，但卻有失專業。

在某些機構中，觀察者被視為校務常態的一部分。例如，在某些有附設實驗學校的大學裡，參訪者與學生觀察者是十分普遍的角色。而在家長合作學校中，孩子也很習慣成人出現在他們的課室內。因此，依循既定規範做觀察並非難事（圖 6-8）。

觀察成功與否取決於觀察者的隱密性。當觀察者與觀察場景愈能融為一體，兒童愈能自然地表現。藉由坐在後方，觀察者能環顧整體環境，並且不受干擾與影響地記錄所見所聞。如此的距離營造出協助觀察者專心於記錄兒童的氛圍。

有兩項主要原因使得觀察者必須**隱形**（**unobtrusive**），保持低調不引人注目。第一，如此一來便可以更加精確地記錄兒童的活動情況。第二，不會干擾兒童或教師原本順利進行的活動。若是教師欲在自己的課堂觀察，則需事先與同事計劃，並蒐集所需資料以供隨時使用。

觀察守則

1. 請至櫃檯簽到並領取訪客證。請將訪客證佩戴於清楚易見之處。
2. 參訪後請告知櫃檯。
3. 請保持低調，勿引人注目。請自行尋找合適且不干擾兒童的地方進行觀察。
4. 若與他人同行，切勿一起進行觀察；請自行分開觀察，請勿在觀察中與他人交談。
5. 可回應兒童，但請不要主動與他們交談。
6. 若發現兒童因為你的存在而感到不自在，煩請尋找其他場所進行觀察。若被兒童直接要求離開，請告訴孩子你瞭解你進入了屬於他的空間，且你會離開。
7. 在觀察中請勿干擾教學／學習過程，請將問題保留至觀察結束再發問，你可以在離開時向櫃檯人員詢問或是留紙條向教師約定會面時間。我們十分歡迎你提出問題討論，但不希望打擾到課程的進行。
8. 請沿著室外區域或教室周邊走動，不要直接穿越孩子當中。
9. 如果可以，請不要站著，也不要在兒童周遭徘徊；坐著、蹲著或跪坐以保持和兒童相近的高度。
10. 禁止拍照。除非在某些特殊狀況下，經過兒童發展與教育主任（主管人員）允許，否則請勿拍照。

感謝您的協助與配合，讓此次參觀順利且愉快。

圖 6-8 為觀察者與參訪者建立一套規範能協助我們在觀察時，提醒自己教學的重要性，而非只是口頭告知。

感謝美國迪安薩學院兒童發展中心（De Anza College Child Development Center）提供。

6-4 ✤ 評量：目標與工具

　　兒童之所以需要評量，是因為教師及家長想要瞭解孩子的學習情況。評量能顯現出兒童整體的教育經驗狀況，同時也能顯現兒童的長處，做為解決其限制與需求之基礎。此外，評量過程能協助教師發掘兒童的本質、能力（或是能力不及之事），並且協助兒童成長與學習。

　　在評量兒童之際，教師首先需決定欲瞭解之事項及其原因為何。例如，如果校方理念為「我們的課程是為促進兒童生理、社會及智力方面的成長而設計」，則評量將會著重此三個面向。而小學課程目標為教導語言技能，則

評量目標將檢視兒童的聽、說、讀、寫四種技能。

　　評量提供教師在日常生活中與兒童保持一段距離的機會，並且能以更超脫、專業的方式來進行觀察。教師能將評量結果與其他同事或家長分享，並將每個兒童的成長過程製成圖表文件，以顯現出兒童的獨特性和能力。

　　因此，**評量（assessment）**必須：

❋ 隨著時間的推移，在不同的情境下進行，且需納入各種資訊。

❋ 著眼於課程或家庭、社區所需的基本技能。

❋ 係以教師設計之工具與方法，展現出在熟悉的情境中或活動中的兒童。

　　觀察活動中兒童是幼兒教育中的最主要的評量方式；本章所描述的兒童評量工具，大多是根據兒童在熟悉的環境中進行活動時所使用。而評量若要具備信度與效度，則須納入多種資訊。

　　大致上，評量是為了：

❋ 建立每個兒童相關資訊的基準

❋ 掌控每個獨立個體兒童的成長過程

❋ 具備系統性的轉介與輔導方針

❋ 規劃課程

❋ 提供家庭其子女之最新資訊

❋ 提供行政決策之參考

6-4a　建立基準

　　兒童評量目的之一為建立其技能與行為之起點。其顯示出在與課程目標相比之下，兒童的能力落點。基準資料能及時提供兒童能力之真實情況，但我們都知道，這可能會有所改變。

基準工具

　　學期一開始是蒐集兒童資訊的大好時機。兒童紀錄建立於其歷史與家庭背景的交互作用之下。家庭經常會在申請入學時提供相關資訊。教師必須瞭解如何取得私人資訊，並瞭解剛見面的家長是否有進一步分享細節的意願。教師能藉由家庭訪問或在親師會時直接與家長討論，以取得相關資訊。此外，隨著時間的推移，親師間建立起信任與溝通，便能取得更多資訊。

通常在課程開始前幾週即進行起點行為評量，特別是當兒童家庭成長背景也納入考量時。有些機構或州甚至需要特定時間以完成此評量。此時評量應以非正式的形式進行；教師在兒童使用教材或與其他人互動時，進行資料蒐集（見圖6-9）。

應用

教師使用評量資訊以瞭解兒童且立即找出需要多加注意、關心之處。然而，我們必須記住，起點評量只是初步印象；避免為兒童貼上標籤，而導致產生自我應驗預言的現象。儘管如此，也因為一開始發生了如此多的事情，才讓教師得以在短時間內蒐集到豐富的資訊。

目標與計畫

教師使用基準資料，為每個孩子設定真實目標，同時也修改並調整課程，使其符合觀察兒童時得知的需求和興趣。例如，在訂出真理子的英語技能基準後，教師規劃一些活動以增進她對英語的理解與使用。接著，在整個學年裡，定期檢查她的字彙量增加狀況。

6-4b　監控兒童的進展

教師運用評量記錄孩子的成長。透過蒐集的資料，可以得知兒童成長過程中所習得與缺乏的部分。

❈ 凱倫已經能很熟練地用畫筆在畫架上作畫。現在，我們可以鼓勵她在桌子上作畫時，嘗試使用更小的畫筆。

❈ 布萊斯已經多次詢問一些簡單的字該如何拼。讓我們來看看他暫時不玩積木，換到書寫角練習一陣子會不會有改善。

發展工具

學年的期中評量是常見且用於建立一份完整兒童檔案的評量方式。教師先將輔導步驟標示出來，再做適度規劃。許多州皆已發展出一套評量工具，例如，加州根據特定年齡群所訂定的預期發展結果圖像（Desired Results Developmental Profile, DRDP），包含兒童將進行的活動，以顯示其在各發展階段中所具備的適當行為技能。

起點行為評量

1. 兒童姓名 _____　教師姓名 _____　年齡 _____　性別 _____　使用語言 _____
   英語流暢度？ _____　任何上學經驗？ _____　兄弟姊妹／家人 家庭狀況

2. 與家長分開狀況：
   安穩 _____　有些焦慮 _____　稍微困難 _____　無法分開 _____
   要與孩子分開時，家長有任何困難嗎？
   評語：

3. 上下學方式？
   家長接送 _____　共乘 _____　保母接送 _____　校車接送 _____

4. 外觀：
   整體健康狀態 _____　臉色／表情 _____　穿著 _____　肢體動作 _____

5. 自我照顧：
   穿衣：自己會 _____　需要協助 _____　如廁：自己會 _____　需要協助 _____
   吃飯：自己會 _____　需要餵食 _____　刷牙 _____　睡覺／休息：
   過敏／其他健康問題：

6. 興趣：
   室內：
   玩黏土 _____　看書 _____　玩拼圖 _____　玩水 _____　繪畫 _____　語言 _____
   桌上／小地毯上玩玩具 _____
   感官遊戲 _____　選擇 _____　美勞／藝術 _____　烹飪 _____
   科學 _____　積木 _____
   戶外：
   盪鞦韆 _____　攀爬架 _____　沙箱／沙坑 _____　玩水 _____
   玩具車 _____　動物 _____　團體遊戲 _____　木工區 _____
   團體時間（參與程度）：

7. 社會—情緒發展：
   a. 發起活動 _____　獨自遊戲 _____　似乎很開心 _____　必須被邀請 _____
      隨身攜帶安撫感之物品 _____　似乎很緊張 _____
   b. 一同遊戲的兒童為：同年齡 _____　年紀較小 _____　年紀較長 _____
   c. 進入新環境狀況：容易 _____　猶豫 _____　從不 _____　徘徊 _____
   d. 特別的朋友：
   e. 這孩子會跟隨老師嗎？ _____　尤其是哪位老師？

8. 語言／認知發展：
   語言：跟隨指示 _____　口齒清晰 _____　能對話 _____　會使用單字／短語 _____　雙語 _____
   認知：好奇 _____　有邏輯／假裝的概念 _____　問題解決能力 _____　模式／分類的概念 _____
   數字 _____　形狀 _____　記憶

9. 身體發展：
   能安全地攀爬 _____　能平穩地跑 _____　慣用腳 _____　能善用肢體 _____
   會使用剪刀 _____　慣用手 _____　會使用筆、畫筆 _____

10. 目標／需注意事項：

圖 6-9　基準資訊之蒐集。一旦教師與兒童相處一陣子，這些第一印象即可成為資料予以記錄。

應用

所蒐集的資訊可評估兒童的成長與改變。而評量的次數頻率不定。雖然初期會發生許多快速且連續的改變，但兒童仍需要時間整合其生活經驗，教師也需要時間將這些改變視為永久行為中的一部分。評量次數過度頻繁，不但無法顯現出足夠的變化來證明其必要性，還會對教職員造成額外的負擔。以全年為運作基礎的教育中心，通常每六個月進行一次評量。而對為期較短的行事排定，則在秋季建立基準，在冬季或春季，甚至是兩季，檢測發展狀況。

目標與計畫

為兒童訂定的目標即為評量的結果。而這些目標會隨著兒童成長而有所更改。良好的評量工具必須在各發展領域中監控兒童的進展，以利隨時調整計畫，讓兒童在各發展領域上有所挑戰。

6-4c　輔導方針及轉介計畫

評量第三個目標為協助教師決定輔導程序。當教師發現兒童出現問題行為或是有所擔憂時，通常他會計劃更進一步的評量。如果能設計出一套評估兒童學習問題或特殊需求的發展篩檢量表〔用以發展**個別化教育計畫**（**Individualized Education Plan, IEP**）以及提供轉介與輔導〕，教師便能提供家庭參考，尋找合適的專家與機構，例如當地學區。發展篩檢測驗在本章將會詳細討論。

輔導工具

一旦確認兒童需求，教職員便能決定該如何因應。通常教師專注於兒童行為，便能夠發現並點出個別問題。而在小組會議中，評量結果則能點出教師如何與家庭溝通及釐清問題。

應用

以下個案研究顯示出評量中所得資訊能如何運用於輔導與轉介服務：

凱倫最近的評量報告中顯示出她如廁意外狀況增加。教師指出，在上午點心時間發生次數較頻繁，但卻不知原因何在。他們決定以輕鬆的態度看待這些問題，並請一位老師提醒凱倫，在洗手吃點心前，記得先去上

廁所。另外，也計劃與家長聯繫以取得更進一步的資訊。之後再進行討論，找出解決方法。

目標與計畫

評量工具協助教師因應不同兒童與成人設定目標。若將範圍縮小至某些使教師擔心的行為問題，則能讓教師迅速檢視兒童的需求。在凱倫的例子，會議報告顯示下列結果：

凱倫	教師觀察	家庭觀察
如廁意外狀況	點心時間前三次	在家時，總在用餐前帶她去上廁所
計畫：教師將在點心時間前帶她去上廁所	試驗兩週	提醒她在學校時請老師陪她去上廁所
結果：第二週時已無意外狀況	第一週會抗拒，第二週時會乖乖配合	很高興這樣的方法在學校有了成效

6-4d　用以規劃課程

教師以兒童評量結果為規劃課程之依據。將評量結果轉換為課堂實務，是教師的職責之一。完善的評量能幫助教師規劃出符合兒童需求的活動。

規劃工具

先前三種評量工具都能用以規劃課程。通常起點行為評量與學年的期中報告會整理成同一份報告表，如圖 6-10 所示。

應用

評量結果協助教師更清楚每個兒童在課堂中的優勢與能力，進而延續兒童的成長與發展，做妥善的課程活動規劃。此外，也能確定兒童有所困難的發展領域。教師於規劃課程時，係根據兒童萌發展現之興趣，進而協助其技能建立。

目標與計畫

透過運用定期評量分析團體與個別技能，教師能維持一個安全且具有挑戰性的環境。某個大班年齡層班級第一學期末所整理出的報告分析圖表內容

如下：

> 班上至少有三分之一學生在團體討論時有注意聽的問題，因為從群組圖
> 中的「團體時間」與「語言聽力技能」來看，只有約一半的孩子發展良
> 好。教師便集中觀察這些兒童在團體討論時的注意力情形，發現說故事
> 時間過長，且在整個閱讀時間內幾乎沒能休息。因此，教師們達成協
> 議，決定改在午睡前進行說故事時間，並且暫時將團體活動的時間縮
> 短。

團體評量表

發展摘要／秋季學期進度報告（詳情請見以下表格）
發展分布：1 良好；2 有待加強；？不清楚

兒童姓名	身體	語言	認知	社會	情緒	創造力
葛雷	2	1	1	1	2	？
安華	？	2	1	2	2	1
仙若	1	？	？	2	1	1
瑞娃	1	1	1	1	1	1
凱蒂	2	1	？	？	？	2

冬季學期團體目標：
在課程中強調社會與情緒領域發展。
訂定促進身體發展遊戲（因應天氣改為室內活動）。

冬季學期之個別目標：
葛雷：鼓勵他進行一些美勞創造或遊戲。在智力活動中觀察創造力。
安華：需協助他發展自信心與表達自我；還不要太強迫他進行身體上的活動。
仙若：需進行語言和認知技能之評量；觀察她使用桌上玩具的狀況、在團體時間能
　　　接受的語言。
瑞娃：下一步該進行什麼？她已準備好幫助別人了嗎？讓她先嘗試 100 片的拼圖與
　　　使用電腦。
凱蒂：需著重她的整體發展；因為有太多未知的項目——她是否有受到足夠的個別
　　　注意？

圖 6-10 教師能運用個別評量工具為班上全體群組或個別兒童做計劃。

6-4e　與家庭成員溝通

　　一旦確定了兒童的需求與能力，家庭成員將有權聽取結論。而教職員有義務將孩子的成長、學習進度概況或是任何可能的問題告知家人。

與家長溝通的工具

　　教師與家長應該時常談論孩子的事情，尤其是當評量中顯示出某些問題時。當親師彼此的認知與見解相互交流時，對於孩子，雙方心中都會有一幅更完整的概念圖。如此一來，便可進一步決定彼此在解決方案中所需擔任的角色。而評量工具能協助親師找出兒童可能需要特別幫助的地方。

應用

　　除了確認兒童有何行為問題，評量可能會對兒童的身體發展、聽力、視力或是語言提出質疑。從評量中也可發現潛在的情緒或社會問題，因而能夠鼓勵家長尋求更進一步的專業輔導。

目標與計畫

　　評量為連續不間斷之歷程，因此在整個過程中需要一再地重複評量與設定目標。無論兒童是否有特殊需求，要使評量反饋迴路達到效用，親師間需不斷地溝通進度以及新目標。

6-4f　行政決策之參考

　　評量結果可做為校方行政決策之參考。甚至能導致學校理念及整體課程規劃的改變。例如，在得知大部分的孩子在上托兒所放學後，還到其他的課後機構托育，校方可能會在原有的課程中增加半天的課程。或者，從評量結果中得知，兒童們在粗大動作技能及協調性的發展不足，在做行政決定時，便可能決定改建遊樂場地，並添購一些新的設備。

　　在幼教環境中，教職員會採用正式與非正式的方法進行兒童評量。非正式與簡單的方式包含觀察、筆記記錄、自我評量、家長座談會與調查、兒童作品樣本，以及教師設計的表格。

行政工具

　　有些教師以總結報告為兒童一學年的發展做結論。這樣的評量為兒童已

具備能力、長處，以及未來可能成長狀況的概觀。

應用

　　根據評量結果做出行政決策是個明智的方式。因為評量能提供管理者精闢且有根據的資訊做為決策參考。兒童學習經驗的總結對於家庭而言，也極有益處。在需要與兒童的其他課程人員商討時，便運用這些總結當成參考資料。此外，以敏銳、可被接受的方式運用評量結果、盡可能維持簡短的時間，且以相同的口吻傳遞評量結果，皆極為重要。如果有任何一點未達成，兒童的自尊心可能會受到傷害，且家長對於教師的信任也會有所喪失。這些工具的缺點與標準化測驗的缺點相似。

　　兒童的學習準備度或班級安置困難且複雜。接下來將探討測驗的潛在問題及大家關心的測驗濫用問題。無論兒童是否已經準備好要在課程中大放異彩，都會對家庭及兒童本身產生影響。擁有良好的評量工具，便能夠公正地做出決定，並且以友善、清楚的方式傳遞結果。

目標與計畫

　　有了能精確描述兒童技能的評量工具，管理者便能誠實且明確地與家長

倫理議題

慎思學前機構中的「零測驗」

　　當我們想到測驗，大多都會聯想到小學時期的標準化測驗。以這種全體或通用型的測驗做為篩檢或是留級的方式，在幼稚園到高中三年級的教育系統中，一直是備受爭議的評量法。兒童在陌生環境裡，例如在標準化測驗和成人的互動僅僅在作答說明時，通常無法展現他們真正知道的內容。而家庭語言和測驗中使用的語言不同，或是其文化未被納入測驗教材之中的兒童也相當吃虧。

　　美國幼兒教育協會的倫理守則指出：「我們絕對不能加入以種族、族群、宗教、性別、國籍、語言、能力為藉口，剝奪兒童利益、給予特別待遇或將他們排除在外的教育機構。」

　　幼教工作者最重要的角色之一是協助兒童家庭——以及普羅大眾——瞭解如何在日常教育經驗中觀察兒童的學習狀況，並且保證幼教機構能夠有效評量其學習，同時提供正面積極的成長環境。

分享有關孩子的資訊。因此，管理者須謹慎地挑選評量工具，方能明確地告訴家長，他們將為兒童發展做哪些規劃。

6-4g　兒童評量之要點

評量是極具挑戰性的！教師所展現的各種功能，可能沒有任何一種比評量更需要活力、時間，以及技巧。每個參與評量的成員都必須避免以下狀況：

❀ **不公平之比較**。評量目的是要釐清並瞭解兒童，而不是以競爭的方式相互比較。

❀ **偏見**。評量有時可能會把需要幫助的兒童不公平地或貿然地貼上標籤，加以區分。將孩子分類並不會產生有用的評量。資料不足及過度強調評量工具是須密切注意且監測的兩大部分。評量工具應該免受語言或是文化偏見。例如，兒童評量不應包括受評估者的文化及生活中不熟悉的經驗。

❀ **過度強調常模**。多數的評量工具皆包含檢視某些程度的常態行為或表現，以及可接受的互動程度，或是教材與空間數量。評量者必須將評量過程因應不同兒童做個別化調整，而不是一味要求兒童符合評量工具所製造出的模組。

❀ **詮釋**。評量有時會造成過度詮釋或曲解的現象。因此，進行評量前必須明定接受評量的人、事、物及需要使用的資訊。尤其是在解釋評量結果時，更需特別注意受評者的感受。

❀ **觀點太狹隘**。評量工具有時可能會太著重於某一領域而忽略其他領域。單一狀況或工具都不可能完整地將兒童的能力傳達給教師。因此，廣泛蒐集資訊相當重要。一個失衡的評量將會顯示出不完整的結果。

© Cengage Learning®

評量應該避免兒童間不公平的比較，並且應試著將評量過程個別化，而非一味要求兒童符合評量工具所製造出的模組。

❋ **範圍太廣泛**。評量應該針對單一層級或是年齡做設計，範圍不宜太廣泛。例如，我們可以測試 6 歲兒童的書寫狀況，但不能用以測試 2 歲幼兒。對於每項任務或是對象的期待都必須詳加考慮。

❋ **時間不足或過度**。完成評量的時間必須謹慎衡量。為時過長的評量可能會失去其效率，且詮釋及回應的時間也應包含在整個評量過程中。

❋ **「為了測驗而教學」**。過度在意評量可能會造成課程的改變，教師可能會將教學內容或形式改變為與測驗相似或符合的形式。這即是眾所皆知的「考試領導教學」以及課程的窄化。

6-4h　測驗與篩檢

在過去二十年中，學習準備度及留級的測驗與篩檢被大幅運用。「測驗」的理論基礎在西方思想中被過度使用。霍爾—班森與希利亞（Hale-Benson & Hilliard, 1986）一直告誡所有教師，在多元文化的環境下，必須要謹慎進行測驗。

在 94-142 公法（身心障礙兒童教育法案）及其修正法案（99-457 公法）中指出，現今教師有責任和義務，為有學習問題的兒童在認同、評鑑方面，建立特殊的過程及政策。

此外，幼稚園入學測驗或小學升學測驗變得十分普及，其結果卻讓更多的兒童被拒於學校體系之外、從課程中被抽離，或是重讀幼稚園。

諷刺地，標準化測驗並無法適度反映兒童所學。孩子知道的多於學校教導的，且測驗內容也不一定是兒童所學中最重要的部分。當代理論學家以及心理學者亦指出這項幼兒教育中的憂慮。「在過去數十年來，測驗的意義已經嚴重受到發展、認知，以及教育研究的質疑。許多研究指出，若想瞭解人們某方面的能力或知識，並不能在人為的環境中以人為的方式進行測試」（Gardner, 1988）。再者，多數正式測驗只包含迦納所提出的八大智能中的兩樣（語言智能及邏輯—數學智能）。

測驗引發了一些實際且嚴重的理念問題，如下列敘述：

❋ 兒童在普遍的測驗中表現不佳，且測驗結果也未必能反映他們的真實知識與技能。

❋ 這些作法（通常基於準備度或篩檢測驗的不當使用）無視那些受到證實且可能對兒童的自尊有長遠的負面影響，且此作法將對低收入及少數族群兒童產生不當影響（NAEYC, 2010）。

❋ 雖然需求度最高及最適宜的測驗（教師自編）最難以編成，但標準化測驗卻仍常被親師濫用及誤解（Meisels & Atkins, 2005）。

❋ 教師被迫將課程過度強調測驗情境及測驗項目（NAEYC, 2013）。

❋ 大多數測驗著重於認知及語言技能；如此狹隘的測驗內容忽略了其他發展領域的評量。

　　標準化測驗的實施使幼教課程逐漸趨向學科化。幼教人員和家長驚覺到現今許多幼稚園兒童學習結構化，就像是「縮小版」的小一生，強調練習本與其他不適合 5 歲兒童的紙筆活動。然而，此趨勢正逐漸往前推移，發生在一些自許其使命為讓幼兒「準備好」上幼稚園的學齡前及幼兒托育機構中。有太多學校系統期盼兒童能適應那些不合適的課程，並且招收許多「沒準備好的」孩子，透過提高幼稚園生入學年齡，以及（或）將兒童貼上不合格的標籤來解決問題。

　　然而，教師與校方皆可對於測驗的過度或不當使用提出反應。全美小學校長協會（National Association of Elementary School Principals）極力主張限制正式測驗與留級制度。德州教育局已下令，禁止在小學一年級前實施留級制；在紐約州也有一個聯合團體，倡導在小學三年級之前應禁止大量的兒童標準化測驗。

　　測驗在幼兒教育中是否有適當的用途？有些人指出，可以透過具效度的篩檢測驗鑑定兒童，但因為可能會有學習問題或是特殊情況的風險，測驗便可能需要更多干預或調整（見專業準則專欄之建議）。

　　或許最重要的是，所有教師都需要提醒自己，測驗本身並無特殊魔法。測驗也不是適用於每個兒童的有效評估方式；但評量卻截然不同。

　　評量並非測驗；其內涵遠比測驗廣泛。標準化測驗、自製工具或篩檢工具，都應僅用於決定兒童技能、能力與準備度的其中一種測量方式。所有結果皆可納入參考資訊，像是直接觀察、家長報告，以及兒童實作作品。

專 業 準 則

準備度篩檢

你可能還記得，曾因為要測試是否瞭解所學，或是否具備下一階段課程所需能力而接受考試。小學與中學每年採用 2B 鉛筆進行的測試，即為此程序中的一個範例。而這些測驗通常會比較個別兒童的表現和與預先決定的常模。但在兒童能力測試與篩檢時，會因為兒童沒有考試經驗或錯誤百出，而產生一些問題。

許多幼稚園與學前機構都在兒童正式上課前進行各種的篩檢測驗。然而，篩檢測驗可能會帶有偏見，其效度因測驗的發展方式而受質疑。第二，測驗之目的可疑，極度可能只是用來剔除某些兒童。第三，篩檢程序為幼兒帶來困擾，因為他們經常在陌生環境裡，受到陌生人的管理，而且測驗結果是唯一的標準。這些評量目的通常是為瞭解**準備度（readiness）**，也就是證實兒童是否在未來課程裡具備先備能力。但這些篩檢工具卻可能以拒絕已達入學準備度的兒童為收場，尤其是在只倚賴這一種測量方法時。

NAEYC 的許多立場聲明皆有助於審慎思考該議題（見本章網路資源）。在你發展自己的專業教學實務、面臨兒童進入下一個教育階段的準備度之際，這些聲明都相當有幫助。

6-4i　真實評量：學習歷程檔案

基於先前提過的幼兒評量誤用及在低年級的標準化測驗中所引起的「考試焦躁」，許多專家便開始尋找其他替代評量方式。

根據 2011 年《牛津字典》（*Oxford American Dictionary*）的定義，真實性（authentic）指的是「來源確實、非偽造的……以忠實呈現的方式進行」。兒童評量要具真實性，便必須試圖瞭解兒童本身的特性及其具備知識（或欠缺的），以及其能力所及範圍（或所不及之範圍）。許多幼教工作者採用蒐集兒童作品製成**學習歷程檔案（portfolio）**，做為記錄兒童學習及忠實呈現其發展過程的利器。

以下是三種學習歷程檔案：

1. 表現檔案——蒐集不含教師評述的兒童作品

2. 展示櫃檔案——只包含兒童最好的作品
3. 工作檔案——教師從平日蒐集的作品中，挑選出能顯示幼兒進步且具代表性的作品

事實(T) 或 迷思(F)

T Ⓕ 測驗是評量兒童的有效方法。

兒童在陌生的「測驗」情境中，並無法妥善地回應，也因此時常會回答錯誤，即使他們已具備測驗中的某項知識或早已精通某項技能。

因為工作檔案是隨著時間而記錄兒童的進展，因此大多數的幼教課程採用此評量方式。

蒐集計畫

光是簡單地蒐集作品並不夠，但也不要盲目地蒐集所有的作品；而是找尋能展現學習目標及兒童成長過程的作品。盡可能讓作品蒐集成為一天中自然的延伸活動。有些教師會在活動區設置附有紙夾的筆記板；有些則使用便利貼及相機。在收納作品時應有組織；口袋大小的資料夾或是披薩盒都是收納的好選擇（見圖 6-11）。

教師評語

最後，教師需對兒童作品寫下評語。這是兒童作品的製作過程及其意義的主要資訊來源，且能呈現兒童所欠缺或具備之能力。因為教師評語對作品及學習歷程的詮釋，使得學習歷程檔案內容更加豐富。一張小小的圖片，可能包含需要用上千字描述的內容，因此對評量目標而言，這些文字皆珍貴萬分，而非僅是藝術品。

學習歷程檔案能提供學習歷程及結構完整的學習成就紀錄，也能呈現出兒童的特質，同時更是評量兒童進展的方式。儘管學習歷程檔案需要相當的規劃——無論是組織、保管，或是如何選擇蒐集作品以展現教育目標——但如此一來，才能協助你有意義地蒐集兒童作品。你可以在孩子遊戲或進行各項活動時，同步評估他們，而非使用標準化測驗或不必要的篩檢方式。

學習歷程檔案

包含項目：
- ☺ 美術作品
- ☺ 剪貼作品
- ☺ 口述故事
- ☺ 創意寫作
- ☺ 素描／建築物的照片
- ☺ 兒童語言及對話的文字樣本
- ☺ 與同儕或成人之社交互動

使用便利貼，將重要時刻迅速記錄下來。這些紙條很容易謄寫成個人學習歷程檔案裡的內容，照片也可用來補充文字資料。

Courtesy of Wiggins-Dowler, 2004

所有的作品樣本紀錄都需標示參與者的名稱、時間與日期。當你變得較熟練時，你的觀察技巧便會更加精確，且所蒐集的作品也不只是最好的作品，還包括能顯示兒童發展過程的作品。

使用可摺疊資料夾蒐集兒童在每個領域的發展狀況。並且每個部分加以標示；其包含許多內頁及足以代表兒童特點或發展要點的實例。最後一頁是最具歷史意義的一頁，其顯示兒童逐步發展的過程。而最上面一頁則是整份檔案的發展檢核表，或是成長紀錄摘要。

圖 6-11 學習歷程檔案能將兒童在社會與文化背景交互作用下，積極建構知識、認真學習，如此驚人景象完整「呈現」在眼前。

感謝 Wiggins-Dowler (2004) 提供。

本章摘要

6.1 觀察兒童的主要目的為：增進教學成效、建構理論、發展課程、協助家庭成員，以及評量兒童。

6.2 五個藉由觀察而協助瞭解兒童的主要情境為：以獨立個體的角度觀察兒童、以團體的角度觀察兒童、以發展相關性觀察兒童、從影響行為之因素做探討，以及自我瞭解。

6.3 四種主要的觀察系統為：敘事法、時間及事件取樣法、檢核表，以及一些兒童研究技巧的改良法，像是：影子追蹤研究、實驗步驟、臨床法。

6.4 兒童評量能夠實現建立基準、監控進展、提供轉介與輔導方針、協助課程規劃、與家庭溝通、提供行政決策參考之目標。兒童評量之要點則是須注意其本質，以及測驗與篩檢方式可能造成的問題。真實性評量，例如：兒童學習歷程檔案，能兼具描述及評量幼兒之功能。

網 路 資 源

California Department of Education　**http://www.cde.ca.gov** (search for the Desired
　　Results Developmental Profile)

Council for Exceptional Children　**http://www.cec.sped .org**

National Association for the Education of Young Children　**http://www.naeyc.org** (search
　　for Position Statements on Screening & Assessment, Early Learning Standards, School
　　Readiness, and Trends in Kindergarten Entry & Placement)

National Institute for Early Education Research　**http://www.nieer.org**

參 考 書 目

Dawes, H. C. (1934). An analysis of two hundred quarrels of preschool children. *Child
　　Development, 5*, 139–157.

Feeney, S., Moravicik, E., & Nolte, S. (2012). *Who am I in the lives of children?* (9e).
　　Englewood Cliffs, NJ: Prentice-Hall.

Gardner, H. (1988, September/October). Alternatives to standardized testing. *Harvard
　　Education Letter*.

Gilkerson, L. & Klein, R. (2007). *Early development and the brain: teaching resources for
　　educators*. Washington, DC: Zero to Three.

Gonzalez-Mena, J. (2014). Figure 6-1. Understanding what we observe: A multicultural perspective. In A. M. Gordon & K. Williams Browne (Eds.), *Beginnings and beyond*, 9e. Clifton Park, NY: Thomson Delmar Learning.

Hale-Benson, J. A. & Hilliard, A. (1986). *Black children: Their roots, culture, and learning styles.* Baltimore, MD: The Johns Hopkins University Press.

Irwin, D. M., & Bushnell, M. M. (1980). *Observational strategies for child study.* New York: Holt, Rinehart & Winston.

Jones, E., & Reynolds, G. (2013). *The play's the thing: Teachers' roles in children's play*, 2e. New York: Teachers College Press.

Meisels, S. J., & Atkins-Barrett, S. (2005). *Developmental screening in early childhood education,* 5e. Washington, DC: NAEYC.

NAEYC [National Association for the Education of Young Children] (2010). Position statement on standardized testing of young children 3 through 8 years of age. *Young Children, 43.*

NAEYC (2013). Using documentation and assessment to support children's learning. *Young Children, 46.*

Parten, M. B. (1932). Social participation among preschool children. *Journal of Abnormal and Social Psychology, 27*, 243–269.

Wiggins-Dowler, K. (2004). Focus box. The portfolio: An "unfolding" of the child. In A. M. Gordon & K. Williams Browne (Eds.), *Beginnings and beyond* (6th ed.). Clifton Park, NY: Thomson Delmar Learning.

Wortham, S. C. (2011). *Assessment in Early Childhood Education*, 6e. Pearson.

7 輔導原理

7-1 比較和對照輔導、管教和懲罰和它們適切的使用的方式。

7-2 展現對於影響兒童行為的理解。

7-3 定義適性發展與文化合宜輔導技巧。

7-4 檢視有效的輔導策略提升正向的互動、社會學習和問題解決的技巧。

美國幼兒教育協會幼教專業準則

本章涵蓋之美國幼兒教育協會幼教專業準則：

標準 1：促進兒童發展與學習

標準 2：建立家庭與社區的關係

標準 4：運用促進兒童發展的有效教學法和兒童與家庭建立關係

標準 5：運用知識內涵建立有意義的課程

事實(T) 或 迷思(F)

T F 管教和輔導是類似的概念。

T F 兒童氣質在嬰兒時期就決定了。

T F 適性發展輔導基於年齡和家庭文化的適性。

T F 提供兒童選擇機會，會讓他們感到困惑。

7-1 ✿ 輔導、管教和懲罰：有差別嗎？

處於學前階段的幼兒剛開始學習理解自己的情緒有多大的強度，以及對自身行為和別人會造成多大的影響。理解輔導、管教和懲罰的區別，有助於你協助兒童處理自己的行為，以及與其他兒童建立正向關係。

7-1a　什麼是輔導？

輔導（guidance）是一個持續進行的策略，用來幫助兒童學習處理衝動、表達情緒、抒發挫折、解決問題和學習區辨可接受和不可接受的行為（Browne & Gordon, 2013）。輔導的過程是一個有意圖的行動課程，奠基於成人對於年齡層、個別兒童和家庭內涵的知識。

輔導指南指出引導方向、回答問題，以協助擬達成的目標，也是教師幫助兒童學習適切行為時會做的事情。兒童、成人和情境等三個關鍵元素尤其需要考量。圖 7-1 顯現這三個基本核心，於本章內容中如何反映輔導的理論與應用。

7-1b　什麼是管教？

管教（discipline）是由 *disciple* 演變而來：意味弟子、追隨者，以及學習者。其點出一個重要概念：追隨典範及遵守規範。成人透過設定好的典範，協助兒童學習適切的行為。

管教和輔導是類似的，這兩個字詞經常被互換使用。正向管教和正向輔導有相同的基礎，都強調深思考量與非懲罰性技巧可提升兒童的同理心和道德推理（Browne & Gordon, 2013）。當管教和懲罰產生混淆，就喪失它效力，呈現的負向互動尤多於正向回應。將管教和輔導連結的情境，轉化成培養思考與問題解決技巧的體驗機會——成人的態度在於「我能做什麼以幫助這個兒童從這次的經驗有所學習？」而非「我要怎樣懲罰這個孩子？」

事實(T) 或 迷思(F)

Ⓣ F　管教和輔導是類似的概念。

管教和輔導二者都需要正面的取向，以幫助兒童學習與展現適切的社會行為。這兩種語詞意義是相同的。

輔導三角形

　　建立有效的輔導實務，成人需考慮三個重要的成分：兒童、成人和情境。例如：一位 2 歲的小孩需要幫忙時，對熟悉老師介入的回應，更甚於當天的代理教師。

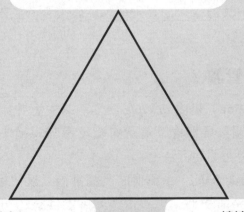

兒童
如個體
- 發展的階段
- 獨特的樣貌／氣質
- 「幼兒全人教育」：生理的、社會的、智力的

如成員
- 家庭
- 族群／種族／文化群體
- 班級的一群兒童

成人
- 角色（教師、家長、教練、提倡者、朋友）
- 與兒童的關係
- 價值、偏見
- 技術和輔導技巧

情境
- 物理環境
- 整日時間
- 什麼人，涉及那些
- 還發生什麼事
- 有何特殊

圖 7-1 輔導三角形。

資料來源：Ann Gordon & Kathryn Williams Browne, *Guiding Young Children in a Diverse Society*. Published by Allyn and Bacon, Boston, MA. 1996 Pearson Education。

專業準則

正向輔導

正向輔導（positive guidance）是立基於成人和兒童間尊重的關係、信任的互動和支持的態度等所運用的系列性策略和技巧。正向輔導取向強調美國幼兒教育協會幼教專業準則之標準 1 核心要素：

☺一開始以正向的語詞，強調兒童應該做什麼事情：「妮娜，沿著草地的旁邊走，你才不會被盪鞦韆打到。」而不是說：「不可以」或是「停止」。

☺鼓勵創意的思考：「假如你拿了山米的書，會發生什麼事？」「你覺得他可能怎樣？」

☺當兒童改變行為，並重複出現你希望他做的行為，請支持兒童這樣的行為。例如：「你使用黏土後記得要清理，很棒喔！」。

☺給予範例：「當我生氣的時候，我喜歡找一個安靜的角落，抱著抱枕。來，我們來找一個角落。」

☺對於常規的要求，需說明清楚並提供簡單的詞語，例如：「假如你移一下椅子到另一邊，你就不會被跳舞的小朋友所干擾到。」

7-1c　什麼是懲罰？

懲罰（punishment）是不適當行為的後果。為了讓懲罰有效，懲罰必須和兒童的行為有關，並幫助兒童從這些的情況下有所學習。不適當的懲罰是：

❀ 羞辱、威脅和嘲笑兒童
❀ 經常出現肢體和情緒的謾罵
❀ 以去情感來威脅兒童
❀ 對行為的反應太冗長、過度懲罰，或者太遲了
❀ 對行為的反應和發生的事件無關

對於某些人而言，管教和懲罰這兩個字意義相同。它們是不同的，請見圖 7-2 的說明。

輔導與懲罰之間的不同	
管教	**懲罰**
強調兒童應該要做什麼	注重兒童不應該做什麼事
持續的歷程	是一次性事件
建立可遵循的規範	強調服從
藉以自我控制	削弱獨立性
幫助兒童改變	是成人的旨意
是正向的	是負向的
接受兒童主張自我的需求	命令兒童的行為
培養兒童思考的能力	替兒童思考
強化自尊	挫敗自尊
形塑行為	譴責不合宜的行為

© Cengage Learning®

圖 7-2　管教取向的輔導鼓勵兒童的互動與參與，懲罰則通常是對兒童的特定作為。

7-2d　自律的目的

　　正向輔導的其中一個目標是容許兒童對於他們的問題提出解決的方案，藉以幫助兒童獲得**自律（self-discipline）**。只要是成人願意支持兒童發展能力掌控自己，自律就可達成。當兒童有機會主導他們的行為，就會對自我控制更具信心。

7-2 影響兒童的行為

　　除非兒童學會以更適切的方式來表達需求，否則他們就是直接表現出他們沮喪和憤怒。因此任何輔導要成功，教師首先必須瞭解為什麼兒童做出這些行為的原因。

7-2a　發展的影響

　　規劃輔導的關鍵在於找到適合兒童發展階段的策略。因此，教師更具信

心支持兒童在成長過程中逐漸發展自我控制。團體時間過長導致兒童不適切的行為出現。缺乏戶外遊戲活動使得兒童無法發洩精力與壓力，進而回到教室時容易產生不合宜的行為。

7-2b　環境的影響

　　經由有目的環境應用，教師以間接的方式影響兒童在教室的行為表現。

❀ 物理環境明白地告訴兒童如何在那個空間活動，例如可以坐在哪裡、怎麼閱讀和書寫，或者在哪裡玩積木。

❀ 必須有足夠、有趣的材料和設備提供該年紀的兒童。當兒童被刺激豐富、年齡適宜的材料所吸引時，發生不恰當行為的機會也變少。

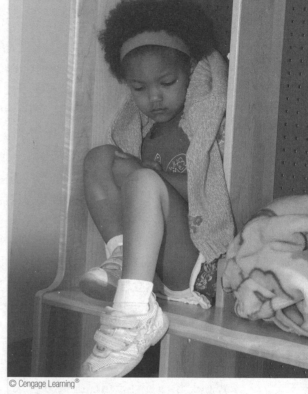

© Cengage Learning®

輔導要成功，教師必須首先瞭解兒童的行為。

❀ 一日作息與活動時機間接影響教室行為。當作息中安排自由選擇參與活動的區塊時段，兒童可以依據自己的步伐節奏進行活動，而不會感覺匆匆忙忙。

❀ 兒童彼此以及和成人的互動關係，應該是接納與支持的。班級人數和師生比關係著彼此互動關係以及信任氛圍的創造。

【 事實(T) 或 迷思(F) 】

Ⓣ F　兒童的氣質從嬰兒期就已經決定了。

三種氣質類型從嬰兒期就已經可以確認了，而且這些氣質到長大都維持一致性。

適性發展教學實務

兒童的氣質

　　湯瑪斯（Thomas）與卻斯（Chess）（1977）的經典研究定義了嬰兒三種氣質：易養型小孩、難養型小孩和慢吞吞型小孩。這三種兒童的分類主要是根據活動程度、日常生活身體的規律性和韻律姓、適應性、身體敏感度、反應的強度、易於分心、情緒和注意力。小嬰兒從小就被觀察到有這些差異性，即使他們長大了，也仍然保持這些氣質。

　　易養型的小孩比較好照顧；一個慢吞吞型的兒童可能較難應付；難養型的兒童可能會因沒有做過的事情而受到責備。假如家長和老師可以理解兒童氣質的天性，他們就能夠接受這是兒童發展組成的一部分。輔導評估能夠量身訂製以符合慢吞吞型的特殊需求，同樣的，難養型的兒童也可以。這些策略和管教易養型兒童有所不同。

　　適性發展教學活動確保我們重視兒童的獨特性，包括氣質，和兒童一起工作時所建立輔導技巧，亦須符合兒童的發展理論。

　　第 9 章包含更詳細氣質與其起因的討論，當設計兒童環境時，氣質需要仔細地考量。氣質有許多面向直接影響兒童如何表現行為。使用圖 7-3 的教室檢核表評估環境和輔導哲學以及和兒童的行為如何有關聯。

7-2c　個別的影響

　　許多因素能夠觸發幼兒生活的行為議題。新生兒、祖父母的拜訪、離婚、搬新家、到新學校就學、生病等都是一些導致沮喪的因素。其他如兒童感到飢餓、疲倦或不安；個體天生的氣質差異，也將會影響輔導策略的選擇。

7-2d　社會和情緒的影響

　　有些行為問題源自於幼兒企圖表達他們的情緒與社會需求。包括感受到被愛、被呵護、被包容、受重視、渴望朋友與安全感等需求。幼兒不斷地努力表達這些需求與感受。基本上，因為他們剛開始學習使用語言與溝通技巧，還未達到熟練的程度，因此，幼兒通常會透過非語言或間接行動，讓我

教室檢核表

時間

_____ 每日作息是否提供充裕的遊戲呢？

_____ 活動轉銜間，是否提供足夠的時間，引發動機呢？-

_____ 每一個活動結束後的整理清潔，是否讓幼兒從容參與？

課程和活動計畫

_____ 是否有足夠的事情可以做，兒童可以有多樣性選擇和替代的遊戲？

_____ 是否課程具有挑戰性，避免讓幼兒感到枯燥無味和躁動？

_____ 是否課程內容年齡層符合教室內兒童？

_____ 是否教室內的活動能減低兒童的緊張？是否這些活動可以讓兒童肢體運動、探索和操作材料？

_____ 兒童是否包含在規則和情境指引中，這些規則和情境融合如何展示？

組織和秩序

_____ 當期許幼兒使用物品後需要物歸原位，置物櫃高度是否夠低、開放的、且標誌清楚？

_____ 素材是否容易讓兒童取得、可以提升他們的自我選擇和獨立的能力？

_____ 素材是否足夠，不會造成分享的問題？

_____ 活動的區域明確定義規範，所以兒童都知道在這些區域該做什麼？

_____ 教室的安排是否避免教室成為走道及無出口的場地？

_____ 兒童是否有隱私的空間？

_____ 兒童能夠看見和使用所有的材料嗎？是否有材料是會告知兒童「不能碰」嗎？

人員

_____ 是否有足夠的老師可以注意到教室所有的幼兒？

_____ 團體規模和組成是否平衡，兒童可以與各類的同儕互動？

_____ 老師是否經驗豐富，對於規範限制和引導兒童行為感到自在？

_____ 老師是否專注於鼓勵他們想要兒童表現的行為，忽略他們不想兒童做的行為？

_____ 所有的成人持續執行同樣的規則？

© Cengage Learning®

圖 7-3 藉由預知兒童的需求和成長的模式，教師能設置出強化兒童建設性和有目的性的行為。

專業素養

　　幼兒擁有情緒技巧範圍包括快樂、興趣、驚喜、害怕、生氣、悲傷和厭惡。更多複雜情緒包括如羞恥心、罪惡感、忌妒心和驕傲等，因為兒童的社會經驗逐漸擴展，他們也學習觀察別人的情緒，而這些複雜情緒在兒童發展上，會晚一點出現。這些情緒的表達屬於文化與倫理的範圍。

　　兒童學習對情境有所反應與行動，這兩者都非常需要情緒的經驗。有效率的教師會引發他們自己的情緒反應，而且安排的課程是用來平衡兒童的興奮和極端焦慮感。營造「適當的」的情緒情境是最基礎的方式，藉以幫助兒童開啟學習的能力。

　　幼兒尚未受行為規範約束，而這些規範防止他們過於直接和過於熱誠自我表達。教師觀察兒童，並從兒童處覺察他們如何面對自己和其他人的情感，進而促進兒童培養情緒發展的技巧。

們知道他們正受到某些事困擾。輔導策略幫助兒童學習察覺他們的情緒、情感和使用的語言，也讓他們瞭解成人理解他們可能會感到生氣、忌妒或受傷。

7-2e　文化的影響

　　管教和輔導深深受到家庭價值和信仰的影響。兒童的行為反映了成長過程中家庭、文化、族群、宗教、社經地位和鄰居對他們的影響。當我們瞭解這些影響因素，我們可以找到更有效的兒童輔導策略。

　　在某些家庭中，社區的意識與重要性超過個人主義，除非教師深入瞭解，否則可能會在課堂活動進行時產生困難。這與重視分享及合作觀念的家庭大相逕庭。因此，教師需要對家庭長期以來對幼兒的教養方式具備高敏感度。圖 7-4 顯示各類家庭文化模式衍生的幼兒行為與適切的輔導策略。

雙語學習者的輔導策略

　　保留他們母語和學習新語言對幼兒是一件有壓力的事情。焦慮也會隨著行為問題產生。當計劃要提供雙語學生和家庭服務時，以下的建議將有助於確認運用適切的語文和意涵下，幼兒的社會情緒需求被滿足。

家庭型態		
家庭文化	兒童經驗和行為	輔導策略
民主的：家庭成員都參與決策制定	鼓勵幼兒和他人協商和妥協。	提供實際的選擇；運用問題解決技巧。
威權：僅有一個家庭成員能制定決策	幼兒需服從，要遵循指令，且尊重成人的權威。幼兒可能無法自行選擇活動，無法直視成人的眼睛或以名字稱呼成人。	不強調眼神交會。兒童可能需要幫忙選擇活動。需與和家裡做決定的人有良好溝通與合作。
團結、緊密結合型的家庭	幼兒學習家庭優先的概念；每個人都要為家庭犧牲。	教師必須明白，有些家庭議題可能會比學校還要優先。
榮譽、尊嚴和自尊為重的家庭	幼兒的行為反映出家庭的名譽；幼兒會因為粗魯和不禮貌被教訓。	與家長分享幼兒成就；幫助幼兒學習禮節；討論兒童行為問題時要謹慎些。
可以自由表達情感	容許幼兒哭泣、大叫、發脾氣。	安撫且接受兒童的哭泣；陪伴幼兒直到他平靜下來。

圖 7-4　這樣的範例說明文化多樣性的家庭型態如何影響輔導和管教。對於文化多樣性家庭型態的知識，和理解輔導策略和養育方式間的關聯性，會幫助你開始判斷所帶領的兒童的相關行為。

引自 S. York, *Roots and wings*, revised ed. St. Paul, MN: Redleaf Press, 2003. Copyright© 2003 by Stacey York. Adapted with permission from Redleaf Press, St. Paul, Minnesota, www.readleafpress.org。

❋ 所有工作人員職前和在職訓練須包括適性適齡教學技巧，藉以支持課室策略有效運用，幫助兒童維持母語和建構英文學習。

❋ 確認每一間教室都有一位會講幼兒母語的教師，並且／或提供雙語志工的協助。

❋ 藉由幼兒圖畫書和光碟等，鼓勵老師學習班級內雙語兒童所說的某一種母語。

❋ 列出雙語家庭兒童，幫助員工學習該兒童母語的基本單字和片語。

　　兒童母語是他們自我認同和自尊的一部分（Nemeth, 2012）。尊重和支持雙語兒童的需求對於他們的行為和社會發展有正向的影響。

7-3 適性發展和文化合宜輔導

適性發展教學實務的主要元素是從兒童能力為起點，並幫助他們發揮極限。為達成該目標，以適性發展和文化合宜為基礎做為輔導策略。

7-3a　適性發展輔導

進行適性發展輔導需考量三個領域：

1. 年齡的適切：特定的年齡層有一些相同的行為，依此情境提供大家瞭解兒童。行為可以被視為正常的和可預測的，因此也能被適當回應。例如：國小一、二年級的兒童有能力去考慮別人的觀點，所以教師可以幫助他們透過反省自己行為對他人的影響，來學習解決問題。
2. 個別差異的適切：教師考慮對每一位兒童的瞭解：他或她的優點、挑戰，和興趣。輔導策略需要符合每一位幼兒的能力，而且對其期待需合理。例如：弗朗西斯是高齡父母的獨生女，她無法融入同儕遊戲。教師的輔導策略應該包括教導和示範弗朗西斯社交技巧，並建議好相處的幼兒成為她的夥伴。
3. 如同前述的「文化影響」，回應家庭文化是每位兒童輔導策略計畫不可或缺的部分。

7-3b　輔導與管教的語言使用

輔導有其獨特的語言；其所用的語言與溝通方式可分為實際語言和肢體語言。成人瞭解哪些語調、用語最為有用，更明白各種肢體語言、實際存在與態度的效果。

事實(**T**) 或 迷思(**F**)

T **F** 適性發展輔導基於年齡和家庭文化的適性。

適性發展輔導三個標準基礎，包括個別適切性和適齡性和家庭文化。

以語言進行輔導語言和管教最有效的情況：

✱ 與兒童說話時就如同與成人對話一樣，有目的性的使用的聲音，使用好的語句讓幼兒可以模仿。靠近兒童以正常的語調說話，並讓自己的身體降低到兒童的高度。通常降低音量及聲調對於制止某些行為相當有效。

✱ 說話前先思考。假如你說：「丹尼，用跑的去拿海綿」，你真的想要他用跑的方式去嗎？考量語言的重大的影響，需要慎用語言，話語簡單、明確，而且只說一次。

✱ 多提問，不說教。藉由提問鼓勵問題解決。成人會說「發生什麼事？」和「為什麼沒有辦法？」讓兒童一起合作解決問題，問他們「你認為我們可以怎麼處理這件事情？」「你可以怎麼做，讓事情可以更好？」

✱ 讓兒童知道你一直都在身旁。站在可以一覽班級和多數兒童與其他老師的位置。輕觸兒童的肩膀會讓兒童瞭解，你和他很靠近可以隨時幫忙，也可以隨時阻止不恰當的行為。

多 元 觀 點

學習跨文化溝通

當老師面對家庭文化的輔導實務和學校的哲學是相反時，會發生什麼事情？教師夾在其中，可能嘗試維持自己和學校的標準，而又無法與他們所認為錯誤價值觀的家庭進行溝通。

Gonzalez-Mena（2008）強調，當校方與家庭之幼兒教養實務有所衝突時，教師之職責為學習跨文化溝通能力，提出下列建議：

☺公平接納雙方觀點。

☺一起努力尋找彼此都可以接受的解決方式。

☺不以自身文化為基礎，對他人行為下定義或決定其價值。

☺謹記你的行為不一定需要傳達你自己的意義和價值。

☺教育自己，讓自己對班上所有學生的文化有所瞭解。學習各文化之表情、肢體接觸、眼神接觸、身體距離及時間概念。

☺觀察、提問且探討跨文化的差異。

☺保持開放的態度，促進對其他每個人觀點的尊重和欣賞。

❋ 保持開放態度。態度影響期待，檢視是否因為兒童身型、年齡、族群、性別或是文化等而影響對兒童行為的推論。

❋ 覺察和表現兒童的情緒。「你好像生氣／受傷／傷心了。我可以怎樣幫你呢？」「我知道要等待輪流很辛苦。」鼓勵正向行為：「看起來在等著使用電腦時，你已經找到一本好書讀了！」

❋ 使用幽默感。「啊！不！樂高積木不記得如何回到自己櫃子喔！」

❋ 以正向的語詞，藉由有效的支持性回應，告訴兒童他們做得很好。避免泛泛之詞的讚美（「好棒！」）。要針對兒童特別的行為，強化他的學習內容（「我發現你經過吉娜的積木建築時，你很小心通過。你真的是個好朋友。」）。

7-4 ✿ 主要的輔導策略

　　一些輔導方法很細微；其他的很明顯。每種情況需要一個巧妙符合兒童、成人和此情況所需的策略。記得第 234 頁的輔導三角形嗎？沒有一種方式可以運用到所有的情況。接下來所討論的輔導技巧是**誘導式輔導**（**inductive guidance**）為基礎的原則：

© Cengage Learning®

成人將高度降到幼兒的位置，提供更具成效的參與。

❋ 詢問開放式的問題
❋ 提供適當的選擇
❋ 溝通信任與自信
❋ 示範輔導是一種互動的歷程
❋ 持續增加兒童對行為的責任心
❋ 教導思考和推理的能力

7-4a　間接式輔導

　　兒童的行為受到和他一起工作、生活和遊戲的人物所影響。一間課室傳達間接性的訊息，他在哪裡遊玩、坐著、工作、飲食和學習。桌子排成一排或是圓形傳達「坐這兒工作」。有長走廊的房間，兒童就會在此空間跑來跑去。壓縮的作息安排造成遊戲、收拾或吃飯時間緊湊，因而充滿焦慮和壓力。現場老師太少，導致許多兒童未受到關注或被忽視：這些情況肯定會造成不當行為的發生。

　　一個豐富性的環境是需要經營的。教師專業的角色有一部分就是在於期待兒童行為，以及創造一個培養正向行為的環境。**間接式輔導（indirect guidance）** 是一種老師設計和控制環境的方法，擴大學習和減少紛亂。第 9 章，會看到空間安排、作息和材料對兒童行為的重要性。第 10 章你會學習適切的和具挑戰性的課程如何促進理想的行為。

　　輔導技巧天平的另一端則是**高壓強勢法（power assertive methods）**，藉由幼兒對於懲罰的畏懼感，而非以說理與瞭解為基礎。揮巴掌、毆打和大聲叫幼兒名字，要不然就是以貶低人格懲罰方式，排除運用任何教學或促進問題解決的機會，都是高壓強勢法的特徵。

　　接下來的輔導技巧有直接和間接的策略。範圍從成人最少介入的方式到需要成人最多參與，並且應該按照順序使用。它們是有價值的工具，幫助兒童擴大自己的能力，逐漸增加自我引導和自我信賴。

7-4b　直接式輔導和輔導光譜

　　直接式輔導（direct guidance）：是老師和兒童直接互動時所使用的技巧。圖 7-5 描繪出**輔導光譜（guidance continuum）** 的範圍，從介入最少到需要最多介入。

　　教師分析問題情況後，運用輔導光譜做為選擇最適宜策略的依據，以改善兒童行為。每一種技術應該以計畫目標與輔導哲學為依歸。

　　選擇較少介入策略允許兒童有時間自己學習解決問題。光譜的每一個步驟，都非常期待兒童參與問題解決。

輔導光譜

| 忽略行為 | 積極傾聽 | 加強 | 重新引導和分散注意力 | 提供選擇 | 設定限制 | 積極的問題解決和衝突解決 | 自然結果和邏輯後果 | 暫停法 | 肢體介入 |

圖 **7-5** 　依據輔導光譜從左到右是最少介入到積極介入的策略。

資料來源：Ann Gordon & Kathryn Williams Bowne, *Guiding Young Children in a Diverse Society*. Published by Allyn and Bacon, Boston, MA. 1996 Pearson Education。

忽視其行為

　　當嚴重性較低的不當行為發生時，會稍微令人感到厭煩，但卻無傷害性，最好予以忽視。例如：兒童不停呢喃牢騷或是叨唸「老師、老師、老師」。成人應在幼兒行為持續時，不以任何方式回應，甚至是先到其他地方。此方法是根據運用**負增強（negative reinforcement）**（成人忽視幼兒）以促使幼兒停止不當行為之學習理論。只要幼兒的呢喃牢騷或是叨唸停止，成人立即回應兒童，依據兒童年齡，可以這麼說：「我喜歡你不亂吵或是不會一直叫老師、老師的時候和你說話，當你安靜下來時，我就會知道，你已經準備好要說什麼和玩遊戲。」

積極聆聽與「我」訊息

　　運用此技巧，藉此回應幼兒的感受和話語。仔細聆聽幼兒，然後回應兒童，你對他或她說出話語的真正想法，幼兒才有機會修正成人的誤解。

麗塔：我討厭上學！

教師：聽起來，你因為今天不能參與烹飪而感到很失望。我知道你等了很久。

── 倫 理 議 題 ──

情感：假如訊息是不同的？

　　幼兒觀察人們以不同方式表達情感、喜好、喜歡和不喜歡和想法。幼兒教育工作者可能不經意間在實務活動中違反家長的努力。家庭通常對兒童情緒表達特定的想法。某些文化覺得鼓勵兒童表現情緒並不適切，這可能會挑戰到教師長久以來習慣於鼓勵兒童表達情感的策略。

　　強烈的情感表達可能被視為一種對成人的不尊重，特別針對威權者而言，例如教師。對某些教師而言，讚美兒童自我表現和避免負向評論，是適切的，但是華人家長認為直接告訴兒童哪裡做錯是他們的責任（Chua, 2011）。

　　幼年階段，假如家庭和學校的期待有過大的差異，兒童可能會感到迷惑，造成困境和誤解。假如能夠把自己當成學習者而不是專家，並且願意詢問家庭表達情緒的實務原則，將幫助家庭一起尋找彼此都可以接受的解決方式。提供兒童世界的橋樑之重要元素是成人讓他們感到舒服，還有接受差異性。

麗塔：我真的很想幫忙做烤薄餅。

教師：我們來把你的名字放在烹飪課的名單上，以確定你明天有機會參與。

　　此外，「我」這個訊息也是成人對於幼兒行為所產生的影響的回應。「我」這個訊息是誠實、無偏見、非責備幼兒行為的敘述方式，只是純粹的將觀察到的幼兒行為表現及其結果說出來。

成人：當你說，你不喜歡我的時候，我感到難過。

成人：我感到失望，當我看見你打別的孩子。我們坐下來，想想我們說過不打人的規範。

成人：我很失望沒有人收拾閱讀角。我們可以怎麼做，這件事情才不再發生？

腦科學說　獎勵有用嗎？

　　當你達到目標，有人對你說：「做得好！」或「得到一個微笑貼紙」，你會感覺良好。身為教師，我們經常透過正向或負向的增強來鼓勵兒童的行為，但是這有用嗎？

　　透過「愉悅傳導」腦部會製造獎勵感而且每天發散出好的情緒（Jensen, 2005）。腦部可能有許多不同形式的獎勵系統（Fiorillo, Tobler, & Schultz, 2003），其中一個可以預測快樂的結果，活化快樂的網路（Tremblay & Schultz, 2000），即產生多巴胺，讓神經傳導物質產生快樂的感覺。腦部儲存期待快樂和快樂的經驗，而且在第一次經驗後，立即學會。然而，當獎勵經常性出現，多巴胺活化是受到期待快樂和快樂本身一樣時，學生的表現可能會降低（Berridge & Robinson, 2002）。腦部處於一個時常改變的狀態，一、二次的獎勵或許有用，卻無法長期持續（Koob & LeMoral,1997）。換句話說，小糖果的獎勵需升級為起士漢堡加薯條。

　　大部分腦部相關研究針對獎勵進行探究，發現獎勵用在短期的工作上比較容易成功。獎勵最好運用於短期和特定的原因（Jensen, 2005）；實物、價廉如代幣或一小盒葡萄乾。抽象獎勵則是如：獎狀、卡片、口語表揚和有優先權來強化行為。

思考問題
1. 當某人獎勵你時，你的感受為何？
2. 本研究如何改變你對於獎勵的想法和增強的概念？

增強

　　正增強（**positive reinforcement**）是一種獎勵正向行為的方式，基於相信兒童未來會重複同樣的行為因為這些行為被注意到。「珍妮，我看見你脫掉外套後就把它放在櫃子內。這個方法不錯，當你要到戶外的時候，你就知道它在哪裡。」社會性的**增強物**（**reinforcers**），例如微笑、產生興趣、給予注意，都是強化被喜歡的行為的有用工具。必須注意增強是基於珍妮的行為，不是珍妮自己。因為老師注意到細節，珍妮知道她必須持續維持此行為。

重新引導和轉移

有時成人會希望將活動改變為幼兒更能接受的形式。假如皮婭與埃倫娜在閱覽室裡拋擲書本，教師希望重新導正他們的行為，而建議他們去玩將軟海綿球丟進籃子裡的遊戲。**重新引導**（redirecting）是一種替代方式，它允許兒童喜歡的活動，從改變表達方式或從發生的情況開始。「你們兩個

© iStockphoto.com/GreenPimp

教師被賦予處理各式各樣情感需求的任務。

好像很喜歡把東西丟來丟去。想想看，你們能做什麼活動，又不會把書本弄壞。」替代活動必須是成人所能接受，且能滿足幼兒的活動。

轉移（distraction）和重新引導有關，但是有些部分還是不太相同。轉移用來幫助兒童聚焦注意力於另一個活動，可能和前一個活動有關，也有可能無關聯。年幼的孩子，特別是嬰兒和學步兒，容易受到其他行為影響而分心。玩積木時，2 歲的泰瑞斯從達蒙那兒搶走一個卡車。當達蒙大叫「不！」教師靠近男孩說：「泰瑞斯，黏土桌還有位置。我們一起過去，你就可以敲打黏土喔。」這個方式稱為即時介入。

提供選擇

幫助總是慣於反抗的兒童，選擇是最簡單和最有效的方法之一。「選擇」提供幼兒某種程度的控制，也能協助兒童練習自我引導與自律。

預期幼兒可能反抗或拒絕，可以提供兩個選擇。幼兒將會瞭解你期盼他遵從要求，但他們仍擁有選擇的權力。「該回家囉。你想現在穿好外套或者聽完故事再去穿？」這個選擇必須是有用的，協助他們練習做出合理的選擇，覺察幼兒處理責任的能力有所成長。兒童在做決定前需瞭解，選擇會帶來何種後果。「如果你現在選擇去玩電腦，就沒有時間完成你的雨林活動

了。」協助幼兒做合理的選擇，奠定他們人生選擇能力的基礎。

事實(T) 或 迷思(F)

T **Ⓕ** 提供兒童選擇的機會，會讓他們感到困惑。

提供兒童選擇的機會，實際上是促進兒童可以控制某些事物的能力，也能協助兒童參與輔導歷程。

設定限制

限制（limits）是為了協助幼兒瞭解各種行為可行性所設定的界限。限制就像是圍籬；它們是一種保護設施，幫助兒童感覺安全。教師通常有兩種理由設定限制：

設定限制

幫助兒童學習平和的接受合理、公平的約束：

☺情境符合兒童的年齡、經歷和情緒發展。「赫克托，我知道這是你手臂受傷後第一天回到學校，但是現在是你專心聽故事的時間，你和琪琪可以等一下再聊天。」

☺清楚與簡單地說明限制，「我不會讓你對著其他人丟東西，穆斯塔法；我也不會讓他們傷害你，把積木放下來。」

☺瞭解兒童的感覺是什麼，「我知道你生氣了，卡洛琳。當他們不讓你加入他們這組一起玩，這讓你感覺不好。」

☺持續增強相同的規則，「馬蒂，在室內時，請用走路的。兩位老師今天已經提醒你很多次了。」

☺兒童一起參與建立適宜約束。「有一些小朋友不願意輪流盪鞦韆，你們有什麼辦法可能可以幫助更多小朋友可以輪流玩？」

☺接受結果和準備好接受下一個步驟。「看起來大家都認為使用盪鞦韆要有五分鐘的限制，但是如果有人不尊重規定時，我們應該怎麼辦？」

☺持續跟進，「你必須去別處玩了，喬西，小朋友說時間到時，你並沒有從盪鞦韆下來？來，我來幫你找其他好玩的地方。」

1. 避免幼兒自己和他人受傷。
2. 避免資源、教材或設備受到破壞。

積極解決問題和衝突解決

　　積極解決問題（active problem solving）幫助兒童面對他們的差異並且一起解決問題。藉由提出開放性問題，例如：「發生什麼事情？……」或者「他會如何感受，假如是……？」成人幫助兒童聚焦問題，提出替代性的解決方案建議和解決他們的問題。

　　圖 7-6 顯示教師如何幫助兒童澄清發生的事件及思考其他的替代方案，進而產生可接受的解決方式。一些其他輔導技巧也融入該途徑，例如：**積極聆聽**（active listening）、增強、選擇和設定限制。**衝突解決**（conflict resolution）幫助兒童看見他們的行為以及對他人的影響，這些早期經驗影響終生的負責行為。

自然結果與邏輯及結果

　　自然結果與邏輯結果（natural and logical consequences）讓幼兒瞭解行為在真實生活中的結果。請見下面例子：

❋ 「如果你沒有吃午餐，你會餓上一陣子。」
❋ 「假如你沒有完成家庭作業，你可能不能去參加球賽。」
❋ 「假如你沒有好好學拼字，你可能無法通過考試。」

　　這個方式能讓成人將情況忠實地呈現給幼兒，且不需做任何評斷，幼兒便會知道結果。這些結果是由於幼兒自身行為而產生的自然結果。

　　另一方面，邏輯結果意味著由成人施加的功能。團體時間的干擾，邏輯結果便是兒童被教師帶離團體活動。對於成人而言，這指的是在事件發生後所需採取的後續行動；一旦結果確立，就必須執行。一旦幼兒瞭解可能的結果後，給予他們機會選擇行動方向是很重要的。當行動方向是受到尊重和合理時，其後果就不是懲罰（Nelsen, 2006）。

暫停法

　　當兒童被帶離團體，並限制在一張椅子上或是被隔離於另外一間房間，就是**暫停法**（time out）。有時候，為了保護他們自己或者其他人，幼兒需

六個問題解決的步驟

步驟 1：貼近（一開始的調解）

___ 貼近衝突核心點，展現你的理解，隨時可以幫忙

___ 假如需要的話，盡量靠近，隨時可以介入；由你自己制止侵略性的行為或掌握衝突議題

步驟 2：釐清

___ 說明情景：「看起來你們二人想要這個球。」

___ 反映兒童的敘述：「你們都說，自己先拿到球。」

___ 提供非判斷、價值觀、解決方案

步驟 3：詢問（蒐集資料，定義問題）

___ 不需要試著查明原由，例如：「誰先開始的？」

___ 勾勒出細節，定義問題：「現在發生什麼事情？」「所以問題可能是什麼？」

___ 幫助兒童溝通：「事情如何發生？」「你想要告訴她什麼？」「那件事情讓你感覺如何？」

步驟 4：生成解決方案

___ 幫助兒童思考如何解決：「誰有想法，我們可以如何怎樣解決問題？」

___ 讓兒童提出建議：「我們可以輪流」，「我們可以一起使用」，「我們可以告訴她不能在這兒玩。」

___ 問問題：「假如以輪流方式玩，你如何確定是可行的？」

___ 避免常犯錯誤，或者急於解決問題；慢慢來，需要時間慢慢解決。

步驟 5：取得解決方案共識

___ 當雙方兒童都同意解決方案時，重述：「所以，你們都同意會一起合作嗎？」

___ 任何解決方案，假如看起來不是很安全或不能接受時，告訴孩子：「你們二人一起站著騎四輪車下坡，並不安全，你們二人還同意什麼別的方法？」

步驟 6：追蹤

___ 持續觀察監控活動，確認按照計畫協議進行，假如決定是要輪流，你可能需要一個計時器，「好，瑪姬，你的三分鐘已經到了。現在輪到利奧。」

___ 對起有爭執的兒童和其他目擊者，正向陳述：「看起來，彷彿你已經把問題解決了。」

___ 強化用語，增強一定可以獲得解決問題的想法，兒童是有能力解決問題的。

圖 7-6 使用這些指導綱要幫助兒童解決問題，教師要多聽、少說，讓兒童有犯錯的時間以及找出解決的方案，點出多元的觀點是自然的、正常的和有用的。

© Cengage Learning®

我知道你們二人都想要那本書。誰有辦法想想我們該如何解決這個困難？

要從當下情境中帶離開。

　　帶幼兒離開情緒強烈的場景，讓他們有時間情緒冷靜下來，這不是懲罰，而是一種使用正向態度與輔導的方式。往往暫停法被當是一種懲罰：幼兒從遊戲中被帶走，坐到椅子上，並且被告知：「你看，其他小朋友都乖乖地玩著」或「坐在那兒！除非你表現良好！」

　　任何暫停法長度如同體育賽事一樣：短暫的暫停時間，將所有活動停止，想想發生什麼事。此時，教師的角色為協助幼兒瞭解整個事件，給他們機會學會自律。幼兒可以檢視自己的行為，並自行決定何時做好準備回到活動中。諾亞，總是在遊戲時，使用令人反感的字眼稱呼其他幼兒，可以告知他：「直到你準備好，不再傷害其他小朋友的感覺時，才能回來一起遊戲。」接著諾亞要替自己的行為負責，準備好了後就可以回去遊戲中。

肢體介入

　　有時候當教師必須以肢體介入，以防止兒童傷害到自己、他人或者損壞設施。朱德常失控，會玩得很粗魯。今天，羅門請他別這樣做後，把他推

開。朱德還是持續推羅門。教師立即介入,將朱德拉離羅門說:「停止打羅門!」朱德舉起他的手臂再次靠近羅門,教師立即用手圍著他,抓住他的手臂說:「我不能讓你傷害其小朋友。讓我們去那裡,討論一下這件事情。」教師在和朱德談話前,給朱德一段時間冷靜一下。

教師在兒童情緒管理中的角色

1. 創造一個安全的情緒氛圍⋯⋯建立清晰、堅定與彈性的界線。
2. 示範合理的情緒管理⋯⋯藉由適宜的表達自己的沮喪。
3. 幫助兒童發展自我管理的技巧⋯⋯藉由提供適合兒童年齡與技巧合理方法,以支持的態度,鼓勵問題解決。
4. 鼓勵兒童釐清各種情緒的表現⋯⋯從「生氣」開始,逐漸到「沮喪、苦惱、刺激、害怕、發怒」等。
5. 鼓勵兒童討論有關引起情緒的感受⋯⋯什麼情況下感到不高興,「當⋯⋯我覺得生氣」可以做為討論範例;或是以真實情況的圖卡、布偶扮演等。
6. 使用適切的繪本和故事討論情緒,幫助兒童瞭解和管理情緒。
7. 與家長溝通⋯⋯介紹書籍或是布偶等,讓他們借回家過夜。告訴他們,你的活動計畫是什麼,並且請他們配合協助。

© Cengage Learning®

圖 7-7 當兒童開始掌握他們強烈的情感,他們的情緒發展是受到鼓勵的。

categories from Marion, 2011

　　幾乎是同時，教師評估羅門是否受傷。她請求另一位教師過來給予他安慰和幫助。可以考量一下，是要同時與兩位男孩聊一聊或者要分開來談。一旦這個緊急情況打理好後，教師可以開始進行紛爭解決歷程。理想上，教師希望兩位男孩學會不用打架來解決問題，而是能夠參與討論解決問題的方法。

　　對於有攻擊習慣的幼兒，需要更長期的輔導計畫，包括對此幼兒定期的觀察與評量。假如此攻擊行為持續出現，也可以尋求外部專業的協助。

7-4c　選擇策略

　　對於教師而言，幫助兒童學習新的行為是一項挑戰。思考這十項策略當成輔導兒童的工具包。圖 7-8 為選擇輔導策略的統整。

7-4d　行為是具有挑戰性

　　兒童具有旺盛的活力、壓力和短暫注意力的特質。這些比較容易分心與要求較多的兒童，輔導他們要有合宜的行為，更具有挑戰性。這些兒童常無法以一般的策略輔導，而是需要教師更多的努力、耐心和毅力。

　　說明問題之前，需將每位孩子都視為獨一無二的，並檢視影響兒童行為的五個因素。

✳ 我們和兒童和家庭建立彼此關懷的關係，並加強和家庭和學校之間的合作。

✳ 我們觀察每一個孩子的行為，不只是當他們不適切行為開始出現的時候才觀察，而是在這些行為開始前就已經進行了。

✳ 若有需要，我們會改變教室與作息，幫助兒童運用新的行為。

✳ 我們會注意破壞性、不專心、侵略性的兒童，當他們出現不適切的行為時。

✳ 我們關注且支持兒童探究大活動量的活動（木工），或是較文靜的活動（玩水、閱讀、畫畫），端賴兒童當時的需求是什麼。

　　以耐心、正向互動和適切的輔導實務，教師找到創意與個別化的方法幫助每一位幼兒發展社會能力和自我肯定。但有時候，幼兒的行為超過學前教育的範疇，教師需要幫助家長尋找更多專業的協助，幫助幼兒行為的改善。

不同的輔導策略

如果是以下的行為	試著	範例
發牢騷	忽略	當幼兒持續發牢騷，不要給予任何回應，直到他停下時才注意他。
合作遊戲	正增強	「你們兩個在花園很認真喔！你們配合得很棒！」
拒絕合作	提供選擇	「雷瓦，你能幫忙把地板上的樂高積木撿起來或者幫忙查理清理戲水桌？」
躁動、不專心	改變活動	「這個故事今天好像太長了；我們等下再繼續，我們現在先來做帶動唱。」
做白日夢	給予間接建議	「薇諾娜，等你穿上外套後，我們就準備好進教室。」
為玩具而爭吵	積極聆聽	「你今天很想要第一個去玩藍色的卡車，不是嗎，利夫？」
閒晃，點心時間遲到	自然結果	「對不起，奈特，點心已經收起來了。明天你要記得其他小朋友離開院子時，一起進教室。」
在室內奔跑、推擠	改變教室布置	創造夠大且開放的空間，讓幼兒有較大的肢體動作自由，且不會感到擁擠。
不能輪流、等待	檢視每日作息、設備	受幼兒歡迎的設備和玩具多添購幾份，提供足夠的時間可以自由活動，以免他們急著要輪流玩，而感到焦慮。
喧鬧遊戲	正向重新引導	「你和塞爾吉奧似乎想要玩摔角。我們去其他教室鋪地墊。假如你在這兒玩的話，會干擾到安靜玩遊戲的小朋友。」

© Cengage Learning®

圖 7-8 敏銳的教師從可用的選項和個別反應中挑選輔導策略。

本章摘要

7.1 輔導和管教的用語有些類似的意義，也能交互使用。輔導是一個持續進行的系統或歷程，藉此成人幫助兒童學習什麼是可以接受或不可以接受的行為。正向的輔導是基於成人和兒童之間有合作的、關懷的和支持的關係。管教是一種行動或策略用來引導兒童行為。懲罰是成人認為不恰當行為的結果，通常會包括負向和不利的方式。

7.2 至少有五種不同的因素會影響兒童的行為：兒童的發展和成熟的階段、環境、個別的氣質和特性、他們的社會和情緒需求，和扶養他們長大的家庭和文化。

7.3 適性發展和文化合宜的輔導基於三種標準，教師使用這些標準來做行為和輔導的決定。這三個標準是：年齡的適切（我們所知覺到的兒童如何學習和成長）、個別差異的適切（我們所知兒童的優勢和挑戰）、文化和家庭的回應（我們所知有關兒童家庭、文化，及雙語學習者）

7.4 有效的輔導策略存在於光譜中，從最少介入的方式到教師積極的參與。有一些輔導策略是忽略行為、積極聆聽、正向和負向增強，重新引導和轉移注意力、提供選擇、設定限制、積極解決問題和解決衝突、自然和邏輯結果、暫停法，和肢體介入。

網路資源

American Academy of Pediatrics　**http://www.aap.org**

National Network for Childcare　**http://nieer.org/link/national-network-child-care**

Responsive Discipline　**http://www.k-state.edu/wwparent/courses/rd/**

參考書目

American Academy of Pediatrics (AAP). 2004. *Policy statement: Guidance for effective discipline.* Available at: http://aappolicy.aappublications.org/cgi/content/full/pediatrics;101/4/723. Retrieved December 10, 2010.

Browne, K. W., & Gordon, A. M. (2013). *Early childhood field experience: To teach well.* Upper Saddle River, NJ: Pearson.

Chua, A. (2011). *Battle hymn of the tiger mother.* New York: Penguin Books.

Gonzalez-Mena, J. (2008). *Multicultural issues in child care.* Menlo Park, CA: Mayfield.

Gordon, A. M., & Williams Browne, K. (2014). *Beginnings and beyond: Foundations in early childhood education.* Belmont, CA: Wadsworth Cengage Learning.

Gordon, A. M., & Williams Browne, K. (1996). *Guiding young children in a diverse society.* Boston: Allyn & Bacon.

Nelsen, J. (2006). *Positive discipline.* New York: Ballantine Books.

Nemeth, K. N. (2012). *Basics of supporting dual language learners: An introduction for educators of children from birth through age 8.* Washington, DC: National Association for the Education of Young Children.

Thomas, A., & Chess, S. (1977). *Temperament and development.* New York: Brunner/Mazel.

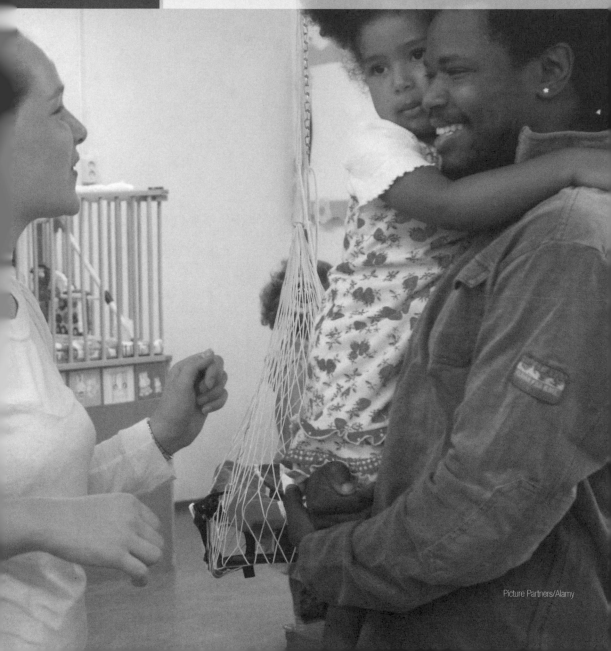

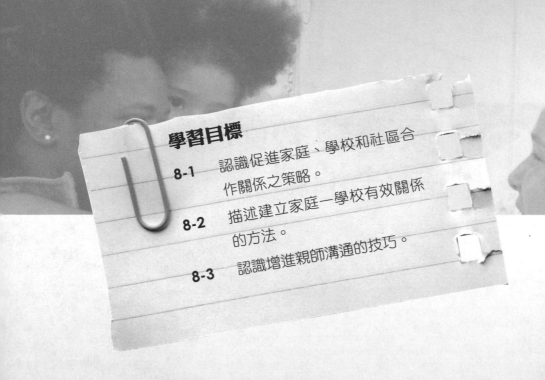

學習目標

8-1 認識促進家庭、學校和社區合作關係之策略。

8-2 描述建立家庭—學校有效關係的方法。

8-3 認識增進親師溝通的技巧。

事實(T) 或 迷思(F)

T F 家庭是由父親、母親以及孩子所組成。

T F 在家庭—學校關係中，採用家庭中心取向法能同時支持家庭與兒童。

T F 親師會的主要目的是討論孩子的不當行為。

8-1 鞏固合作關係

對於教師而言，與兒童的家人共事可能是最令人滿意或是最令人沮喪的一項工作。為了達成此任務，需要幼兒世界中最重要的兩個角色，家長與教師的持續合作。

本書通篇使用「家庭」，而非「家長」這個詞彙。因為形成兒童認知與行為的因素並非只有家長，尚有直系親人、遠親及社區的影響。

8-1a　今日的家庭型態

今日，家庭的定義反映出美國文化過去五十年來的變遷。回想一下你的街坊鄰居，對於**家庭（family）**你可能會有些想法。現今的家長未必具有婚姻關係，可能是寄養家庭或領養家庭。祖父母、姑叔姨舅，或手足也都可能是家庭中兒童的主要照顧者。只要兩個人就可組成家庭。因此，同父異母／同母異父手足、繼手足、好友或同性戀者，都包含在家庭結構當中（Browne & Gordon, 2014）。

© iStockphoto.com/Manuela Krause

照顧孫子是許多祖父母的工作，而他們可能需要教師額外的協助。

事實**(T)** 或 迷思**(F)**

T (F) 家庭是由父親、母親以及孩子所組成。

家庭是由同住在一屋簷下且彼此關懷的人組合而成，不一定具有婚姻關係。

　　家長（**parents**）這個詞通常是指父親、母親或法定監護人。然而，現今的定義係指養育親生子女、寄養子女、領養子女或是親友子女的個體。

8-1b　美國家庭型態之多樣性

　　下列型態之家庭在育兒時需要校方與教師額外協助與支持：

✳ 有發展遲緩或殘疾兒童之家庭
✳ 單親家庭
✳ 領養或寄養家庭
✳ 家中大人皆在外工作之家庭
✳ 父母離異之家庭
✳ 有跨性別族群（男同性戀、女同性戀、雙性戀、變性、酷兒、雙性者；LGBTQI）孩子或家長的家庭
✳ 無家可歸之家庭
✳ 青少年家長之家庭
✳ 隔代教養家庭
✳ 非以英語為母語，但孩子在英語為主流之環境下學習成長之家庭
✳ 多元種族家庭
✳ 新手或高齡家長之家庭

　　這些家庭在養兒育女時，因無法利用一般大家庭的支持系統而面臨困境。教師必須對這些家庭的特殊需求保持高敏感度，並與其合作，提供額外的關懷與支持：

✳ 協助取得社區可用資源以滿足其需求。
✳ 協助他們與其他有類似環境背景的家庭接觸。
✳ 協助他們探索未來的學校環境。
✳ 協助他們認同隸屬於校園內的一環。

━━━ 專 業 素 養 ━━━

因應單親家長之需求

面臨工作、經濟問題，單親家長不僅要獨立撫養子女，還得奔波於孩子的照顧和費用。對於單親家長而言，要兼顧這些面向是很困難的。單親家庭通常較有可能生活貧困，且屬於少數族群的一環。

在美國，單親爸爸的人數已達到 260 萬，是 1960 年的九倍。而單親媽媽的數量則成長了四倍，達到 860 萬人（Livingston, 2013b）。

因此，幼教工作者應多關注單親育兒的問題。此意味著校方需重新檢核政策與態度，檢視是否忽略這些單親家長的需求，例如：

1. 在職的單親家長最有可能參與孩子的哪些課堂活動？
2. 即使家長不能到校參與，我該如何協助家長，使其有參與感？
3. 何種協助對於單親家長來說較為適當？
4. 我是如何看待單親家長的？對單親媽媽有何看法？單親爸爸呢？
5. 我要如何協助家庭與兒童處理沒有爸爸或媽媽的狀況？
6. 有什麼好方法可以協助兒童處理和離異家長一方見面時情緒上的過渡期？

這一類問題必須成為校務會議、教師在職訓練或親職團體會議討論的議題之一。

❊ 協助他們明白自己的特殊需求。

❊ 協助他們尋求協助與建議。

❊ 協助他們與其他願意幫忙翻譯、接送孩子、當臨時保母，或交朋友的家庭接觸。

8-1c 家庭文化之重要性

唯有在其家庭文化的背景中，我們才得以瞭解兒童的成長與發展過程，因此，每個兒童的價值觀與態度都應受到尊重並理解。這也就是為什麼建立穩固的家庭—學校合作關係是幼兒教育中的要素之一。

兒童在能反映與支持其家庭文化的環境中才能有最好的學習效果。家庭成員亦能感受到幼教環境是否真的達到融合，或是否真的支持且樂於接受多樣的家庭型態。

各種家庭文化特徵	
文化構面	**反思問題**
價值觀與信仰	該如何定義家庭？成人與兒童所扮演的角色為何？家庭成員如何瞭解孩子的行為困難？該文化如何使家庭意識到處理問題行為與輔導時，採用的方式是否適當？對家庭而言，最重要的是什麼？
歷史與社會影響	家庭的優點與所面臨的壓力為何？他們面臨哪些困境？
溝通	該家庭的主要語言為何？為達有效溝通，需要哪些協助？如何表達需求？又如何表達不悅、不滿或憂傷？
對尋求協助之態度	該家庭尋求協助的方式與對象為何？家庭成員是如何看待專家的？這些專家又是如何看待他們？

圖 8-1

J. Bradley, & P. Kibera (2007).Closing the gap: Culture and the promotion of inclusion in child care. In D. Koralik (Ed.), *Spotlight on young children and families.* Washington, DC: National Association for the Education of Young Children. (© Cengage Learning®)

　　與各種文化家庭的合作是否成功，建立於教師對自身傳統、經驗和態度的自知上。面對與自身不同的文化團體，教師所持有的任何歧視與偏見都應受到檢視並處理，如此才能與班上的兒童和家庭徹底合作。例如，對於時間安排、飲食、如廁、睡眠以及尊重的不同觀點，都可能成為雙方合作的隔閡與障礙。當在特定的文化情境之下，教師與家庭共同努力，找出彼此都能接受的解決方法，這些議題便能受到雙方的理解與尊重。

　　對於創造能支持家庭型態多樣性的環境，艾森巴德（Eisenbud, 2002）提出一些建議：

❋ 詢問家長，照顧者要怎麼稱呼孩子，並使用這個慣用名稱。

❋ 註冊表單中，除了「父親」與「母親」選項外，增加其他欄位選項供兒童的其他法定監護人填寫。

❋ 找出兒童對於其家庭概況的認知，並與其家人討論你能如何支持他們的立場。

❋ 如果家庭結構中缺少其中一個家長，找出該方是否參與兒童生活及其方式為何。

❋ 特別留意任何與兒童健康福利有關的藥物使用或成癮行為。

❋ 定期檢視課程、書籍與物理環境以確保課室能表現出各種家庭型態。

❋ 調整與兒童的對話方式，以反映出家庭型態，例如：「兩個媽媽、繼兄弟、寄養爸爸」等等。

　　仔細思考如何運用各種方法強化各種結構的家庭概念。

8-1d　雙語學習者之家庭

　　許多幼兒在學習母語時，也同時學習英語。這對於幼教老師是一大挑戰，因為他們必須和家庭合作，才能協助孩子以適性發展的方式將兩種語言學好。

　　在學習英語的同時也保有家庭語言對於兒童的自尊以及認知發展是一大支持，除了能夠強化家庭關係，也能促進社會互動（Nemeth, 2012）。為此，教師的專業發展與職務應涵蓋和雙語學習者及其家庭合作之有效策略。

8-1e　瞭解家長

　　家長的角色時時在變。每個家庭對於養兒育女都有其獨特的系統及模式。在你專注於家長和家庭的合作之際，下列兩點最值得探索。

教養模式

　　包姆林德（Baumrind, 1972）將家長分為三種類型：**民主型**（**authoritative**）、**專制型**（**authoritarian**），以及**放任型**（**permissive**）。

Ann Gordon

當父親們承擔家計時，通常會將孩子交給托育機構照顧。

❋ 最成功的方式為民主型家長，其子女態度較具自尊、自我信賴、獨立與好奇心。此類型家長對孩子的管教是提供溫暖與滿懷愛心的氣氛、明確訂定合理的規範，且對孩子抱持高度期望。民主型家長會一直增強規範，且依據年齡及經驗，允許孩子自己做出合適的決定。

多 元 觀 點

移民家庭

　　西元 2012 年，美國有將近 1,300 萬名來自移民家庭的兒童（KidsCount, 2014），且來自不同國籍與文化。

　　將近 50% 的移民人口來自拉丁美洲，41% 來自亞洲，而 8.5% 來自歐洲。其中最多的移民人口是來自墨西哥、中國、印度以及菲律賓（U.S. Bureau of Census, 2012）。所有的移民人口中，約 17% 是 16 歲以下的孩子（U.S. Department of Homeland Security, 2012）。

　　其中西班牙裔兒童人口成長比起其他族群更為快速，在西元 2020 年前，成長比率將到達學齡兒童的 25%。此外，亞裔移民亦為成長快速的族群（U.S. Census Bureau, 2012）。

　　將這些數據加入美國現有人口與種族中，所隱含的是挑戰幼教老師是否具備多元文化敏感度。文化常模及語言知識的學習，能協助教師在與非英語成長背景的兒童和家長溝通時更為順利。

　　溝通不良可能會是教師在教導多元文化兒童時所面臨之困境。當家庭的文化觀點與校方明顯不同時，教師可能很容易因為不同的語言或行為模式，誤解孩子的態度和能力。例如，在某些學前機構，通常鼓勵孩子們以名字稱呼老師。用如此不正式的頭銜方式稱呼師長，對某些家長而言可能會感到不自在。從另一觀點學習行為的意義將能拓展我們的世界觀。

　　在此環境之下，必須積極僱用且培訓專業的教育人員。而跨文化溝通則是幼教老師即將面臨的挑戰。

❋ 相較之下，專制型家長反映出高度掌控及嚴苛的要求，孩子必須無條件的遵守且缺乏親子溝通。換言之，專制型家長相當嚴厲；他們自訂規範，並要求孩子絕對遵守，缺乏溫暖與情感交流。他們透過貶低、威脅以及批評的方式控制孩子，甚至會訴諸暴力。

❋ 放任型家長展現出高度溫暖的情感與關愛，但放縱或缺乏控制管教。他們不會刻意訂定明確的規範與標準，更不會增加規範，甚至會讓孩子做出不符合年齡的決定。

專 業 準 則

瑞吉歐學校：親師合作關係典範

在義大利瑞吉歐小鎮中，各學校成功的親師合作計畫是最佳典範之一。在各級學校中，都可以發現家庭積極且頻繁地參與學校活動。這並不令人訝異，因為這些學校原本就是為了家長合作教育而建立，且部分理念持續展現出平等及廣泛的合作關係。瑞吉歐學校的創立者與指標性人物，馬拉古齊，他提到了教師、家長與兒童之間的平衡責任，並且認為此三者是「教育核心的三部曲」（Edwards, Gandini, & Forman, 1993）。

學校本位管理能促使家庭成員有意義地參與孩子的教育，因為學校裡所有的決策皆由教師與家長共同決定。沒有任何事物會將其中一方排除在外。舉例來說，課程計畫會依據家庭參與、興趣和貢獻而有不同的設計。

家長為校委會之核心，且在該區的校委會中亦是教育決策過程中不可或缺的部分。通常校方會定期舉行會議，提供家庭成員課程相關資訊，並討論孩子們目前正在從事哪些學習活動。每年皆會舉辦較小型的親師會，讓教師與家長討論其子女及課程；若需處理特定問題，則舉行個別親師懇談會。

此外，家庭成員亦有許多機會可積極參與學校活動。家庭成員、校方和鎮上居民為了孩子的教育，胼手胝足共同建造精緻的空間供兒童學習，並重新安排課程所需的住宿地點。透過教師與**教育專家（pedagogistas）**在會議中的引導，家長可學習到因應各種課程的教育技術，像是攝影或玩偶製作，進而應用在課堂裡。此教學模式以整個城鎮為背景，家庭參與各景點的校外教學，或以小組的形式到其他兒童家中進行訪問。規劃兒童活動且記錄歷程通常是家長的責任（請見第 10 章）。另外，校園裡也隨處可見兒童與家人的合照。這些都是瑞吉歐學校與家庭溝通良好之原因。

瑞吉歐學校與所服務的家庭之間建立的特殊關係便是適性發展教學實務的典範。家庭成員透過努力與幫助影響學校；反之，校方也會影響並改變家庭。雙方的努力都是促進兒童福祉的來源。

民主型家長的正面效應說明了明理優於權威、適當的限制更能引導自發性，且互諒互讓更能成功的教育孩子。

親職發展階段

就像兒童有各個不同的發展階段，家長的角色也會在育兒的過程中成長與改變。養育一個孩子的家長和養育三個孩子的家長所具備的知識與感覺是大相逕庭的，而高齡的新手父母與青少年父母亦不盡相同。因此，葛林斯基（Galinsky, 1987）定義出家長在自身與孩子成長之時，所經歷的六個階段。

最早的階段始於懷孕期，家長想像自己將成為何種類型的家長，也為生命中將增加一個寶貝孩子而做準備。在前兩年，依附為關鍵需求，家長開始將其對育兒的想像與實際經驗做連接。從學步兒階段到青少年期，家長建立他們的權威類型、制訂家規，並且將欲傳達的價值觀、知識與技能傳授給孩子。在青少年時期，家長與孩子彼此建立起新關係，並重新探討規則問題。而當孩子長大成人離家之時，角色的定義將重新詮釋，除了反映出家長對自己育兒成敗的評估，也表現出對親子關係的期望。因此，家長的角色隨著孩子成長而改變、調整。

家庭規模不同，家長可能同時要經歷許多階段。各個階段的界線會重新調整、親子關係不斷變動，而自主權的議題也逐漸受到重視；這些都有可能同時發生。根據不同年紀的孩子以及發展階段，每個家庭都有不同的需求、顧慮及經驗。此時，幼教專家的角色需要支持並瞭解家庭中會影響家長身分的各種力量。

8-2 建立有效的家庭－學校關係

在家庭－學校關係中採取**家庭中心取向法**（**family-centered approach**）能同時支持家庭與兒童的成長。當親師合作發揮效用，家長便能意識到自己的重要性，且稍微減少在育兒過程中所產生的孤立感與焦慮。

事實(T) 或 迷思(F)

Ⓣ F 在家庭－學校關係中，採用家庭中心取向法能同時支持家庭與兒童。

家庭中心取向法能夠釐清家庭的需求和興趣，並且支持其價值與文化發展。

8-2a　家庭貢獻

　　每個家庭對於孩子的生長發育、照顧方法、社會適應輔導，以及智力發展最為瞭解。他們知道孩子是家庭的一分子，也清楚孩子在整個家庭、大家庭與社會中所扮演的角色。更能夠提供教師與兒童發展過程的相關資訊，讓教師能從不同的角度去瞭解孩子。

　　家人也是孩子的老師。他們透過言談、生活經驗和言行舉止來教育孩子。透過更密切的家庭—學校關係，協助家人瞭解日常互動都是值得教育的機會。教師運用各種方式支持各個家庭：告知兒童發展之階段、展現如何鼓勵孩子的語言和思考技能發展，或是教導他們特定年齡層兒童有哪些社會需求。

8-2b　教師貢獻

　　教師為親師合作關係開啟另一扇窗。身為兒童發展專業人員，他們瞭解兒童各個重要階段的特徵與行為。他們注意到兒童在團體中與其他孩子遊戲的方式以及與成人的相處。當兒童家庭需要協助時，教師則成為有用的資源，與家長合作，協尋合適的心理醫師、聽覺及語言治療專業人員，必要時協助轉介至其他教育課程。

© 2016 Cengage Learning®

當家長與教師能夠共享其優點且為兒童帶來利益之時，方能稱為真正的親師合作。

8-2c　兒童的獲益

　　數十年來研究顯示，家長參與教育對兒童的成就有正面效應。家庭投入教育的能見度對低收入家庭或少數族群的孩子更為重要；他們的參與和存在能夠提升孩子的歸屬感與動機。當家長能督導其子女的進步，且在家實行學校交付之工作時，兒

童的獲益便會增加。圖 8-2 為學校鼓勵家庭參與子女校務或教育之方法。

8-3 增進家庭與學校之溝通

與家庭建立持續互動實際上是一件複雜又耗時的任務。有些互動是事先規劃好的；有些是即時的。無論如何，良好的溝通都是家庭—學校合作關係之核心，並且需要一段時日以達到真正的合作關係。

活動參與

家庭參與其子女教育之方式有許多。有些家庭成員可能想要直接與孩子互動，因此選擇成為課室中的義工；有些則希望在辦公室、校園或是廚房給予協助。有些家庭成員更希望能身體力行，因此選擇手工藝、文書處理、建造或粉刷等工作。而希望獲得更多參與感的家長，參與學校委員會或成為家長委員則是好選擇。

© Cengage Learning®

家長參與其子女的學校生活能夠增進孩子的歸屬感

促進學校與「家長友善夥伴」檢核表

☺ 為家長設想，妥善考量。

☺ 提供家長聚會場地。

☺ 設置家長公布欄。

☺ 頒發年度家長熱心參與獎。

☺ 建立家長諮詢委員會。

☺ 允許家長協助校方政策制訂與過程發展。

☺ 每週末或每晚公布預定行事曆。

☺ 家長會議時提供托兒服務。

☺ 建立圖書室或玩具室。

☺ 與家長保持電話聯繫，互相分享兒童生活中的點點滴滴。

☺ 為需要的家長提供交通車。

☺ 為需要的家長提供翻譯。

☺ 將適宜的文件副本寄給無監護權的家長。

☺ 調查家長感興趣及需要之議題。

☺ 發展衛生健康或社會支持服務的連結。

☺ 提供可用資源及參考資料。

☺ 定時出版校訊或教育相關刊物。

☺ 必要時同一資料需有多種語言的版本。

☺ 聘用對家庭與家長堅持承諾的教師。

☺ 提供教師親師合作資訊或在職訓練。

☺ 聘用尊重家長之社會、種族、宗教背景的教師。

☺ 聘用能回應家長與學生文化背景的教職員。

☺ 鼓勵親師之間定期舉辦懇談會。

☺ 提供各式家庭支持計畫。

☺ 提供家長從事義工服務之機會。

☺ 提供家長表達想法的機會。

☺ 鼓勵家長提出問題、到校參訪或是電話聯絡。

☺ 鼓勵家長主動瞭解課堂進行狀況。

☺ 鼓勵家長對做得不錯的活動多加回應。

☺ 鼓勵家長參與社會活動。

☺ 鼓勵教師進行家庭訪問。

圖 8-2

適 性 發 展 教 學 實 務

以鷹架理論協助家長參與

　　鷹架理論是一種適性發展技巧，藉由提供建議和協助促進學習，進而精熟技能。對於參與課程會感到不自在的家庭，利用鷹架理論與其經驗，也許能夠提供讓他們安心的感覺。從低程度到高程度的參與，教師（斜體字）透過鷹架理論支持家庭的參與（正體字）（改編自 Browne & Gordon, 2013）：

低 ------------------------------------ 中 ---------------------------------- 高

居領導地位
支持家長領導工作

每週參與課堂
準備、觀察、支援

製作班訊
共同發布班訊

在辦公室或圖書室協助
當家長在的時候進行探視

協助學校活動
寄感謝卡、協助家長

為班級蒐集或製作教材
舉辦「幫手」會議

參與親師會
仔細規劃會議，並且寄發後續注意事項

參與班級或學校活動
規劃歡迎會，並且寄送感謝卡

觀課或協助活動
邀請家長一起動手；提供家長可行的任務

在孩子到校或是放學回家前的接送時間觀察
隨時跟家長聊聊

8-3a　保持聯繫

　　下列為五種教師與家長聯繫的常用方式：

倫理議題

有效親師合作的教師態度

　　美國幼兒教育協會（NAEYC）之倫理守則指出親師間建立相互信任的關係，且與之合作是相當重要的。當我們與家庭合作建立共同的目標時，我們也應該建立其家庭成員關心且相互尊重的環境。

1. 以敬重對待所有家庭並尊重其差異。
2. 傾聽──並向家庭學習。多發問，而不是單方面下指導棋。
3. 理解並清楚彼此的期望。
4. 共同承擔責任，並共享兒童相關事宜之決策權。
5. 認識並清楚你自己的價值觀與信念。
6. 保持寬容、心胸開闊；試著使用不同的方式與態度，適時擴大自己的安心範疇。
7. 與家庭時常保持聯繫、訊息交流互通。
8. 教育家庭有關兒童各發展階段的需求。
9. 展現出對於家庭成員感受的理解，要有同理心。
10. 討論差異之時，找出共識與雙方都能同意的立場。

這些態度，都是實現 NAEYC 倫理守則的方法，並且示範該如何傾聽、發揮各個家庭的優點、向兒童的家庭學習，好讓每個家庭在養育孩子的任務中得以受到支持與協助。

班訊。 藉由週訊或月訊讓家長對孩子在校表現或特殊活動有所瞭解，同時也能提供一些訊息，像是新生兒的照顧、假期或其他兒童生活相關重要資訊。教師必須確保班訊是以家長使用之語言撰寫。

公布欄。 必須放置在家長放眼望去所及之處，公布欄可放上家長會通知、嘉賓演講、社區資源、托育訊息、保母資訊、衣物或家具交換，或是圖書館的說故事時間等資訊。健康課程、交通與玩具安全、疫苗接種等訊息也可公布。此外，也能公布與校內族群相關的文化議題。

家長園地。 有些學校甚至提供家長休息室，附有圖書室，存放育兒相關書籍。若校內無法騰出空間，可以在辦公室或大廳設置一個咖啡或飲料桌。

班訊之重要性	
原因	**班訊範例**
告知訊息	下週四我們將舉行第一次「大自然健走」活動，範圍是學校周遭及附近地區。請確保您的寶貝穿著靴子或防水鞋，以保持腳的乾燥。也歡迎您一同參加這次的活動。
學習的契機	「大自然健走」是自然課程的一部分。我們希望孩子能夠透過戶外探索，激發他們對自然的好奇心並且讓發現、探索更為有趣。透過知道樹皮或鳥巢的質地，這類親身體驗能夠幫助孩子建立知識基礎，讓他們更能瞭解周遭的自然環境。
將學習延續到家裡	您可能會想和全家人一起體驗這項活動。您可以從住家周遭環境開始，邊走邊觀察生長的植物。建議您帶一個袋子或是籃子，蒐集樹葉或其他自然材料。回家後孩子可以利用這些材料製作拼貼畫。在孩子探索時，您也可以問問孩子：「我想知道為什麼這些葉子這麼綠。」「你覺得如果下雪的話，這些花會變怎樣？」運用一些開放式問題能夠幫助孩子釐清他們的想法與學習。
保持溝通流暢	在上次親師會中，我們談論了幾個輔導原則的議題。我們將在下個月的班訊中刊登這些內容，因此希望您能夠參與完成其中一個主題：您是如何處理就寢問題（孩子可能會使用拖延戰術，像是要求您多說一個故事，或是喝杯水等）？哪一種對您最有效？若您有意願參與這次班訊的編輯，請告訴奧爾加老師或是里歐娜老師。

© Cengage Learning®

圖 8-3 班訊能夠增進家人理解兒童正在經歷的事項，並且將學校的學習延續至家中。

非正式接觸。 只要一通電話、一張字條、一封郵件或日常生活中簡短的幾句話，都能達到溝通的效果。

家庭訪問。 家訪之重點在於師生之間的關係，也是教師和兒童全家人相互瞭解認識的管道。教師能透過家訪，與兒童家庭建立愉悅、輕鬆的關係。

8-3b　親師會

親師會提供親師雙方共同關心孩子需求的管道，並且在最關心兒童的兩種成人之間建立了相互支持的關係，目的是為了幫助孩子充分發揮潛力。

　　舉行親師會有多項原因。第一次親師會內容著重在兒童發展、日常生活習慣、興趣，以及家長對孩子的觀點與期待。學期中，親師雙方則希望藉由評量瞭解孩子的進步，尤其是他們的長處及待改進的地方。只要當親師其中一方認為有需要討論的問題時，即可舉行親師會。在每次的親師會中，親師雙方都應建立共同目標以及期望。圖 8-4 列出良好

© Cengage Learning®

成功的親師會步驟

☺ 妥善準備與組織，且訂定明確的目標。以書面形式讓家長瞭解重點所在。事先與教職員商討，並蒐集兒童作品做為親師會材料。詢問家長意見以訂定親師會主題內涵與時間。

☺ 以溫馨的歡迎讓家長感到舒適自在，並感謝其參與。藉由分享孩子的優點或是課堂中的實例以緩和氣氛。告訴家長孩子在哪些方面表現得很好，無論是孩子自身的表現或是與其他孩子相處的情況。務必注意任何可能產生文化差異的話題。

☺ 詢問，而非告知。藉由開放性問題（「新的作息時間實施後，情況如何？」或是「可以再多告訴我一些細節嗎？」）。學習仔細傾聽家長所提供的資訊。

☺ 著眼於兒童。談話內容須著重於雙方關心的事情上，並且討論如何協助彼此，訂定共同目標。一起訂定計畫、討論後續事項並且保持聯繫。

☺ 親師會後寫簡短的紀錄報告。記下親師會所討論的重要議題或解決方案，並寫下檢視進展的日期。

☺ 成功的親師會來自於良好的程序和清楚的溝通。因此，安靜的場所、充分的時間及舒適的空間都能營造出開放且真誠的對話。

© Cengage Learning®

圖 8-4

的親師會之注意事項。

T F 親師會的主要目的是討論孩子的不當行為。

親師會所談論的主題涵蓋多樣，其中也包含了行為議題，但其主要目的為建立親師雙方之共同目標與期望。

腦科學說　我們應該告訴家長什麼

　　家人應該知道哪些兒童腦部發展有關的事情？多虧各種媒體提供了大量的腦部研究資訊，家長開始對「聽莫札特音樂，嬰兒會變聰明！」「動手玩玩具，玩出好腦力！」這類的標題感興趣。實際上，我們能藉由告訴家人一些簡單的知識，讓他們更瞭解應該知道的訊息。

　　首先，家庭應該知道父母／家人／照顧者在提供嬰幼兒腦部健康成長所需的刺激與照顧角色的重要性。家長是孩子第一個照顧者與老師，並且在教養過程中與孩子建立起安全依附的關係。嬰兒的感覺、思考、回應及動作，都與家人的一舉一動、反應和接觸有關，因此家人對於嬰兒的腦部發展與學習極為重要。當孩子哭泣，希望得到注意或協助時，家長需要快速回應他們，因為孩子由此建立對於照顧者、自身以及這個世界的信任。接觸是相當重要的。當孩子被抱著、摟著時，他們會更有安全感。

　　過多的壓力會增加腦部的皮質醇，而到某一程度便會破壞或是減少腦部細胞。因此，鼓勵家人盡可能減少或消除孩子生活中的壓力。這通常也意味著家人必須意識到他們的壓力情境。

　　第二，家人應該知道環境的重要性。先天與教養並非獨立運作，而是在大腦建構時相互配合產生作用。基因與環境共同影響學習。腦部根據兒童的活動與經驗，持續不斷的運作、成長、產生新的連結。

　　因此，應鼓勵家人提供豐富的學習環境，並且提供包含五感訓練的實作

8-3c　隱私權與保密原則

家庭對於學校事務的參與度愈高，建立指導原則以保護參與家庭的隱私權便愈重要。所有參與公務、課務或戶外教學等任何活動的家庭義工們，都必須明確瞭解，不能將任何有關兒童、教師、行政或其他家庭的相關事宜帶出校園漫談。校方對於隱私權的保障必須有明確的要求，並且與參與的家庭成員溝通。在諮詢委員會、計畫委員會工作或其他與校務工作相關之家庭成員，都應對隱私保密持有高敏感度，並且尊重所有家庭的隱私權。

活動。日常活動應提供適時的挑戰以供腦部發展。當一個家長問到：「我們應該怎麼辦，才會有更多的空間放置你的新拼圖呢？」這會幫助孩子思考、解決問題並且傾聽他人的建議。兒童喜歡重複同樣的事（想一想，你讀過幾次《月亮晚安》或唱過幾次「小小蜘蛛」？）。大腦也喜歡重複的事情，因為這會製造更多學習的神經通路。語言也能協助大腦產生新的連結，所以家長應該常對年幼的孩子說話、唱歌、編唱一些好笑的歌曲、朗誦詩歌、聊天或是玩語言遊戲。各種類型的音樂也都是刺激腦部發展的好工具。藝術活動則能促進腦部對於認知、記憶及情緒的處理。所有體能活動皆能刺激腦部成長並且對抗肥胖。

家人是生活中的良師益友。因此他們必須知道他們正確地做了哪些幫助兒童腦部活動的事情，也應該對於自己能夠為孩子的腦部成長帶來適當的刺激而感到自信驕傲。昂貴的玩具和 CD 並不是最好的教具，家長才是。

思考問題

1. 對於增進兒童腦力的說法，你怎麼看？在讀完本文之後，你認為哪些是合理的？
2. 你會如何鼓勵家人，協助其孩子的腦部發展？

本章摘要

8.1 家庭一學校合作關係隨著教師瞭解今日家庭結構而更有成效。現今，家長與家人的定義泛指所有照顧及養育幼兒的人。家庭結構的多元化需要教師調整其態度與課程，以因應各種家庭結構的需求，例如：單親家庭、收養或寄養家庭、無家可歸之家庭、父母離異之家庭、家中大人皆在外工作之家庭、同性戀婚姻、青少年家長之家庭、隔代教養家庭、多元種族家庭、非以英語為母語之家庭。瞭解並尊重每個家庭的文化是十分重要的，對於親師關係的建立極有幫助，亦是瞭解親職角色階段和育兒實務的重要方法。

8.2 家庭一學校關係在雙方瞭解自身在兒童的生活中所扮演的角色以及獨特貢獻之時，方能發揮最大效用。家庭能提供每個孩子的成長背景以及詳細資訊，而教師則根據多年的教學經驗提供建議與看法。任何對兒童成就有正面效應的內容都應詳細記錄。

8.3 家庭與學校之間的溝通，因家庭成員主動積極參與學校事務而增進效果。透過電話、電子郵件、班訊或布告欄保持聯繫，這些都是協助教師，使親師之間有效溝通的方式。親師會則提供機會，讓親師雙方建立對孩子的共同目標、解決衝突以及共同解決問題。

網路資源

National Coalition for Parent Involvement in Education　**http://www.ncpie.org**

Zero to Three　**http://www.zerotothree.org**

The Fred Rogers Company　**http://www.fredrogers.org**

參考書目

Baumrind, D. (1972). Socialization and instrumental competence in young children. In W. W. Hartrup (Ed.), *The young child: Review of research* (Vol. 2). Washington, DC: National Association for the Education of Young Children.

Browne, K. W., & Gordon, A. M. (2013). *Early childhood field experience: Learning to teach well.* Upper Saddle River, NJ: Pearson Education.

Eisenbud, L. (2002, March). Working with nontraditional families. *Child Care Information Exchange,* pp. 16–20.

Galinsky, E. (1987). *Between generations.* Reading, MA: Addison-Wesley.

Hyun, E. (1998). *Making sense of developmentally and culturally appropriate practice (DCAP) in early childhood education.* New York: Peter Lang.

KIDSCOUNT data center (2014). *Children in immigrant families.* Annie B. Casey Foundation.

Livingston, G. (Sept. 4, 2013a). *At grandmother's house we stay.* Pew Research Center. Retrieved February 13, 2014 at **www.pewresearch.org**

Livingston, G. (July 2, 2013b). *The rise of single fathers.* Pew Research Center. Retrieved February 13, 2014. At **www.pewresearch.org**

Nemeth, K. (2012). *Basics of supporting dual language learners: An introduction for educators of children from birth through age 8.* Washington, DC: National Association for the Education of Young Children.

U.S. Bureau of the Census (2012). *Populations estimates and projections (2012).* Washington, DC: U.S. Government Printing Office. Retrieved February 14, 2014.

U.S. Department of Homeland Security. *Yearbook of immigration statistics: 2011.* Washington, DC: U.S. Department of Homeland Security Statistics, 2012. Retrieved February 14, 2014.

9 創造環境

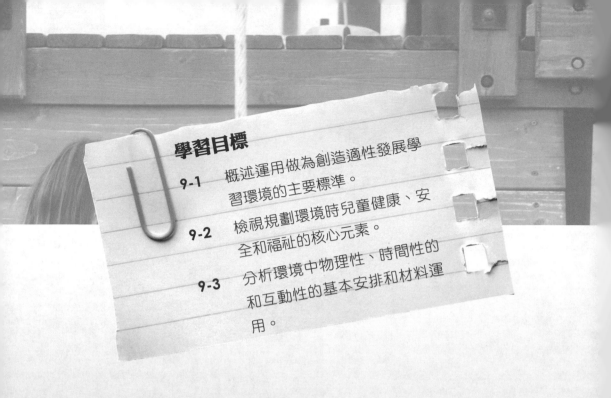

9-1　概述運用做為創造適性發展學習環境的主要標準。

9-2　檢視規劃環境時兒童健康、安全和福祉的核心元素。

9-3　分析環境中物理性、時間性和互動性的基本安排和材料運用。

美國幼兒教育協會幼教專業準則

本章涵蓋之美國幼兒教育協會幼教專業準則：

標準 1：促進兒童發展與學習

標準 4：運用促進兒童發展的有效教學法和兒童與家庭建立關係

標準 5：運用知識內涵建立有意義的課程

事實(T) 或 迷思(F)

T F 機構的物理設備就是幼兒教保育所定義的環境。

T F 健康和安全對於幼兒教育環境而言是相對容易準備的。

T F 日常作息定義了課程方案的結構。

9-1 ✿ 創造環境

環境（environment）是幼兒於童年時度過歡樂、喜悅、困難與成長事件的地方。因此，環境對兒童而言，包括了所有可能影響他們周遭背景的人、事、物。它是兒童與成人在身體及心靈層面上，一起工作與遊戲的空間。

事實(T) 或 迷思(F)

T **F** 機構的物理設備就是幼兒教保育所定義的環境。

物理環境是只是環境的一個面向。環境還有其他面向，包括教師所安排的物品、作息的規劃和互動的氣氛等。環境是一個全面的圖像，從交通動線到每日作息；從一張桌子配幾張椅子，到天竺鼠籠擺放的位置等，都是環境議題。

9-1a　定義

環境是為達到目的之中介因子。教師在做選擇時，需要考量到物理環境（physical setting）——設備和材料、區隔的安排、遊樂場和空間的運用，以及**時序（temporal）**環境——轉銜空間、例行作息（routines）時間、活動時間，和人際（interpersonal）環境——教師的人數及類別、兒童的年齡和人數、彼此互動的型態。以上三者結合將助於達到課程方案目標。教師按照下列方式計劃出一個方案目標，並使其反映在環境情境中。

1. 室內空間以及戶外遊戲場的所有教材與設備，都要讓幼兒能輕易的使用與探索。
2. 安排作息表，提供每段時間的教學內容，以及要在何時、以什麼方式教。
3. 教師們、家庭成員、幼兒園的工作人員與幼兒間的關係及互動，是溫暖、有意義的。

每一個環境都是獨一無二的，沒有哪一個環境是理想的設計範本，能適用於所有的幼兒。成人們所創造的環境對於幼兒行為具有強大的影響力，幼兒遊戲深受環境及材料的影響。社會互動、獨立自主或幻想遊戲，都會因為室內外環境的設計及使用，因而被培養或抑制。環境也被稱作「課程的教科書」（Heroman et al., 2010），並且被當作幼兒的「第三位教師」（第一為家

長，第二為教師）。無論環境是位於教會改建的地下室、小學教室或專門為幼兒建造的空間裡，都對他們的人生產生重大的影響。

9-1b　全方位的考量

雖然在為幼兒規劃環境時可以有無限的變化，但仍有一些共同因素必須被考慮進去。所有幼兒教保環境皆有共同的基本環境要素和目標——滿足幼兒的需求，不管實際上機構在團體的大小、幼兒的年齡、托收日期長短、機構的焦點和教職員工的人數有很大的差異性

以規模因素為例，當園所的規模太大，生活常規、秩序需要多加注意，戶外空間也少有變動，導致幼兒熱烈參與度下降，且較易出現徘徊的情形。圖 9-1 提供團體規模與**師生比**（**staff-to-child ratio**）的標準建議。

團體規模與師生比

師生比與團體規模建議 *	團體的規模										
年齡層	6	8	10	12	14	16	18	20	22	24	28
嬰兒（出生到 12 個月）	1:3	1:4									
學步兒（12 到 24 個月）	1:3	1:4	1:5	1:4							
2 歲（24 到 30 個月）		1:4	1:5	1:6							
2 歲半（30 到 36 個月）			1:5	1:6	1:7						
3 歲					1:7	1:8	1:9	1:10			
4 歲						1:8	1:9	1:10			
5 歲						1:8	1:9	1:10			
6 到 8 歲								1:10	1:11	1:12	
9 到 12 歲										1:12	1:14

* 小規模團體和低師生比被視為是高品質指標的最重要影響，例如：工作人員與幼兒的正向互動和適切發展的課程設計。

圖 9-1　成人與幼兒比例的兩個環境面向影響幼兒的教育經驗的品質（NAEYC, 2005）。

物理設備

在設計幼兒環境之前，幼兒園教師必須分析物理（硬體）設備。美麗的建築物會吸引幼兒進入，顏色豐富和光線充足的地方都令幼兒樂於置身遊玩。許多空間設計會先設定為其他用途的共用空間，如家庭住宅、教堂地下室或者空的小學教室。選定空間的大小與形狀，將會影響如何規劃出一個安全且適合的環境。

資源

在進行環境規劃時，教師必須先清楚有哪些可用的資源。

✽ 首先是財務資金。教師的薪資津貼、設備材料和其他相關服務（維修、辦公事務和交通服務）都應事先提供。知道預算的額度範圍，能讓教師設計出更完美的環境。

2 到 5 歲幼兒的身材可以運用與注意到 3 英呎的高度。
爬行的嬰兒與學步兒，活動空間主要是地板。
學齡兒童能夠學習運用 5 英呎高度空間，差不多就是他們自己的身高高度。

© Cengage Learning®

重新調整空間，教師從成人觀點，轉換成幼兒的觀點。在環境中以幼兒的觀點低下身來看，幼兒的空間的測量是從地板和遊戲場開始。

✳ 第二為社區資源。一個優良的環境不一定需要許多昂貴的材料設備或建築，有些材料設備是可以經由自行製作、借用或購買二手貨來取得。在教會學校的年度清倉拍賣可以買到衣物、書籍、玩具和設備，家庭可以提供電腦或印表紙、碎木塊或一些文書用品做為話劇表演的道具。社區資源，像是公立圖書館中的說書人或長青團體，可以增加幼兒的生活經驗。許多學校和團體藉由有效的募款籌得更多有利資源。

✳ 第三為人力資源。具有能力與經驗的成人在與幼兒相處時，他們盡力完成大家對他們的期待。第一年工作的新任教師，最好先學會善用教室內的資源；反之，資深老師應將專業能力運用在其他方面，例如熟悉家長、評估課程資源等。教師本身就是是環境中最重要的部分；他們和幼兒對話、微笑、疼愛、提供資訊，以及將每一個幼兒視為特別的個體。他們是創造空間、時間和氛圍的人，藉以引起幼兒的好奇心和積極參與。就像我們想幫助幼兒從目前手上的工作發展出能力，我們必須將環境中的每一個人都視為資源。

課程目標

課程必須確實與物理空間配合，因為在進行環境規劃時，都會具體納入課程方案中的教學目標和具體目標。

幼兒教育方案的目標廣泛而多樣，因為幼兒的童年背景涵蓋了許多年齡和經驗。設計環境的三個基礎目標如下（Harms et al., 2004）：

✳ 設計溫暖且易於互動的環境來避免行為問題
✳ 設置可以掌控的環境以鼓勵獨立自主
✳ 創造充滿刺激的空間以利積極學習

當幼兒進入教室時，環境應傳遞給他們如何在此生活及工作的訊息（圖9-2），幼兒必須清楚地接收到他們在這裡應該做及不該做的訊息，環境內的線索也同樣提供這樣的訊息：

✳ 哪裡是他們可以自由活動的區域，哪裡不能去
✳ 他們會如何被對待
✳ 誰會和他們在一起
✳ 什麼材料和設備是他們可使用的

呼應教育目標的環境

兒童需要……	環境應該是……
被視為具獨特優勢與發展目標的個體來對待	☺ 確認師生比可以支持一對一的互動，因此在目標的設定下，都可以被觀察到 ☺ 不但提供公共空間也提供隱私空間，幼兒可以有團體活動的經驗和個別遊戲的機會 ☺ 確認兒童能夠順利親近教師與使用材料，以符應群體發展階段 ☺ 提供動與靜平衡的活動
看見自己與家庭文化正面呈現於環境中；以有意義的方式大量接觸文化多元性	☺ 包含反映許多文化和生命經驗的圖片、書、娃娃、扮演角的素材、活動和族群等 ☺ 教師理解和尊重兒童的家庭文化和家庭實況 ☺ 提供不同文化習俗、活動和慶典展演的機會
有機會做決定和參與活動的獨立學習	☺ 安排鼓勵自由探索，而且很清楚有哪些活動 ☺ 提供幼兒各式各樣可以探索、操作、學習的活動學習區 ☺ 允許大積木操作時間讓幼兒自由萌發遊戲，因此他們可以有更多種的選擇 ☺ 提供足夠的已受訓教師，以支持兒童的自我探究
學習成為團體的一部分	☺ 團體遊戲時，將椅子圍繞桌邊擺設，方便親近彼此 ☺ 作息時間安排小組與團體時間，兒童被鼓勵參與投入 ☺ 將受訓過的員工適切的納入團體活動中
逐漸對環境有責任意識，而且會愛護設備和材料	☺ 日常作息都有安排清潔收拾的時段 ☺ 師生合作一起恢復整潔秩序 ☺ 給予時間教導幼兒學會正確使用教材，而且知道如何進行一般性的維護與照料
瞭解學校環境中被限制的行為	☺ 確認教師和日常作息都提示行為的重要規範 ☺ 確保教師處理行為問題時，能以公平與一致性的方式進行 ☺ 允許足夠長的轉銜時間，讓幼兒可以沒有壓力地從一個活動轉換到另一個活動 ☺ 避免因為家具位置的安排，而讓幼兒可以任意奔跑和因為家具擺放而形成死角
和引導與促進他們遊戲、鼓勵學習的成人為伴	☺ 在幼兒到達前就要設置好環境，教師才有空去迎接幼兒 ☺ 透過小組活動和作息安排，鼓勵教師與幼兒可以有深度的互動

圖 9-2

❋ 他們可以玩多久

❋ 他們在哪裡是安全的

❋ 他們被期待的行為是什麼

　　例如，出去戶外的時間一到，門就是敞開的。如果幼兒必須要遠離一個設備，該設備會貼上標線或旗幟，且有教師在旁邊解說。當他們每天都受到歡迎，幼兒知道他們是重要的；當教師告訴他們完成任務的期限，或在遊戲時間快要結束時，他們也明白時間的寶貴。教師對於環境因素的瞭解，及這些因素如何彼此互相有關聯，是決定此計畫是否有品質的指標。

9-1c　適性發展學習環境

　　我們都會被環境影響，幼兒更是如此。雖然有些幼兒特別容易受刺激（聲音、光線、吵雜聲），但所有幼兒的行為都會受到眼前事物影響。因此，我們必須注意幼兒停留在此時，環境中有什麼及發生什麼事情，高品質的課程有賴教師與幼兒良好的互動運作（Copple, 2010）。

基本要素

　　以下是適性發展學習環境的十六項基本要素：

1. 創造出一個高活動力、低壓力和適合腦力發展的環境。當幼兒投入學習經驗時，腦內會發生正向改變，而大腦處於威脅氛圍中，會產生壓力荷爾蒙的皮質醇，並且降低防禦的狀態。托育機構提供與聚焦小組活動型態，讓個體沒有表現或等待過久的壓力，進而提升學習（圖 9-5 到圖 9-7）。

2. 創造一個文化回應的環境。首先且最重要的是，環境反映出教室裡幼兒的文化背景。當他們處於沒有家庭氛圍感的空間時，或教師看起來不喜歡孩子，運用人際和時間環境以補足他們的家庭文化是相當關鍵的（圖 9-2）。

3. 確定幼兒使用足夠的玩具和材料。確定供應物品是設置在幼兒可以自行取得的地方。用具依幼兒高度設置在較低的開放空間，讓孩子拿取物品時不需依賴成人的協助。Greenman（2004）表示：「適性發展學習環境是為每位獨立個體的小孩所設計，它既可以混亂、吵雜，也可以是安靜的、個別的與社交性的，活躍的和靜態的」；「它被設計成可以混雜許多元素

簡單／複雜

「遊戲設備可以其功能區別；例如，幫助注意力集中……單一物件僅有一種操作面向；兩種不同材料即可組成一組複雜的物件；三種不同材質合在一起就變成一個超優遊戲組。」

☺ **簡單**：盪鞦韆、攀爬架、沒有玩具的砂堆

☺ **複雜**：只有廚房組的扮演角

☺ **超優**：有滑梯和盪繩的攀爬架，扮演角有廚房組、衣物區、娃娃和／或黏土；沙區有其他設施／或水源

增加物件促進其複雜性。

提供餅乾模型讓簡單的黏土遊戲變得複雜；增加牙籤或是壓泥器，更形成超級組合。

開放／封閉

☺ **開放**（多種使用方式）：沙和水、扮演、拼貼材料、畫畫

☺ **封閉**（單一操作方式）：拼圖、各類紙上遊戲、大部分的蒙特梭利教具

☺ **介於中間**：玩具，例如 Legos® 樂高積木、TinkerToys® 木棒積木組、積木、球

柔軟／堅硬

☺ **柔軟**：地毯、枕頭、黏土、手指畫、草地、沙、盪鞦韆

☺ **堅硬**：地板、木製家具、柏油、水泥

高活動量／低活動量

☺ **高活動量**（整個身體的位置與活動）：戶外、攀爬架、腳踏車小徑、墊上體操

☺ **低活動量**（維持坐姿的位置與活動）：拼圖和遊戲、故事和團體時間、午睡時間

☺ **中活動量**：扮演活動、積木角、木工

干擾／隱密

☺ **干擾**（兒童可輕易出入的地方）：日常事務、桌上遊戲，甚至整個機構都是高度干擾的環境

☺ **隱密**（兒童獨處或僅容兩人的地方）：小房間、城堡、桌底下的秘密基地

圖 9-3　學前教育環境的主要面向。

改編自 Prescott, 1994。

——各類零散的材料——而這些原始材料提供雙手操作與大腦探究。」（圖 9-8 和圖 9-9）。

4. 給孩子選擇的機會。藉著選擇遊玩的地點，讓孩子練習自我導向（self-direction），讓孩子能自己決定玩伴和選擇想親近建立關係的老師（圖 9-11）。

5. 考慮幼兒的發展階段。需具備對發展階段的知覺，瞭解班上孩子應有的能力，分析他們發展階段的位置及預知下一階段。3 歲的幼兒剛學拉起外套的拉鍊，他仍然需要成人蹲下到他的高度，來幫他抓著拉鍊頭，試著將拉鍊往上拉。

6. 引導幼兒標記自己空間的方法。在合適的地方貼上他們的名字、照片或家人相關照片，讓小孩可以知道自己的外套、美術作品和其他物品要放在哪裡。

7. 賦予幼兒保護設備和材料的責任。在作息表內排入整理收拾時間，並讓孩子有充分的時間，可以一起將教室和戶外復原。在櫥櫃面貼上應放物品的圖案標誌，這樣孩子可以很迅速的將物品歸回原位。

8. 讓孩子參與設計與布置環境的過程。讓孩子幫忙決定自己應該學什麼，根據幼兒帶到教室的物品來設立一些學習區和主題。例如，傅寧養的天竺鼠生小天竺鼠了，所以譚雅老師和他媽媽合作，將天竺鼠家族帶到學校來給大家看；之後還發一張家庭通知單，詢問是否還有其他寵物要帶來給大家看。他們去寵物店校外教學，還把戲劇扮演角布置成寵物店和動物醫院。

9. 提供幼兒充分的時間。重複進行一個活動是讓幼兒學習的一種方法。作息表中安排充裕的大積木時間（尤其是例行作息），讓孩子可以在不匆忙的步調中學習。

10. 盡可能讓幼兒在沒有成人介入下解決自己的問題。蒙特梭利教學堅信兒童有運作的驅力，鼓勵兒童去發現屬於自己成功或不成功的方法。

11. 接納兒童的努力。成人需支持幼兒追求獨立自主的意願，並準備好接受幼兒把鞋子「穿錯腳」。

12. 讓幼兒知道你的期待。讓幼兒知道他們被期待去做什麼，提示幼兒解決方法歷程的線索。老師告訴正等著大人幫他穿衣服的雷蒙說：「如果你先穿好內褲，穿短褲會更容易。」「很好，後面穿好了，現在可以穿前面了。」藉由指出雷蒙的成功，老師傳達出對他有能力完成任務的信心。

13. 確定所有教職員的期待一致。教學團隊應替每一個孩子設立普遍的共同目標。如果一個教師告訴他們要自行拿睡袋準備午睡，但另一個教師卻幫他們拿了，幼兒會感到困惑。

14. 營造不怕犯錯的安全環境。我們都在經驗中學習。要讓孩子知道他們做錯是不可避免且可以被接受的，並協助他們處理自己的行為後果。紀蘿把果汁翻倒了，所以蒂娜指向水桶裡的海綿和拖把，並幫忙紀蘿把桌子擦乾淨。藉著讚揚她的打掃能力來強化她的努力。很快地，其他吃點心的小朋友也拿衛生紙和海綿來幫忙。

15. 完成時給予回饋。當孩子成功時要有所反應。讓幼兒因為自己的成就而得到一些回饋。

16. 讓幼兒互相教導。鼓勵孩子將自己的技巧分享給同儕。那些會自己綁鞋帶的孩子很樂意幫朋友解開或繫上蝴蝶結。鼓勵幼兒分享使用的母語，幫助每個幼兒理解與溝通。

　　一個設計良好的環境，開啟幼兒對生活的探索，使他們獲得無限的自我肯定。

核心價值

　　環境中須融入價值，以確保課程規劃能有效地達成目標。在任何一個優良幼教方案的核心價值，都認為幼兒是獨特的、應受尊重的，且是家庭重要成員。這樣的環境鼓勵兒童學習容忍與接受世界多元性。

　　每個孩子都有權利去實現他們的最佳潛能並發展出正向的自尊（self-esteem）。每個家庭都扮演著一個無法取代的支持角色。一位幼兒教師的義務之一，就是要幫助幼兒學習去尊重每個人的獨特性，就像每個人有相似處，也有差異點。學前教育的三個核心價值是反偏見、自理和融合。本章節中所有圓體小標呈現這些價值。

反偏見環境　反偏見（anti-bias）課程，鼓勵幼兒與成人：

❈ 找出組成個體或團體之間的異同處。

❈ 對於傷害他們自己和同儕的偏見，能發展出識別及對抗的技巧（Derman-Sparks & Olsen Edwards, 2010）。

　　因為文化是人類進行類似活動的各種行為，物理環境是人類用來進行每日生活基本任務的地方。以**反偏見（anti-bias）**的態度創造環境，可在艾瑞克森、皮亞傑、維高斯基、馬斯洛（請見第 4 章）的理論中發現根源。早在幼兒 2 到 3 歲時，就開始察覺並建構出分類的方法；教育環境必須發展幼兒對信任與運作的基本感知，幼兒在認識自我後才能對他人具有寬容及同情心。反偏見環境的三個來源是：幼兒和他們的活動、教師對發展需求和學習型態的察覺，以及社會性事務。

　　反偏見的取向讓教室更為宏觀，幼兒與成人一起相處宛如「社會縮影」。社會的刻板印象會影響幼兒的發展，所以教師試著去消弭這些偏見結構。一個幼兒園教師給幼兒看標題為「美國新娘」的雜誌圖片。照片裡的女

多 元 觀 點

為什麼要有多元觀點？

　　為什麼要強調我們是多麼的不同，如果創造一個環境，讓每一個人都做同樣的事情，也彼此友好，不是比較令人感到舒服嗎？

　　文化議題和反偏見環境，透過與家庭文化的一致性，幫助教師與幼兒及其家庭在中心一起運作。這樣的環境提供歧視與偏見的議題，成為幫助兒童發展以下的概念的取徑：

☺ **正向的自我概念（self-concept）**。好奇心與創造力因環境而生，當傑摩說他的頭髮和娃娃的一樣毛茸茸時，他的笑容表達出他很開心。

☺ **察覺**。人類對自己和他人都有興趣和感情。優子看到她的同學茱莉跑過去抱緊爸爸，但她察覺到自己喜歡較為含蓄的打招呼方式。

☺ **尊重多樣性**。起源於能分辨並接受相異與相似的事物。孩子在幫班誌製作自己的畫像時，選了不同顏色的紙，但每個人都使用相同的色筆。

☺ **溝通與解決問題的技巧**。學習如何表達想法與感覺，也能找到和平解決衝突的方法。吉姆和拉尼爾想要告訴伊班，他不能玩；但是他們發現告訴他「你太小了！」並不是個好理由，所以他們必須讓他一起玩，或是營造一個讓他們能獨處的氛圍。

性全是白人，老師問：「你們認為這些照片如何？」莎芮塔回答：「那是一張好笑的照片，我媽也當過新娘，但她是菲律賓人。」

自理環境　在幼兒教育中，自理的環境有利幼兒發展獨立行為且廣為應用。自我概念建立於一個人對自我的認識，包含了能滿足自我需求。能自我照料、讓自己勝任學習、解決問題，都和自尊（self-esteem）的感覺有關。自尊就是對自我的評價，喜歡與不喜歡自己是誰。教學中最重要的就是協助幼兒達成正向的自我概念及自尊。形成堅定的自尊是一個終生持續的歷程，源起於幼兒時期。

　　一個**自理**（self-help）環境的基礎目標即在發展幼兒本身的技能，培養幼兒運用基本能力以促進自我照顧、自我學習、自我情緒控制、自我解決問題和自我選擇等責任感。自理環境可從歐裔美國人身上找到一些根源，因為他們相信**自主**（autonomy）與獨立是重要的。

　　在規劃自理環境時，教師要考慮穿衣、吃飯、如廁，以及休息等基本的自我照顧技能。也需要一些讓學習更加緊湊的設備，例如，標示明確的矮櫃，這樣玩具能更容易陳列且更吸引幼兒。點心時間時，幼兒學習如何管理自己的物品，而老師坐在旁協助引導。

融合環境　融合教育強調身心障礙兒與一般幼兒在同一個教室活動的方式。眾所周知的**完全融合**（full inclusion）呈現美國立法規定特殊需求的學齡前幼兒應被安置於**最少限制**（least restrictive）的環境，如同一般幼兒一樣需要安全、保障、可預測的適當環境與設施，以提供他們順利發展（Allen & Cowdery, 2015）。

　　當身心障礙幼兒與同齡幼兒在發展上有不同的需求時，環境就必須**適應性調節**（accommodations）或改變，例如，加入一些新的物件或改變物品的使用方式。肢體障礙的兒童比起聽力障礙、語言障礙或視力障礙的幼兒需要不同的調整。教具的改變與教學流程的調整成為必然，或許個別化活動最佳。家長是提供幼兒資訊的最好來源，此外也可以借助專家和其他資源。

　　牢記三個有效的核心關鍵：評估、可用、最佳化學習。圖 9-4 是一個創造融合環境的簡易檢核表。

融合課室檢核表		
	挑戰	**環境便利性**	**透過環境學習**
身體	☺ 如何為有移動困難或是過於好動者提供協助或是調整 ☺ 諮詢物理治療師和／或職能治療師	☺ 寬闊的門廊 ☺ 無障礙坡道、階梯有扶手 ☺ 門和抽屜有手把 ☺ 椅子有手把或是凹形椅	☺ 多樣的坡面和高度 ☺ 大肌肉活動的空間 ☺ 安靜和舒適的空間
視覺	☺ 如何協助弱視或視盲者 ☺ 諮詢定向與肢動專家	☺ 邊緣有對比色，當表面有改變時，會以顏色呈現 ☺ 避免強光和雜波 ☺ 使用投射燈	☺ 展示都在眼睛的範圍 ☺ 隨時可見大型字體的材料 ☺ 作息表圖文並茂 ☺ 安排幼兒坐靠近活動的中心位置
聽覺	☺ 如何協助聽覺缺陷，如耳聾、聽力受損或聽力辨識差的人 ☺ 諮詢家長手語事項	☺ 消除背景噪音 ☺ 使用非聽覺的訊號	☺ 以視覺搭配聽力訊息 ☺ 安排兒童可以看見彼此臉部的坐位 ☺ 納入手語
社會	☺ 如何調整社會環境中的衝動行為、注意力缺陷 ☺ 諮詢心理學家或行為學家 ☺ 可能需要有創新運作團隊	☺ 提供可預知的行程規劃 ☺ 提供課程內可接受的活動範圍	☺ 注意正向自尊的經驗 ☺ 檢核材料和玩具需包含各式各樣的人群 ☺ 提供幼兒二人一組的時間，彼此能互補能力

圖 9-4 當設計融合環境時，必須隨時謹記環境需要注意安全，邀請每個人都一起參與、學習和溝通。

改編自 Haugen, 1997。

9-2 規劃的主要因素

許多人在幼兒教育的環境裡工作及生活。

主管、行政人員、工友、廚師、送餐者、交通車司機和家庭，其工作任

務都對環境都有特別面向。但是教師和幼兒是最常使用這個環境的人。環境中的安全、健康與福祉是一個學習環境的必要條件。

❊ 使用這些空間的**幼兒**是誰，他們有何需求？透過聚焦環境，達到基本的需求和教育目標。

❊ **教師**的需求是什麼，有被看見嗎？工作環境的品質是課程成效的重要指標。

❊ 如何營造歡迎**家人**參與的環境？設置一個成人可以自由停留、討論或閱讀的舒適地點。參與課程者需要一個可以放置個人物品的地方。

❊ 學校環境的**近便性**為何？所有來到這裡的成人都能找到安全便利的停車位。他們必須知道在緊急時如何聯繫教師和孩子，包括在放學後聯絡學校當局，家長和家庭間通訊的溝通管道。

事實(T) 或 迷思(F)

T Ⓕ 健康和安全對於幼兒教育環境而言是相對容易準備的。

健康和安全議題是多樣且複雜的。教師必須受過適當的訓練，機構也需要隨時準備好容易取得的材料。

維護幼兒健康

無論幼兒的人數及停留時間，最重要的就是維持他們的健康與安全。健康、安全與營養是密不可分的，因為它們彼此之間的品質相互牽連（Marotz, 2015）。因此，必須制訂對幼兒教保單位的一些法令政策，隨時保護、服務和教育幼兒的健康與安全。政府規章和專業建議雖有所差異，但他們都建立一些準則，以確保安全與健康的實施。

公共衛生

當一群人生活在同一屋簷下，為了預防疾病的傳播，適當的公共衛生條件是必要的。在幼兒園裡，必須提供成人和幼兒足夠的洗手檯和馬桶等衛生設備，地方衛生局或其他機關也會有所規定。

教師必須實行每日的疾病預防與健康照顧工作。包含洗手（預防細菌散播的最佳方法）、和一些眾所皆知的、標準的預防措施。透過溫柔的提醒和

角色模仿，教師讓幼兒養成在重要時間，例如餐前洗手的好習慣。所有機構都要配備幾副橡膠手套與塑膠袋，處理血漬或排泄物髒汙物。沒有傷口的皮膚是隔絕病菌的天然保護，而且也不可能隨時戴著手套。因此，如廁後立即洗手是必要的。所有飲食區、換尿布區與廁所，在清除看得到的髒汙之後，皆必須使用漂白水消毒。

教室應該要每日清潔，設備亦必須定期消毒。無毒油漆需用在所有環境，諸如戶外設施、嬰兒床和美勞活動。教室裡的道具服、枕頭、寢具和娃娃都應該要在家裡或學校清洗乾淨。

溫度、通風和光線

空調和通風應配合幼兒活動及季節變化而調整舒適。適當而不反光的光線是必要的。研究指出，不均勻或太亮的照明設備是不利於幼兒的環境；因此，如同家庭式的照明是較為適當的。教室裡應該留意光線的控制（影子、遮光物）。幼兒吃喝、睡覺與遊戲的所有場所都需保持流動的空氣，適當的空調與隔離設施極為重要。

傳染性疾病

有些人質疑照顧幼兒時，將他們群體托育的適當性，認為如此會導致幼兒暴露於過多的病原體。但也有人宣稱，早期的暴露將幫助幼兒獲得抵抗力，且進入學齡期後將更為健康強壯。美國疾病管控防治中心（Centers for Disease Control and Prevention, 2014）認為，雖然嬰兒與學步兒較易感染感冒和病毒，但嬰幼兒托育並不會增加幼兒日後的疾病，且現在或日後都不會造成危害。

當班級中出現幼兒常見的疾病（如長水痘）或是常見的問題（如頭蝨）時，家長應被告知。水痘、A 型肝炎或巨細胞病毒（cytomegalovirus, CMV）都會傳染給成人。幫助家長瞭解疾病症狀、持續時間和潛伏期等，他們才能夠協助抑制疫情的散播。

健康評估和學校政策

每一個幼兒園都會建立明確的健康政策，並告知家長。美國許多州或地方的法律都要求幼兒進入幼兒園前必須提供醫生檢查證明，包含免疫紀錄和一般健康資料。家長也要提交關於幼兒飲食、睡眠、特定習慣等事項。重要

專業素養

什麼是教師要做的？

　　教師必須受過專業的急救訓練和心肺復甦術（CPR）。此外，還需要熟知一些常見的健康情境，而且能回應有效的行動（Needlman & Needlman, 1995）。

情況	專業反應
1. 過敏和哮喘	需列出有慢性症狀的幼兒名單；確認幼兒過敏食物表；注意什麼東西會引發過敏反應
2. 擦傷、割傷	再次確認傷勢和對幼兒表示同情；引導幼兒用肥皂清洗傷口並對幼兒表達關心之意；使用毛巾包裹冰塊或冰敷袋以防止傷口腫脹
3. 頭部撞傷	通知家長留意任何意識不清的情況，並且觀察兩到三天是否有任何狀況
4. 眼睛進沙	提醒幼兒「不要揉眼睛」；讓幼兒洗淨雙手並將眼睛蓋上衛生紙；通常眼淚會把沙子帶到眼角；再用乾淨的衛生紙移去沙子
5. 扎刺	使用酒精消毒，並用鑷子移除小刺片，或是貼上膠帶，讓家長自行移除
6. 結膜炎	「紅眼病」具高度傳染性；注意幼兒不要過度揉眼睛和紅眼的狀況；提醒幼兒洗手；將幼兒隔離，讓他玩可以洗的玩具，直到家長帶回就醫與痊癒
7. 頭蝨	令人頭痛但不危險；清洗共用的衣物、填充玩偶、床套；用吸塵器吸地毯和家具；換掉扮演區的帽子、梳子等；通知家長，並持續檢查幼兒的頭髮兩到三週
8. 水痘	隔離幼兒，直到家長帶走幼兒；提醒所有家長注意水痘傳染期；水痘爆發後三週都需要注意幼兒是否出現徵兆
9. 咽喉炎	發出回家的通知；清洗所有可能帶菌的設施
10. 咳嗽	一開始就讓孩子回家，直到被確診；多喝水可以減緩咳嗽；咳嗽可能會持續兩週；假如咳很久，提醒可能是感染或是過敏

的是，要註明飲食限制和過敏原，張貼在教室中做為提醒。

　　每日對幼兒進行檢視可以讓成人發現流鼻涕、結膜炎，以及喉嚨與皮膚的症狀。這種日常檢查可以過濾出病情嚴重而無法在學校的幼兒。教育家長們關於疾病的徵兆，並鼓勵病童在家照顧。每個機構都應該設立詳盡且一致的流程，像是如何安排被隔離的病童，或當幼兒在校內病情惡化的處置。生病的幼兒需要一個與他人隔離的空間，在舒適的看顧下等待被接回。教師也要留意家長的感受和孩子回家的狀況，通常家長會有內疚感或工作的壓力。有工作的家長，在工作與照顧病童之間，有時是需要協助的。

營　養

　　幼兒的飲食對健康而言也很重要。食物的儲存與烹調地點必須徹底清潔。規律攝取營養餐點的幼兒較健康且較少生病。但許多幼兒未能享用健康的餐點，有些在家攝取的食物不足，也有慣用高糖零食和「速食」的幼兒。因為與幼兒的健康和身體發展息息相關，學校肩負教育營養觀念的責任。無論何種社經地位，教育家長關於孩童營養的問題已是現行幼教機構必行之事。有些機構設立飲食建議表，以確保幼兒在家的餐點營養均衡。

　　幼兒園大多嘗試於餐點時間，創造出輕鬆的氣氛。幼兒被要求坐著用餐，一起分享食物與交談。因為人類一生的飲食模式建立於早期，幼兒教師更有責任瞭解營養對幼兒發展的影響力。

穿　衣

　　幼兒的安全健康也會受其所穿著的衣物影響。一個維持幼兒健康的簡易方式就是確保幼兒在遊玩時依季節適當穿著。幼兒需要他們方便活動的衣物——不束縛、易穿脫且易清潔的衣物。為增進自理情境，家長和教師需提供幼兒得以自行穿脫的衣物（鬆緊腰帶、魔鬼氈、大拉鍊）。褲子對男童與女童都是個好選擇，太長的衣物有礙於攀爬、跑步及上下樓梯。在激烈的遊戲中，最安全的是橡膠或合成材料的鞋子。情況允許下，在學校留有換洗衣物將很有幫助。

教職員的健康

　　一個負責任的幼教機構會維護教職員的健康。教職員必須身心健康才能提供幼兒最好的照顧。教職員的健康檢查規定是明智的，特定學校則是在僱

專業素養

什麼是教師應該做的？

　　莎拉的奶奶帶她到幼兒園時，她穿著有花邊的洋裝和皮鞋。因為這樣的穿著，妨礙她進行攀爬的動作，而且她也因此避免參與會弄髒自己的活動，例如：美勞、木工、沙箱，甚至是感統的活動。美國幼兒教育協會（NAEYC）的核心價值指出我們需要落實「支持每一位幼兒有權利可以在中心內，依據自己最大的興趣遊玩與學習。」（詳見附錄）

　　倫理困境呈現解決這類議題的兩種不同方式之效益與代價：

☺假如老師改變幼兒的衣服，奶奶可能會很不開心，因為她所選的衣服並沒有受到讚揚，而且她為孫女準備衣服的方式受到質疑
☺假如教師保留幼兒所穿的衣服，幼兒則將無法獲得規劃好的教育學習經驗

　　老師仔細思考過有關倫理的責任，如創造一個安全和健康環境，並且同時尊重每位幼兒家中的文化、語言、習俗和信仰的重要概念。於是，他在與奶奶和家長會談前，先和主管及一位同事先商議如何幫助莎拉在學校可以玩得盡興，也能穿著得體服裝來學校。

用時提供這項福利。美國許多州規定員工必須做一年一次的胸腔 X 光與肺結核檢查，病假規範以文件詳細載明。

　　幼兒教育是一個需要熱情，且人際關係互動頻繁的職業。教師的工作時數普遍很長，但薪資低且少有健康福利，並必須與各式病症之幼兒為伍。這樣疲勞且具有壓力的工作狀況，易導致一些壓力引起的問題或疾病。

保障幼兒的安全

　　雖然布置了無危險的環境，孩子仍然會面臨無法集中注意力或無法仔細觀察的情況。快速的檢視教室內外，可以發現一些潛在的問題，如尖銳突出物、潑灑及兒童使用工具的規則；成人用插座、延長線和設備等。

　　安全規則要對幼兒解釋清楚，成人更要堅持，交通流量等都需要被監控。

急救照護

　　每個學校都需要建立一套處理幼兒在校園發生意外的程序規章。所有教

職員皆應具備急救知識，並納入在職訓練課程中。教師應具備處理碰撞和瘀青、小割傷與擦傷、流血、穿刺傷、蚊蟲咬傷、疾病發作、扭傷、骨折，以及燙傷等的技能。所有的教師應受訓以處理所有兒童一般性的健康預防措施，教師不需要假設誰是，或是誰不是感染愛滋病毒和肝炎的高風險。

每間教室皆需準備兩套急救箱，一套在教室及教室外使用；另一套適合戶外教學時攜帶。備齊的急救用品由成人操作，切勿讓幼兒自由拿取，並定期補充。

急救電話張貼於每間教室的電話旁，包括救護車、消防隊、警察局、衛生局、最近的醫院和心理諮詢師。每個家庭入學時就都要知道幼兒在學校受傷的處理流程，並提供學校關於每個孩子的緊急聯絡資訊：幼兒的醫師姓名、如何聯絡家長及其他緊急聯絡人。當孩子於學校發生意外時，學校必須確實通知家長。

自然災害和威脅

大多數的成人都對消防演習十分熟悉。幾乎所有地方的火災防制條例中，都要求所有教室及廚房需擺放可用的滅火器材。火災緊急出口、火警鈴和火警逃難設備都必須標示清楚且正常運作。幼兒與教師應定期進行消防演習。其他災害因地區而有所不同，幫助學生進行地震、龍捲風、颱風、淹水和暴風雪的演習。適當的預防措施可以降低一些災難（例如，突然坍塌的書櫃），建立一個適用的應變計畫（例如，美國的「Code Blue」緊急事件計畫中，包含幼兒、家長、全體職員，以及地區緊急應變中心），並且實行演習。這些經驗可以促進他們在家裡運用類似的程序。

交通安全

使用嬰幼兒汽車安全座椅，並約束幼兒於車內行動，近年來逐漸受到重視。美國許多州的法令規定使用特定裝備，以保護幼兒行車安全。不管是否走路上學，幼兒應該要知道過馬路的基本規定也必須遵守基本規則。當車子與幼兒出現在同一個地點時，就有潛在的危險性。幼兒也絕不可以獨自被留在停車場內。

維護兒童福利

兒童福利為幼兒教保之最終目的。無論在家裡或戶外，幼兒在充斥暴

力、毒品濫用、成人之間的衝突、資訊爆炸的世界裡成長。因為幼兒無法輕易地將家庭生活與學校生活分開，他們經常訴說家庭生活細節。幼兒提供的資訊或幼兒表現出的行為，往往讓教師不知如何是好，雖然一個小狀況並不會影響到幼兒的福祉，但何時應挺身而出呢？提供一個經驗法則，當你感覺到幼兒在身體或情緒發展上有危機時，你就有責任去解決問題。這是教師的核心角色（第 5 章）與輔導要素（第 7 章）。

兒童福利在學校裡可能遭受許多威脅，例如被忽略、被咬傷或被嘲弄。在家中也會面臨各種危機——如家人的問題、父母分居或離異、家庭暴力或虐待。然而，許多兒童福利仍然被認為是成人——家長、社區資源、專業支援——的責任，我們有責提供幼兒一個心理安全的正向環境。教師應充滿熱忱地去布置互動良好的環境，使幼兒受到照顧與呵護。

9-3 ❋ 基本安排與素材

每一個教育環境都建立在物理空間的基礎上。建築物本身可能是新且專為幼兒設計的，但還是有更多幼教機構是位於重新裝修的房子或店面、教堂的門廳、或小學教室裡。一個機構可能會與其他團體共用同一間教室，所以設備每天或每週都會被移動。家庭式托育使用私人家庭場域，居住在該空間的兒童和成人都必須要適應。那裡可能有大院子，也可能完全沒有。有些遊樂場位於大樓的屋頂，而有些只能借用對街的公園當成遊樂場。

規劃幼兒課程時，必須考量天氣情況。戶外使用的一些大肌肉活動設備，在冬天可能無法使用，所以需要一些消耗精力的室內遊戲與活動。炎熱的夏天裡，若戶外缺乏遮陽物，可能導致一些活動無法進行。

理想中，上述每個項目都需有獨立的區域及足夠的空間。但事實上，一個空間通常是多功能的，同一地點可以提供多種用途。遊戲區可同時規劃為飲食區，因為兩者都需要桌椅。當一個空間具多重用途時（遊戲、飲食、睡覺），就需要便利的儲存空間。

物理環境

對以下的區域而言，環境的支持很重要（Harms et al., 2004）：

1. 空間和家具設備（室內和室外）
2. 例行的個人照顧（整日）
3. 語言與回應（介於教師與兒童之間）
4. 活動（動作、認知、創造力）
5. 互動（社會、情緒）
6. 課程結構（作息）
7. 家長和教職員（個別與專業需求）

空間規劃

　　幼兒的空間有很多不同的方法來安排布置。大多數都以**興趣區**（interest areas）或是廣為熟知的**學習角**（learning centers）來設計環境。

❀ 空間使用於任何活動都有其價值性。例如，若扮演區具有充裕空間會有更多運用；四具電話、三個娃娃，都能促進遊戲性。

❀ 環境必須順應發展需求與幼兒興趣。當一群幼兒對搭積木感到濃厚興趣時，他們需要連續幾週的室內戶外積木區。若興趣項目改變，教室與院子也跟著改變。例如，自然觀察區變得很擁擠，因為有人帶了一隻倉鼠，或是家庭露營帳棚搭在戶外的草坪區。

❀ 物理環境對兒童發出呼喚聲。教室與庭院的布置和教具的選擇，在幼兒的教育經驗裡扮演著重要的角色。一個發展合宜的學步兒教室，必須提供大肢體動作活動的區域、扮演遊戲空間、一些被歸類為凌亂區（messy zone）的空間、一個讓孩子在此可以放鬆以及休息的地方。

❀ 遊戲角與學習區設置的地點很重要。無論室內或室外，吵雜與安靜的活動必須平衡。有些活動進行時音量較大，可以將熱鬧的角落安排在一起、安靜的學習區則靠近些。像安排拼圖、語言遊戲、說故事等安靜活動的地點，需遠離積木、玩水或戲劇扮演角，因為後者會激起熱烈活動且時有吵雜的行為。規劃戶外空間時，不能只有跑步和吵鬧的區域而已，規劃休息和觀看的區域也是必要的。

　　一個布置良好且充滿趣味材料的教室或庭院，不但能讓幼兒有自行選擇的機會，還能開拓幼兒的視野並激發潛力。教師運用教具使幼兒和成人進行創新的活動，並創造反偏見環境。院子裡需要玩具收納箱、小掃把和畚箕，

以利幼兒在清潔時間裡自理。一個課程中，當教師的教具箱內有適合視覺或聽覺障礙幼兒使用的教具時，融合環境才能真正實踐。

一般性要求

　　一樓的教室是比較適合幼兒的樓層，因為他們在出入時較為輕鬆且安全。為了減低噪音，牆壁及天花板應有隔音功能。教室裡的地毯、布料和一些防火建材可以幫助吸收聲音。地板必須耐用、乾淨並利於清潔。它們應該不受通風的影響。地毯應每日清理乾淨。教室的面積應足以讓孩子自由活動，並避免遊玩時的碰撞。一些核發執照的機關會規定教室與庭院至少需要多少面積的標準規格。

　　許多州和地方管理單位頒布了針對幼兒園空間的使用規定。消防局與衛生局（處）必須提供諮詢，並監控已頒布的規定。美國幼兒教育協會（2007）發展出最利幼兒成長的室內和室外設備指導方針。除了空地和遊戲空間的面積（室內最少 35 平方英呎和室外最少 75 平方英呎），還有指導方針建議如何安排活動區以配合幼兒，怎樣的活動和設備是安全、衛生和吸引人的。創造性課程（Heroman et al., 2010）廣泛地運用於各園所，它能幫助園所規劃出可自由選擇及主動學習的環境，而它也重視室內和室外各區的學習潛能。環境評估量表（environmental rating scales）（Harms et al., Cryer et al., 2004）可以詳細檢視各區的材料和設備，它是為了家庭式托育、嬰兒及學步兒、學齡前幼兒、學齡兒童等照顧機構所設計的評估表。

　　若我們同時要提供幼兒變化豐富又平衡的環境，就必須考量一些關鍵性的向度，不論是發展室內外空間時，都必須涵蓋這些規範（圖 9-3）。

室內

　　進行室內空間設計和角落分配計畫之前，要先決定興趣區的種類和它所需要的空間的形式。嬰兒與學步兒的托育機構規劃許多睡覺與換尿布的空間、供爬行與遊戲的地毯區。2 到 8 歲（分齡的托育中心）的教室，通常會規劃一些區域可以提供不同類型活動使用。

興趣區　大部分學前托育中心的興趣區，包括以下的區域：

❊ 美勞區
❊ 積木區

❊ 戲劇扮演區／娃娃屋

❊ 圖書區／語文區

❊ 益智玩具區／桌上玩具區

❊ 自然探索區

❊ 音樂與律動區／團體活動時間（group time）

❊ 電腦區

　　圖 9-5 展示學前托育中心教室，圖 9-6 和圖 9-7 為學齡兒與學步兒的環境範例。

廁所　廁所應緊鄰遊戲與睡覺區，並容易進出。符合幼兒尺寸的小馬桶和洗手檯是最佳的，但若無此設備，可提供防滑椅或建立小台階。大多的幼教環境裡，為了方便管理，廁所多無門。幼兒的如廁設備應該明亮、通風和寬敞，足以在同時間容納許多小孩。最好有抽風機。衛生紙架需放置在適合幼兒的高度，垃圾桶放置在方便幼兒使用處。

　　如需更換尿布，此區要視野明亮並臨近洗手檯。公告教職員的標準洗手流程，應有幼兒如廁與排泄的記錄區。必須使用有蓋垃圾桶與殺菌噴劑，換尿布材料需足夠且取用便利。

休息室　提供全天托育的學前托育中心，睡眠休息空間的安排有其重要性。若學校有睡眠或午休的設備，則應增設存放床具的地點。2 歲以下的嬰幼兒通常需要睡眠的設施。對學齡前的幼兒而言，可移動的屏風隔板允許保有個人隱私，並隔絕噪音；但高度不能太高，以方便教師看顧。

　　嬰幼兒床應標示幼兒的姓名並定期清洗。放置定位使幼兒感到熟悉、舒適及隱密，而不是放在教室的最中間或排成一排。教師可規劃「午休區」，讓幼兒得以到定點睡覺或休息時，仍感覺是團體中的一分子。

餐點服務　餐點服務對所有的托育中心而言是最重要的事情。「年幼的孩子需要營養，以供給成長和提供精力……不管依據何種規定，涵蓋多種類的食材為均勻營養的基本要素」（Marotz, 2015）。例行性餐點或選擇餐點時，都需考量家庭文化習性及偏好。

　　每個年齡都有其特殊的飲食需求。無論幼兒園提供的是點心或午餐，必須遵守不變的最高原則是，保護健康及安全防範。嬰兒需被抱著或坐在靠近成人的位置。不可以餵食學步兒如爆米花、堅果、生紅蘿蔔等難以咀嚼的硬

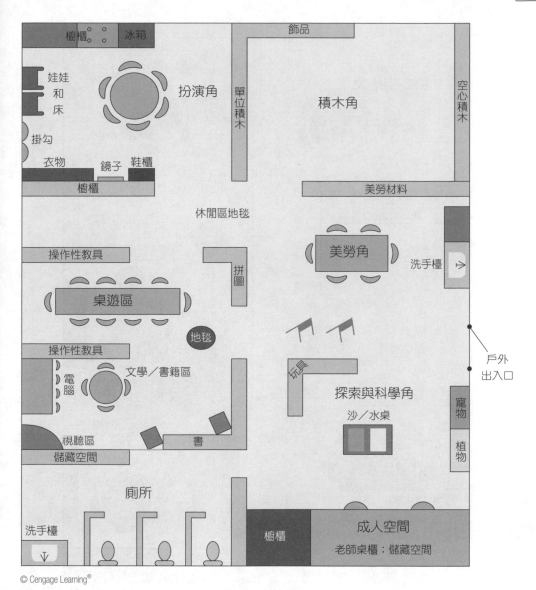

© Cengage Learning®

圖 9-5　托育環境。托育中心需要清楚定義界限和明確的通道，協助幼兒便於獨立使用空間。

物。幼兒供餐時使用免洗，或用洗碗機消毒過之環保餐具。學齡兒童或全天班幼兒從家裡帶來的午餐必須檢查是否腐敗。適當均勻的飲食習慣、營養需求知識需要定期與家長分享。每天清潔和適當的消毒器具、櫃台、坡道和設備等，有其重要性。

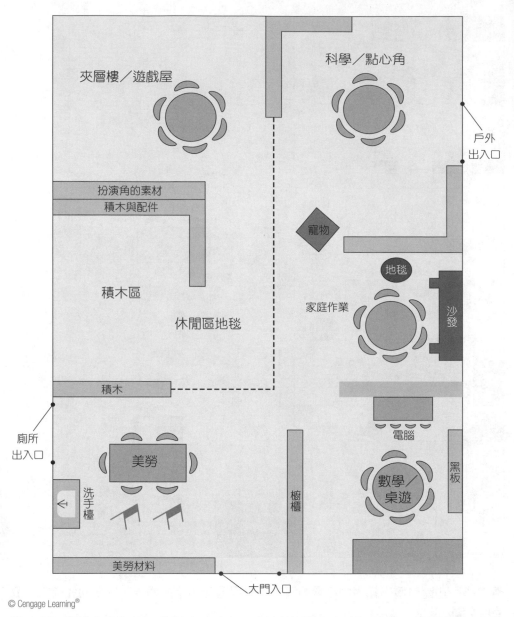

圖中各區域標示：

夾層樓／遊戲屋

科學／點心角

戶外出入口

扮演角的素材

積木與配件

寵物

地毯

積木區

休閒區地毯

家庭作業

沙發

積木

廁所出入口

美勞

洗手檯

電腦

黑板

數學／桌遊

櫥櫃

美勞材料

大門入口

© Cengage Learning®

圖 9-6 學齡兒童環境。學齡兒童中心所規劃的學習區要能容許兒童清楚做決定，並且積極透過遊戲進行活動。

成人空間　成人的空間在幼兒教育環境裡，通常都會被犧牲，讓給孩子使用或儲放物品。有些園所會在主管辦公區設置成人空間或教師資源區。成人專用廁所是必要的。無論如何，專業人員值得因為他們的工作獲得環境的支持。

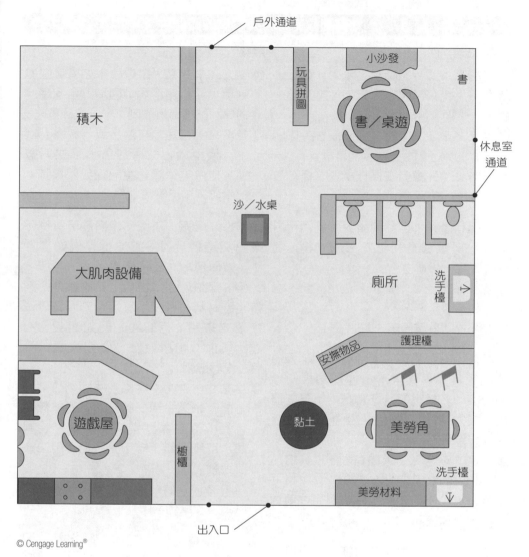

© Cengage Learning®

圖 9-7　學步兒環境。學步兒托育中心需留意安全與便利性的原則。協助他們進行小組活動時，能有最大的參與，而他人的干擾降到最低。

一個可以放置個人物品的安全地點、放置急救用品及家庭資料表的地方，教師長期生活在課室課程發展中，對於教師權益的尊重，仍有漫長之路。

材料和設備

選擇設備和玩具來支持兒童的發展是重要的，因為幼兒一般來說會試著去玩環境中的每一項玩具（圖 9-8）。有限經費下，一些非必要物品無需購

幼兒園教室材料與設備的範例

學前托育中心

美勞材料：畫架、顏料、水彩、黏土、雕塑筆、鉛筆、刷子、剪刀、打洞器、膠水、漿糊、拼貼材料、紙材

☺ 嬰兒／學步兒：材料有限制性。以開放式的架子，給予較少的選擇

☺ 學齡兒：兒童自主操作桌子，搭配教師引導的方案

探索與科學角：自然的素材、結構化材料、水／感官桌和材料、放大鏡、鏡子、天平、小寵物

☺ 嬰兒／學步兒：簡單、注意安全、水族箱

☺ 學齡兒：閱讀展示、電腦

扮演角：安全的鏡子；幼兒尺寸、多功能的家具；多樣且不具性別刻板印象的衣服；多樣化的娃娃和配件；烹飪器具；食材物件；皮包、公事包、公事包、背包

☺ 嬰兒／學步兒：選擇有限制性、增加不怕濕的帽子或娃娃

☺ 學齡兒：加入不同主題，例如史前洞穴、月球表面

積木角：單位積木、空心積木（也可以在室外使用）；道具，例如人或動物的手指偶、娃娃屋、交通遊具、交通號誌的配件、娃娃家具、打氣筒、零頭碎布料

調整

☺ 嬰兒／學步兒：單位積木如替代性的軟積木和紙箱積木；因為安全考量，道具和配件有所限制；推一拉玩具

☺ 學齡兒：包括「村落」或「城堡」積木；模型積木；增加積木樣式與數量，提供紙筆讓兒童記錄或做標誌；以牛奶紙箱自製積木

操作性／桌遊：拼圖；建構性玩具例如樂高和結構玩具；數學玩具例如立方體、數學積木、特別屬性積木、色塊、繫帶、穿線玩具、掛板；衣飾遊戲；蒙特梭利材料，例如粉紅塔、刻度量筒、金色立方體；百寶箱，例如釦子、鑰匙、貝殼；創意遊戲，例如樂透、骨牌、配對遊戲

☺ 嬰兒／學步兒：提供一些簡易拼圖，上面有小把手或是軟質片；清掉數學玩具，改放大型塑膠的球珠、洞洞盒、堆疊玩具、學步兒容易使用的衣飾遊戲

☺ 學齡兒：強調建構、數學玩具和合作性遊戲；增加紙牌和棋藝遊戲

語文和圖書：圖書繪本；絨布板；配件；照片；樂透遊戲；錄音機、錄音帶；寫字角包括打字機、板子和鉛筆

☺ 嬰兒／學步兒：厚紙板書；只能和成人一起使用

☺ 學齡兒：讀本、視聽角

圖 9-8 　雖然無法全面考量，但這個清單開始為不同遊戲規劃環境。我們注意到這些修正必須包含不同年紀，請見本書提供的網站，反偏見材料的相關概念。

買。試著避免遊戲價值有限的玩具。不要購買以下的玩具，例如：

* 以電子科技為遊戲的焦點
* 引導女孩以外貌為重心
* 示範具暴力或性別歧視言行
* 與廣告商品連結

　　謹記要讓幼兒有自理能力，衣飾遊戲與適合的娃娃衣物，可以協助幼兒學習穿衣的自理技巧。幼兒的圖書代表社會價值觀和態度，詳述性別角色和家庭生活型態，顯示反偏見環境的重要性。背面有磁鐵的拼圖，可以放在片片罐中，如同餅乾片；附有大把手和蓋子的玩具有助於融合環境的提升。

戶　外

　　「讓幼兒去戶外玩，就像烈陽中揮發的水，它發生得太快了，跟快速變遷世紀的事物一樣，我們無法應付……許多我們最懷念的童年樂趣——田野、小溪、石頭與清閒；無論獨處、有秘密、發生什麼小事時，我們躡手躡腳的走在地球表面上……」這些外出體驗的經驗如今卻消失了（Rivkin & Schein, 2013）。在戶外呼吸新鮮空氣的時間，通常是幼兒在園所中最喜歡的

適 性 發 展 教 學 實 務

選擇材料的標準

　　為了準備適性發展教學實務的環境，要確認材料與設備

☺契合年齡和發展嗎？

☺符合學校理念與課程嗎？

☺是否設計美觀品質良好？

☺耐用嗎？

☺使用時符合彈性原則並可靈活運用？

☺符合安全的特質（例如，無毒漆料、圓角）？

☺是否美觀並吸引幼兒（和成人）？

☺是否易於保養維修？

☺富有文化意涵並具多元文化樣貌。

☺非性別刻板主義、非陳規老套、無偏見。

地方。的確，當戶外活動開始時，許多學齡前幼兒比較容易停下正在進行中的工作。

　　傳統的遊樂場——典型如盪鞦韆、攀爬架、溜滑梯、地球轉轉盤或翹翹板這些在地上的鐵製設備——從幼兒安全與發展的觀點來看，都是較為不良的。孩子比較喜歡包含多樣、多變且設備可移動的空間。例如沙子、水、輪胎、捲筒、鋸木架、碗或鍋子這些未加工的物件，或一個超級大結構的非密閉可拆卸式「房子」，激發多樣的社會遊戲和認知遊戲（包含建構遊戲、戲劇遊戲和比賽遊戲）。圖 9-9 是戶外設備的基本清單。

　　一個寬敞的走廊或加蓋天井，都能提供在雨天或太陽太大的日子使用。有了這些保護的場所，許多活動可以到戶外進行。物理環境應包含緊鄰建築物的適當遊樂場所。多樣的遊樂場地面材質，不但提供戶外活動時的地面覆

創造戶外空間

戶外遊戲場或遊戲庭院的基本設施

地面：不同的地表（草坪、柏油、碎石／沙、碎木屑），愈多自然素材愈好

設備：有斜坡防滑道、坡道、滑梯、欄杆、梯子；盪鞦韆（各種型式）；小屋／安
　　　靜區；坡道和防滑道；輪胎、零碎材料

沙／水區域和玩具

騎車區和多種輪胎玩具

建構大積木區

戲劇扮演道具

球類和比賽器材

木工和工作檯／黏土材料

畫架和曬乾區

跳舞／降落傘／軟墊器材

寵物和植物區

嬰幼兒：一些簡單的騎乘玩具；減少木工；尺寸合宜且簡易，並有保護泡棉

學齡兒童：增加遊戲區域，減少或避免車類玩具；取而代之是舞台、壁畫、船、溪
　　　　　流；增加「零碎材料」讓兒童創造秘密城堡

© Cengage Learning®

圖 9-9　創造戶外空間是無侷限的；記得兒童需要奔跑和群聚的空間，也需要感受自然的直接經驗，以及保護照顧下，能夠獨處或回應。

蓋，也使遊玩更有趣。在盪鞦韆的地面鋪上碎木屑、玩具車行駛的水泥地和攀爬架下鋪草皮。沙子置於較大的區域及感官桌。不管地面材質為何，排水系統必須建置良好。樹木、樹叢和其他植物可遮蔽陽光。圍籬是**強制使用**的，必須高度適宜又耐用，且避免讓孩子踩著爬上去。

　　現今尚無遊樂設施的法令標準，所以照顧幼兒的成人必須肩負起規劃遊樂場的責任。

　　為了讓團體中的幼兒有足夠的遊戲空間，環境必須仔細的安排。清楚的劃分界線並規劃路徑，方便幼兒在此遊玩。應規劃足夠的空間供大團體集合使用，小團體也能運用。圖 9-10 顯示適合 4 到 8 歲之遊樂場。

時間環境

　　時間環境係指托育中心的時間議題。作息表中定義了各個課程架構。它規劃幼兒每日可能經歷的事件——活動的順序及時間長度。沒有兩個完全相同的作息表，因為各自代表不同的方案課程。從一個活動的時間長度規劃中，可以看出該園對此活動的重視程度。

作息表：學習時間

　　在規劃作息表中，首先教師要決定什麼是對孩子最重要的學習，以及它的教學方式和在一天中所占用的時間比例。幼兒課程方案是專為幼兒設計，並且盡可能符合幼兒的時間表。照顧幼兒的黃金守則是，以我們期待幼兒對待我們的方式，來對待幼兒。

　　作息表會受到物理設備的影響。若馬桶等設施未放置於教室附近，上廁所的往返時間在規劃時就要延長。如果與其他團體共用庭院，一部分的行程也會因而更改。

　　在作息表裡有兩個特別重要的觀念：例行作息與轉銜時間（圖 9-11）。

事實(T) 或 迷思(F)

(T) F　日常作息定義了課程方案的結構。

作息表中定義了各個課程架構，它規劃幼兒每日學習經驗與必經的事件——活動的順序及時間長度。

© Cengage Learning®

圖 9-10 遊戲場空間。適合 4 歲以上的遊戲場或庭院，帶給兒童安全感、勇於探索、鼓勵自由活動，並且親近大自然，還有許多進行社會性遊戲的機會。

例行作息

例行作息是固定的。每日的、不變且重複的一些事情，它可以提供流程的銜接與順序性。大多數的例行作息都是幼兒日常生活的習慣。幼兒帶到學校的是一個長久深植於家庭與文化的生活例行作息。這些例行習慣被幼兒引以為豪的執行；有時也是令人情緒激昂的議題。

作息的範例

學步兒半日班

9:00-9:30	迎接幼兒 室內活動 ☺ 玩黏土和美勞活動／ 　畫板 ☺ 日常生活 ☺ 積木和操作區 ☺ 圖書	10:30	點心／點心歌「當我們 同在一起」 ☺ 洗手 ☺ 吃點心／喝飲料／清 　潔收拾
9:30	室內與戶外開放轉銜	10:45-11:45	戶外
9:45-10:20	戶外遊戲 ☺ 大肌肉 ☺ 社會遊戲	11:15	唱收拾歌「我們把玩具 收好」 ☺ 鼓勵大家都參與收拾 結束活動（室內）
10:20	戶外音樂／律動	11:20	☺ 親子互動 ☺ 故事或是絨布板活動

學前幼兒全日班

7:00	到達、吃早餐	10:00	點心（戶外的桌子／依 天氣穿暖和）或者在自 由活動時設點心角
7:30	室內自由活動 ☺ 美勞／畫板 ☺ 桌遊／遊戲／積木 ☺ 扮演角、小屋、雜貨 　店等	10:15	戶外自由活動 ☺ 攀爬、盪鞦韆、沙和 　水、輪胎玩具、團體 　遊戲
9:00	清潔收拾		
9:15	團體時間；唱歌／手指 謠和小組活動	12:00	洗手後用午餐
9:30	選組時間／分組 ☺ 探索角／數學實驗角 　／科學活動 ☺ 準備早點或下午點心 ☺ 語文／選擇繪本閱讀	12:45 1:15 1:30 2:30 3:30	準備時間：上廁所、洗 手、刷牙、鋪床 睡前故事 午休 醒來的幼兒到戶外玩 戶外整理收拾和唱遊時 間

圖 **9-11**　為達成中心托育的教育目標，每天作息需確實反映兒童的需要和年齡。學校每日作息時間的安排，呈現該托育中心的價值觀。

（續）

作息的範例（續）			
4:00 4:15	點心時間 學習區時間；可選擇室內或戶外、戶外教學、說故事	5:30	清潔收拾和繪本閱讀直到放學
半日班大班組			
8:15-8:30	抵達 準備開始 ☺ 到圖書館借書、交餐費等		結束之後，在閣樓遊玩或是閱讀書籍直到休息時間
8:30	事件分享 ☺「任何你想要說的事情」 ☺ 書寫心情週誌	10:15 10:30 10:45	點心 休息時間 語文區：讀小說中的章節，或是其他語言的活動
9:00	作業與工作 ☺ 寫一個關於自己的心情故事，或是 ☺ 製作「我的小書」的其中一頁（指定範圍），或是 ☺ 在數學實驗角	11:15 11:45 12:00-1:30	舞蹈或是遊戲或是參訪 結束活動：準備離開 ☺ 到圖書館還書 ☺ 蒐集美勞和其他作品繼續留下來的群組 午餐：然後
9:30-10:15	室內活動選擇（塗鴉、積木、電腦、桌遊）或二年級學長姊來說故事		☺ 戶外教學 ☺ 書寫課程 ☺ 數學與科學實驗

圖 9-11（續）

　　例行作息就像是用夾子掛起來的每日日曆。幼兒何時該吃飯、睡覺、遊戲、何時該獨處或與他人在一起，這些都決定於例行作息的安排，課程中的其他部分（美勞活動、戶外教學、木工）皆配合例行作息來安排。例行作息在幼兒教育環境中如下所示：

❋ 自我照顧（飲食、休息／睡覺、穿衣、如廁）

❋ 兩個活動之間的轉銜時間
❋ 團體時間
❋ 每天一開始與結束的時段
❋ 做選擇
❋ 完成任務
❋ 收拾並清理教室與庭院

　　每個人都能回憶起至少一個和例行作息有關的深刻記憶。幼兒與成人時常為了它而爭執，很多幼兒在例行活動中，選擇走出自己獨立的第一步。幼兒教師必須盡可能的以敏銳與同理的方式，去面對關於自我照顧的例行作息議題。當幼兒在日常托育的規律安排及明確的期望下，他們會調整作息配合規律運作。

　　當時間順序很清楚時，每個人就可以邁步進行教學或學習。幼兒在規律的行程下會更有安全感；他們能開始期待下一步並著手規劃。他們可以讓自己無拘無束的融入環境，而不怕被干擾。成人和幼兒一樣也喜歡可預測的作息表。因為知道活動的順序，所以當不可預料的情況發生時，他們就擁有調整時間的準備。

　　意料之外的事情時常發生。例如正當老師在協助第一次使用馬桶的莎娜時，查德突然不想讓爸爸離開。要靈活的去處理這些突發狀況，從安排人性化的作息表開始。

轉銜時間

　　人類是懂得適應的生物；然而，我們還是會抗拒改變。對幼兒來說，改變也是困難的。當幼兒陷於改變的難題時，教師及照顧者可以讓這些必要的改變更容易被幼兒適應。與其催促他們快點去做下一件事情，還不如給他們多一點轉銜時間。幫助幼兒去對抗、解決、完成，並成功地處理日常改變，進而促進成長。

　　一位好教師，運用一首歌、彈奏樂器或語言：「準備好要清潔收拾了。」如此替幼兒準備即將到來的**轉銜時間**（transition）。他們已做好準備去教導幼兒對時間與立即的感知能力，並引導幼兒不再牴觸作息表。因此，如果查德不想讓爸爸離開，在協助莎娜使用馬桶時，都要耐心等待；或是爸爸可以唸個故事給查德聽，直到莎娜「統統搞定」。

Jim West/Alamy

發展適性的作息表

　　如同空間的安排會回應身處其中的幼兒團體，作息表也提供該團體在他們的發展階段中適當的成長。就像其他年齡有其自己的發展特徵一樣，針對幼兒階段也有一些普遍因素必須加以考量：

❋ 隨著幼兒年齡增長，而提供較多的選擇。
　　作息表上所呈現的年齡的差異性如下所述：
　　範例：若提供學齡兒教材給 2 歲大的幼兒使用，會造成過度刺激。
❋ 因年齡不同，提供的轉銜活動亦有所不同。
　　範例：年齡較大之幼兒在活動轉換時以團體方式進行，例如由一個活動區
　　　　　到另一個區域時，兩個人手牽手或排成一列。這對年紀小的幼兒來
　　　　　說較為困難，因為他們會推擠或走失。對他們而言，若通往庭院的
　　　　　門安靜地打開，幼兒就能慢慢地走出去。
　　範例：3 到 4 歲幼兒的班級裡，唱歌時間結束要去吃點心前，幼兒是依照
　　　　　衣服的顏色或幼兒名字的第一個字母離開，而不是集體解散。
❋ 一日的結構隨著幼兒年齡而改變。
　　範例：自由遊玩與教師指導活動之間的平衡，會隨著幼兒團體的年齡層而

轉換。從最少指導型活動隨著年齡至幼兒園階段逐漸增多。大班幼兒的作息中涵蓋了更多個別工作時段和教師引導活動時間。學齡階段則更多書寫預備的課程以及團體指導。

❉ 系統性活動和安排足夠的時間是融合教室作息的重要元素。

範例：身心障礙兒對於作息改變特別難易適應。加雷特是自閉症的兒童，很執著於每日固定的作息；因此，與老師的日常互動、掛外套、洗手等這些事情都要按照固定作息進行，這樣他才能感覺到安全，開啟美好的一天。

❉ 團體活動內容隨年齡而改變。

範例：學步兒的班級裡，團體時間比較單純：一個簡短的手指謠、使用絨布板或手偶說故事或一首合適的解散歌。托育機構的團體時間包括一些歌謠、最喜歡的手指謠和小故事。幼兒園裡，團體圍圈圈時間約為 15 到 20 分鐘，可以宣布事情、討論天氣板、幼兒的心情分享、戲劇演出，甚至說一整章故事。

　　總之，時間環境反映出幼兒的年齡和個人關注。有一點要特別注意：許多園所把一日分成很多小時段，因為他們相信幼兒注意力集中的時間較短，無法持續較長時間。然而，幼兒在進行他們自己所選擇的遊戲時卻能專注較久。雖然他們只能維持一小段時間於教師規劃的結構活動中，幼兒仍需要更多的時間去讓他們的創造力激發。參考圖 9-11，說明時間環境如何成功展現自由遊戲的時間。

人際環境

　　幼兒會反映學校內的所有事物：教室的顏色、設備的安排、遊戲的時間，和人們如何互相對待等。教室中的感覺就像是一本書或一塊積木一樣那麼具體。因此，幼兒周遭的 **人際（interpersonal）** 是環境中非常重要的一環。

氣氛的營造

　　幼兒是環境裡最重要的人；他們應該要感到安全與舒適。一個溫暖的、人際互動良好的環境有利於幼兒參與及學習。當幼兒對彼此及環境有安全感時，他們得以在所有課程方案裡更全面性的接收資訊。

　　教師是決定團體氣氛的關鍵因素。美國教育學術委員會（National Academy）指出，提升幼兒教育品質準則的第一條，就是教職員與幼兒之間的互動關係（NAEYC, 2007），教師的角色是建構幼兒人際環境的基礎。園所或家庭成員的組成與人際關係，都會對幼兒造成影響，因而他們能表現出緊張、開放或自由的人際氣氛。

　　家庭會影響學校生活，尤其在幼兒時期。人們對彼此的感受和表達情感的方式，都對幼兒有影響。教師必須查看幼兒的家庭和社會背景；這樣一來，也必須邀請家庭參與學校（請見第 8 章）。請注意下面三種環境因素的影響：

❀ 每天早上當瑪莉安帶午餐來學校時，很令你傷腦筋，因為她的中東食物和其他孩子的食物的氣味不一樣，所以常常發生嘲笑行為，你必須不斷制止導正。你在思考是否應該請她姑媽幫她帶三明治……但你瞭解每個人都只想吃自己熟悉的食物，如果讓瑪莉安吃她父母想讓她吃的，也能讓其他幼兒學習寬容。你加入新的烹飪活動，協助大家對新食物更好奇且有興趣，進而改變人際關係。

❀ 真難相信，不管告訴凱的華人祖父多少次，上學時間是早上九點，他還是在九點三十分到十點之間才帶他來……直到你發現，在華人社會，人們尊重長者動作慢的習慣。你必須彈性調整作息，允許晚到並支持這樣的家庭傳統。

❀ 艾麗娜的爸爸說話的口音很重，幾乎讓人聽不懂。你可能會盡量避免和他說話，只在有問題時與他聯絡……而你發現，在中美洲的文化觀念裡，「好父母」的角色是期望和教師說話。因此你需要克服障礙，有禮貌的要求他慢慢地再說一遍。

　　研究發現，兒童的感知與教師互動參與，兩者之間有正向關係，更促進兒童的發展。這種關係的影響力可見於幼兒的認知發展、社會情緒發展和語言發展中（CA Department of Education, 2008）。再者，對英文為第二語言的學習者而言，教室的氣氛良好有利於幼兒成功的學習（Chang et al., 2007）。這類的研究結果證實了近期腦部科學研究，以及艾瑞克森、班度拉與維高斯基的理論（請見第 4 章）。

　　幼兒在親密與充滿情感的人際關係中發展得最好。這對 3 歲以下及第一

專業準則

創造符合標準的作息

　　為幼兒創造一個完備的環境時，教師必須知道和理解用來發展有效率作息的標準。熟知兒童發展並學習呈現發展與學習的多元運用。有許多兒童可以應用的作息（請見圖 9-11），專業知能告訴我們，對兒童有意義的作息安排，重視的是流程，而不是去看時鐘幾點幾分要做什麼。提供每一天的作息的結構性安排，以有效的策略，運用這些標準來創造幼兒與家長的連結的作息。

☺前後一致。一致性帶來安全感與封閉性，讓教師維持自己的權威和專業。

☺允許彈性，使幼兒的興趣得以維持及培養。彈性原則使個別需求得以滿足獲得尊重。

☺包含例行作息和轉銜時間。

☺動態或靜態遊戲交替，以協助幼兒調整自己的步調。

☺戶外與室內遊戲皆要提供。

☺允許兒童參與活動的建構，如同他們自己選擇活動參與一樣，包含了團體時間（一天開始的圍圈圈活動，預告活動的歌唱時間，或結束活動的故事時間）。

☺盡量讓幼兒在大團體或小團體中有獨立工作的機會。

☺以該年齡階段與發展特性安排團體時間。

☺包括暖身問候與結束活動。幼兒進入園內時必須提供一些特定行為及問候。允許離開與轉銜時間，一日結束時帶領幼兒回顧今日的活動，並預告明天的行程。

☺邀請成人參與每日的規劃和回顧：平時開會討論幼兒的實際狀況、長期規劃和評估。

☺涵蓋清潔和整理教室的時間。

☺將教師的角色與工作具體化，讓他們知道自己的責任。

☺作息表張貼於顯而易見之處，讓大家都看到。

語言與園所語言不同的幼兒來說尤其重要。Zeavin（1997）宣稱：「環境的人際因素是影響學步兒遊戲品質的主因，比精心策劃的物理環境更重要。學步兒無法敘說自己的感受，但可以透過遊戲，將困難的感覺具體化、解除情

緒衝突，並獲得掌控世事的能力……這些議題都是與『關係』有關。」

正向人際互動的環境

評估環境的品質時，教師可以問自己下列問題：

❉ 幼兒與成人之間有相互尊重的感覺嗎？

❉ 教師能接收男孩及女孩的「語言」和「非語言」訊息嗎？能接受不同能力
的幼兒？接受不同種族的幼兒？

❉ 幼兒如何互相對待？

❉ 教師自身做起「與其他成人及孩子合作」的榜樣？是否示範處理不同意見
及解決問題的方法？

❉ 物理環境是否允許教師把注意力放在孩子身上？

❉ 一些維護教室的瑣事是否讓教師與幼兒不易交集？

❉ 教師是否鼓勵幼兒運用相互的人力資源？

❉ 教師是否花時間引導幼兒自己完成任務？

❉ 是否對女生僅稱讚其外型，對男生僅注意其成就？協助每一個小孩能欣然
接受相似性及差異性？

❉ 教師是否能講道理並堅持到底？

❉ 教師於何時及如何與孩子互動？

❉ 當教師面臨困難時，其姿態與表情為何？

❉ 如果我是小孩，我會喜歡去這樣的學校嗎？

這些問題的答案顯示出教師如何維持正向的社會互動的氛圍。最重要且
應牢記的是，人們對彼此的感覺，以及他們表達自己想法的方式，皆對孩子
有影響力。教師必須注意購買設備及教室布置，而人際之間的環境經營亦不
可少。

本章摘要

9.1 概述運用做為創造適性發展學習環境的主要標準，包括物理環境、可用的資源和中心的教育目標。主要的核心價值元素聚集一起，可以幫助改善環境。

9.2 規劃環境時的主要因素是保持兒童健康、兒童安全和兒童福利等核心元素

9.3 基本的材料與環境安排，包括分析環境中物理性、時序性和環境中的人際互動。設計物理環境牽涉規劃空間時室內、室外環境的適切的材料。處理時間環境意味著創造一個日常作息，包括例行性和轉銜及活動的期間的安排。人際互動的環境，聚焦於對兒童與家庭提供正向的社會感知與氛圍。

網路資源

Environment Ratings Scales　**http://ers.fpg.unc.edu**

LD Online　**http://www.ldonline.org**

Teaching Strategies　**http://teachingstrategies.com**

Teaching Tolerance　**http://www.tolerance.org**

Teachers Resisting Unhealthy Children's Entertainment　**http://www.truceteachers.org**

參考書目

Allen, K. E., & Cowdery, G. E. (2015). *The exceptional child: Inclusion in early childhood* (8e). Cengage Learning.

California Department of Education (2008). *CA Preschool Learning Foundations, Volume 1: Social-Emotional Development, Language and Literacy, English-Language Development, and Mathematics.* Sacramento, CA: Authors.

Centers for Disease Control and Prevention. (2014). *The ABCs of safe and healthy child care.* http://www.cdc.gov/family/parentabc/

Chang, F., et al. (2007). "Spanish-speaking children's social and language development in pre-kindergarten classrooms," *Journal of Early Education & Development, 18*(2), 243–269.

Copple, C., & Bredekamp, S. (2010). *Developmentally appropriate practices in early childhood programs serving children from birth through age 8* (3e). Washington, DC: National Association for the Education of Young Children.

Cryer, D., Harms, T., & Riley, C. (2003). *All about the ECERS-R*. New York: Teachers College Press.

Derman-Sparks, L., & Olsen Edwards, J. (2010). *Anti-bias education for young children and ourselves*. Washington, DC: National Association for the Education of Young Children.

Dodge, D. T., Rudish, S., & Berke, K. L. (2010). *The creative curriculum for infants, toddlers, and twos* (2nd ed.). Washington, DC: Teaching Strategies.

Greenman, J. (2004). What is the setting? Places for childhood. In A. M. Gordon & K. Williams Browne. *Beginnings and beyond* (6th ed.). Clifton Park, NY: Thomson Delmar Learning.

Harms, T., Cryer, D., & Clifford, R. M.. *The early childhood rating scale-revised (2003), family day care (2007), infant/toddler (2006), and school age (1995) environmental rating scales*. New York: Teachers College Press.

Haugen, K. (1997, March). Using your senses to adapt environments: Checklist for an accessible environment. Beginnings workshop. *Child Care Information Exchange*.

Heroman, C., Trister Dodge, D., Berke, K-L., & Bickart, T. (2010). *Creative curriculum for preschools* (5e). Teaching Strategies, Inc.

Marotz, L. R. (2015). *Health, safety, and nutrition for the young child* (9e). Cengage Learning.

NAEYC [National Association for the Education of Young Children] (2007). *Early childhood program standards and accreditation criteria, revised edition*. Washington, DC: Author.

Needlman, R., & Needlman, G. (1995, November/December). Ten most common health problems in school. *Scholastic Early Childhood Today*.

Prescott, E. (1994, November). The physical environment—a powerful regulator of experience. *Exchange*.

Rivkin, M. S. & Schein, D. (2013). The great outdoors: *Advocating for natural spaces for young children (Revised edition)*. Washington, DC: National Association for the Education of Young Children.

Zeavin, C. (1997, March). Toddlers at play: Environments at work. *Young Children*, 52.

10 課程基本要素

美國幼兒教育協會幼教專業準則

本章涵蓋之美國幼兒教育協會幼教專業準則:

標準 1:促進兒童發展與學習

標準 2:建立家庭與社區的關係

標準 4:運用促進兒童發展的有效教學法和兒童與家庭建立關係

標準 5:運用知識內涵建立有意義的課程

標準 6:成為專業工作者

事實(T) 或 迷思(F)

T F 課程和遊戲兩者完全沒有關係。

T F 課程是指兒童一天中所有計畫和非計畫的活動。

T F 課程評量是一個持續進行的過程。

T F 書面的課程計畫是用來確實執行學年課程和活動。

10-1 ✤ 遊戲本位課程

於第 4 章已闡述有關兒童遊戲過程中所學到的價值，及為什麼**遊戲為本位課程（play-based curriculum）**能促進兒童的學習的潛力。兒童學習的過程，需要有意義的積極性活動與材料。兒童需要有體能、心智上和情感的投入，經由參與何種活動和如何參與，他們可以在遊戲中獲得學習的經驗。

10-1a　學習如何學習

觀察遊戲中的兒童：他們是有活動力的、好奇的、有創意的和積極想要學習。他們用自己的想法、語言和想像力來提問、探索和實驗。遊戲的過程中，兒童彼此合作、協商和互相學習。他們正在學習如何學習。圖 10-1 顯示每一個發展領域如何在兒童遊戲中使用，並進而轉化為知識。

10-1b　教師在遊戲中的角色

遊戲是所有兒童的基本需求，也是優質幼兒教育課程的核心。教室內的老師藉由傾聽和觀察兒童遊戲與學習瞭解兒童，並以兒童的興趣和需求來規劃課程。

適性發展遊戲

當遊戲以適性取向發展，全人兒童開始受到影響，同時，遊戲挑戰兒童運用所有的能力。

> **事實(T) 或 迷思(F)**
>
> **T** Ⓕ 課程和遊戲兩者完全沒有關係。
>
> 遊戲是一種路徑，透過遊戲兒童探索課程活動和學習經驗。遊戲提供探索世界內涵，及發覺不同意義的經驗。

適性發展遊戲的計畫是來自教師對於兒童如何成長和學習的知識，同時也在於教師對於兒童所居住地區文化內涵的理解。以此為基礎，遊戲經驗與課程相互交織藉以達成這三種標準。兩個主要發展適性計畫的概念為 (1) 設定合理的目標；和 (2) 瞭解兒童的發展階段（Copple & Bredekamp, 2009）。

遊戲是學習的基石

認知／語言
區辨現實和想像
鼓勵創造性的想法和好奇心
允許問題解決
鼓勵思考與計劃
發展記憶、知覺技巧和概念建構
試著以他人角色思考
獲得知識和統整學習
學習溝通技巧
發展聆聽和口語技巧

創造力
培養使用想像力和假想力
鼓勵彈性思考和問題解決
提供嘗試原創想法的機會
支持冒險
學習運用感官探索
透過建構與藝術媒介重新創造意象
促進觀察技巧
提供不同的經驗
學習以藝術、音樂和舞蹈表達自己
發展創造意象和表徵的能力
獲得其他觀點

社會
嘗試其他性格、角色
學習合作和輪流
學習領導、跟從
建立社會性語言的用法
學習使用語言表達需求
反映自己的文化、文物、價值
學習社會規範和團體責任
展現尊重他人資產和權力
引導對於他人的覺察
學習如何加入團體
建構覺察自我是團體的成員之一
獲得自我認同的感受
提升自我意象、自尊
經驗、愉悅、趣味

體能
能量釋放
建立精細和粗大運動技能
獲得身體的掌控
提供挑戰
活力運用身體
允許重複和練習
精練手眼協調
發展自我覺察
促進健康和健身

© Cengage Learning®

情緒
發展自信和自尊
學習提出不同的觀點
解決內在的害怕和衝突
建立對自己和他人的信賴
顯現兒童的個性
鼓勵自治
學習冒險
發洩憤怒、敵意、沮喪、愉悅
獲得自我控制
在許多領域成為有能力的人
主動

© Cengage Learning®

圖 10-1

適性發展教學實務

動手操作的學習

　　當兒童以肢體操作材料時，遊戲本位課程是最有效的。動手操作的學習，允許兒童對於環境產生知覺。當成為有行動力的學習者，兒童必須探索和操作。他們推、拉、堆、建構、取下、蒐集、數數、測量、挖、分解、結合、倒、爬和移動。當兒童自己發現事情是如何進行的，此探索的價值無法低估。例如，創造綠色的概念一開始是毫無意義，直到兒童自己會混色。開始時是其他顏色，讓它變成咖啡色，最後變成綠色。這就是學習抽象概念時，必須要有可觸摸和肢體經驗的理由。

　　以下對於課程的討論，將探討文化適性遊戲和素材。

支持遊戲

　　透過遊戲來練習生活是兒童重要的工作，他們需要幼兒教育的老師可以欣賞和肯定遊戲所扮演的角色。（請見第 4 章討論遊戲型態的價值。）圖 10-2 指出教師支持遊戲的角色。

　　一些家長和老師沒有意識與覺察遊戲在幼兒階段的重要性，他們需要瞭解當兒童遊戲時，其實就開始進行學習。教師們需舉例向家庭說明，每一個互動都是學習的起點，可以展現兒童的想像力、能力和創造力。

設定遊戲的階段

　　設定學習、環境、作息和課程單元的階段，建立可以培養建構式遊戲和動手操作學習的計畫：

❋ 開放式的材料可以延展兒童的學習機會，因為它們可以多元方式運用。

❋ 不同的活動領域和學習區會依據遊戲的特性而設計，學習的材料提供兒童在遊戲中有選擇的機會；例如，美勞、音樂、閱讀／文學、科

© Cengage Learning®

兒童對易於上手又有吸引力的課程教材會有所回應。

十二種促進遊戲的方法

1. 引導遊戲，但不是去指導或支配
2. 參與遊戲，但是不是壓制兒童
3. 以兒童的想法和思考開始進行遊戲，但不是完全執行他們的觀點
4. 假如需要的話，可以示範遊戲。對兒童展現一個特定的角色可能會有的行為，如何輪流，或是敲錘時如何握住錘子
5. 示範解決問題的方式，兒童也可以參與其中
6. 問問題；幫助兒童釐清發生什麼問題
7. 幫助兒童開始遊戲、結束遊戲和再次開始
8. 給他們口語的線索，能幫助他們可以依據想法開始遊戲
9. 聚焦兒童對於其他人的注意，鼓勵他們與彼此互動
10. 當有必要的時候，大聲解說兒童的行為，而且幫助他們使用語言說明想法和理念
11. 當兒童發生衝突時，幫助他們使用語言說明自己的情緒
12. 說明和問問題可延展遊戲的可能性，進而引出發現與探究

© Cengage Learning®

圖 10-2

學與探索、音樂與律動、操作與桌遊、積木和扮演。這些學習區的設計在第 9 章已有說明。

❋ 自發性及以幼兒為中心的活動培養兒童使用素材的獨立性。

❋ 為支持雙語學習者，照片、圖片、雙語書籍和 CD 被放置在不同的學習區。

❋ 空間使用、教室安排、戶外遊樂區、教材和每日作息是建構兒童學習經驗的基礎，藉此滿足每一位兒童的興趣與能力的需要。

老師建立語調和情感的結構，兒童在此工作與遊戲。正向的氣氛支持兒童在安全和保育需求的環境中學習。

許多建議在第 9 章已經被涵蓋。

10-2 ❋ 創造學習的架構

在幼兒教育中，課程是由藝術活動、語言遊戲、無預期的探查爬在窗邊的蟲子、玩沙時唱的歌曲，以及教師解釋為何倉鼠會死亡等活動構成。

10-2a　什麼是課程？

　　課程涵蓋了所有活動，包括主題事件、人際互動和所有幼兒每天的經驗。**課程（curriculum）**是教師知識和理解兒童如何與人、和素材互動歷程的總和。

事實(T) 或 迷思(F)

T F　課程是指兒童一天中所有計畫和非計畫的活動。

課程指的是兒童中在托育機構一天所有的學習經驗。當兒童與素材相遇時，所有計畫和非計畫的學習都是課程。

　　Bredekamp 和 Rosegrant（1995）以四個領域定義課程組織架構：

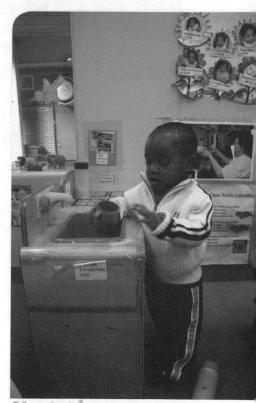

© Cengage Learning®

當兒童與教材相遇時，課程就開展了。學步兒可以從他的遊戲學會什麼？

1. 內容（content）包含什麼是兒童需要學習的？這些內容又如何反映幼兒的興趣、需要、經驗。
2. 過程（process）包含發生學習的時間和方法，活動或計畫的選擇、參與者之間互動連結方式，與作息表之間的關聯性。
3. 教師（teachers）應具備幼兒發展理論的知識，並能察覺個別差異以滿足教室內每一位幼兒的需求。
4. 背景（context）是選擇某個方案和活動的原因，基於教育機構的哲學理念和教育目標、及與兒童家庭和社會的聯結。

　　課程發展是一個做決定的過程，要將教育和發展的理論與實務結合。有些課程模式提升了適性發展學習，且具有自己的哲學理念。包括高瞻（HighScope）、河濱街、瑞吉歐學校、蒙特梭利、華德福和創意性課程，圖 10-9 羅列

多元觀點

課程轉型

建構一個真正的多元文化教室，會對於熟悉的做事方式提出疑問並且提供新的文化視野和思考方式。班克斯（Banks, 2006）描述此趨勢即為**課程轉型（transformative curriculum）**。

課程轉型幫助教師發展批判性的思考技巧，他們會對主導美國學校以歐洲為中心的課程中所呈現的一些族群和文化的觀點和意象提出質疑。例如，這個取向鼓勵教師在設計感恩節、朝聖、美洲原住民等課程時，先從美洲原住民角度來看克里斯多福‧哥倫布（Christopher Columbus）。課程轉型是一種幫助大家發展更正向的態度去面對種族、族群和文化群體的方式。

幼教實務上，許多幼教機構的族群烹飪課程或是慶祝族群與文化節慶，呈現孤立的學習經驗，經常不經意地淡化，或對某些族群帶有刻板印象。民間傳說、民謠歌曲、食物，以及衣飾都只是一個文化的外在表現和象徵，而不是文化本身。若要讓幼兒獲得有意義的知識，課程內容必須涵蓋對人類的差異性更完善的說明，而不僅是特殊偶發議題。包括多樣化的食物、音樂和服飾等成為課程的重要工藝，並且將它們延展成多元的概念並且和其他的文化觀點進行聯結討論。某個文化的歌謠與舞蹈活動，也可以延伸引入兒童遊戲中，以認識世界的不同。

上述課程的摘要。許多學校採用特別的教保模式，或者從一些模式中融合部分元素做成計畫。

適性發展課程

如同第 2 章所言，美國幼兒教育協會（Copple & Bredekamp, 2009）對適性發展計畫、課程和實務所進行的定義有以下的考量：

❀ **年齡合宜。**須瞭解特定年齡層兒童的發展與學習，藉此提供適切的經驗和學習活動來挑戰兒童並幫助他們獲得成功。

❀ **個別差異的合宜。**課程需反映個別幼兒、個體的成長速率及每個人獨特的學習型態，也滿足他們的需求、興趣、能力和喜好。

❀ **社會與文化的合宜。**課程提供有意義和相關的學習經驗，每一位兒童的社會與文化內涵都被看見，適性發展課程尊重此團體中兒童和家庭的背景。

包括覺察雙語學習者和其家庭。

　　適性發展教學實務（developmentally appropriate practices）與課程的內容，其歷史根源於杜威的觀點，他認為學校能讓學生進行推理和思考，學習加入民主社會（請見第 1 章）。圖 10-3 列出由美國幼兒教育協會（NAEYC）與國家教育部幼教專業人員協會州教育部（National Association

有效課程的建議

美國幼兒教育協會和國家教育部幼教專業人員協會州教育部建議，課程的實施需仔細規劃、具挑戰性、鼓勵參與、適性發展、需考量文化與語言學習、全面性且能正向地提升幼兒學習成果。發展有效課程的指標如下：

☺ 兒童主動參與。所有年紀和能力的兒童都對於學習有興趣並發展正向的態度，他們的情感能力與安全感都受到支持，且與家庭和社區有連結。

☺ 目標是明確並與全體分享。課程目標明確定義、共享，並讓機構主管、教師和家庭都能瞭解。課程、活動、教學策略的設計是一致且密切結合，藉以達成目標。

☺ 課程是實證本位。課程是立基於每一族群兒童發展、文化和語言相關的實證探究，並且依據兒童發展和學習相關理論進行設計。

☺ 有價值的內容是從探究、遊戲、聚焦以及有意圖的教學而來。兒童的學習來自於各式各樣的探索、思考與之後相關事物學習的聯結。教學策略則依據兒童年紀、發展階段、語言和文化、相關能力是否具備來規劃。

☺ 學習和經驗是課程建構的先鋒。課程內容和實施，是建構於所有兒童先前的個別性，以及與年齡、文化學習相關的經驗，且支持他們從家庭和社區所學到的知識。課程需要支持英文不是其母語的兒童，做為其未來學習的基礎。

☺ 課程是全面性的。所有發展領域都包括在課程內，例如身體動作發展、社會情緒發展、語言發展、認知與一般常識。學科相關的領域也被包括其中，例如科學、數學、語文、社會和藝術。

☺ 專業標準認證課程主題內涵。課程須符合專業機構相關的標準。（例如，美國健康、體育教育、休閒與舞蹈聯盟；全國英語教師委員會；全國科學教師協會）而且課程會被審查，以確保前後連貫一致。

☺ 課程是有利於兒童福祉。研究顯示有意圖性的課程實施，較有可能帶來有利的效果，這些利益包括更為寬廣的成果。

圖 10-3　適性發展教學實務是奠基於兒童如何發展的知識，是根據研究、理論和觀察所得。（Bredekamp & Copple, 2009）

© Cengage Learning®

of Early Childhood Specialist in State Department of Education）共同提出有效課程的建議指標。

10-2b　文化合宜課程

如果有意義的學習源自於社會與文化背景，多元文化氛圍則創見於對真實差異的關切——包含種族、性別、能力，以及雙語學習——都必須設計於教育方案裡。

文化合宜課程（culturally appropriate curriculum） 也是發展合宜課程。要設計出一套課程能適當而敏銳的回應美國當代社會的多樣性，並運用於一般的個別教室中，是一大挑戰。

10-3 ✿ 有效課程評量要素

為了滿足每一位兒童的需求、興趣、經驗和能力，課程需要不斷地被評估。一天結束的時候，教師非正式地評量活動；在規劃階段，課程是為了未來計畫而被評量，或是教職員發展和認證歷程的一部分。當進行評量課程有效性時，需考量以下因素。

> 事實(T) 或 迷思(F)
>
> Ⓣ F 　課程評量是一個持續進行的過程。
>
> 評量課程是一個持續進行的過程，當兒童改變、成長和發展新的興趣和能力，教師的實施也跟著適當的改變。

10-3a　統整課程

還記得第 3 章與第 4 章中討論到的幼兒全人（whole child）教育嗎？強調各領域發展，如體能、社會、智力、語言和認知等的互動和關係。如同我們想到**統整課程（integrated curriculum）**一樣，一個統整課程橫貫了各學科領域，遍及在學校的時間，也包含了其他背景中技能發展活動的學習。每個學科不被單獨分開教導，亦非獨特的主題，例如數學、自然、藝術、語言，

而是被設計為組成課程經驗中的要素。各科目橫跨在學習活動中，並在幼兒參與的工作和遊戲中，以有意義的方式增強各概念。

10-3b　萌發課程

萌發課程（emergent curriculum）如同字面所述：課程是由幼兒的經驗與興趣中萌發而來。教師觀察兒童做什麼、他們如何玩、他們說什麼、還有什麼事物抓住他們的興趣和想像力。當兒童他們在遊戲過程中發覺意義和理解，萌發課程的重點即在於加深和加廣兒童的學習。

從幼兒身上找線索——注意到他們玩什麼，躲開什麼，改變什麼——源於此信念，若要形成有意義的學習經驗，教室裡的課程應該由日常生活中而來。基於艾瑞克森、皮亞傑、維高斯基等理念原則，萌發課程假設幼兒是主動、好奇、有動力的學習者，有能力透過經驗主動建構自己的知識。

萌發課程需要與幼兒和其他成人共同合作及學習；教師與幼兒都提供建議與想法。當兒童探索學習可能性時，萌發課程有可能從一個想法或是一個活動開始發展。這種型態的活動可能會持續好幾天或好幾週。萌發課程在一間幼兒園教室，是從兒童開始學習他們自己的住址開始。這個發展引發他們進一步討論鄰居和他們所居住的地方。這個活動引發兒童對於地圖方案的探究，學習的歷程延伸到對於他們居住社區的學習。

10-3c　融合課程

融合課程（inclusive curriculum）超越創造滿足個別兒童需求的課程。一個融合課程包含：

❋ 有更寬廣的面向和挑戰教師為所有兒童提供機會，不論其性別、能力、缺陷、語言、文化、族群和宗教
❋ 提供活動和素材的選擇，促進教室內每一位兒童潛能和回應他們不同的能力
❋ 所有的活動都會調整到一個更寬廣範疇的技巧與能力
❋ 具彈性足以包容每一位兒童的需求
❋ 挑戰兒童的學習

回顧第 9 章圖 9-4，創造融合環境的簡易檢核表。圖 10-4 呈現如何調整

透過積木進行統整課程

　　每一位兒童都喜歡玩積木。在許多幼教機構中，積木是一個主要的教具。積木顯現統整式的學習概念，它提供學習在有意義的內涵中發生。以下是兒童在積木區的學習：

☺科學：重量、重力、平衡、穩定性、高度、傾斜、坡度、力量等作用

☺數學：分類、順序、數字、分數、厚度、寬度、高度、長度、形狀關係、容量、面積、形狀、大小、空間、描圖

☺社會：符號表徵、製圖、座標、圖案、人類和他們的工作

☺藝術：圖案、對稱、平衡、設計、材質、創意和畫圖

☺語言：比較、辨認形狀和大小、標示、給予指引、溝通想法和需求、寫和畫出計畫、使用書籍資源

☺肢體發展：手眼協調、整理、手部運作、精細動作技能、視覺感知

☺社會發展：合作、分享、整理、衝突解決、協調、尊重其他一起工作的人

☺認知發展：計畫、命名、分辨大小和形狀、歸納性思考、發現、創意

　　當兒童在自然的情境下玩積木，他所經驗的統整課程就是一種跨領域的課程。

Ann Gordon

以這個積木結構為例，說明了什麼統整課程？

特殊需求兒童適用的藝術活動

____ **視覺：**
☺ 口述說明材料，以及他們可能會如何使用這些材料
☺ 提供盤子描繪視覺界線的輪廓
☺ 提供較明亮的顏料，藉以和紙張出現明顯對比
☺ 放慢速度，鼓勵兒童在你說話時，操弄這些物品

____ **聽覺：**
☺ 流程模式化，與兒童面對面，並加重手勢的使用
☺ 必要時使用手語

____ **體能：**
☺ 確認通往美勞角的通道是沒有阻礙的
☺ 提供合宜適當的美勞材料，例如：矮胖的蠟筆、大的馬克筆
☺ 提供雙面用靈活剪、刀輪，以方便你可以幫忙
☺ 運用魔鬼氈做為工具或是畫筆刷
☺ 使用卡點西德博士膜、口紅膠等取代罐裝膠

____ **注意力和行為：**
☺ 提供兒童個別材料與工作空間，減少等待和擁擠
☺ 提供如黏土類型的材料表達情緒，和發洩精力
☺ 限制兒童對材料的選擇，而非讓他們使用美勞角琳瑯滿目的素材

圖 10-4

美勞角活動，以符合身心障礙兒童需求的範例。

10-3d　個別化課程

兒童有不同的**多元智能（multiple intelligences）**，學習和感官形式是進行**個別化課程（individualized curriculum）**計畫和實施時很重要的考量。當評量一個課程的有效性，這些因素需要納入考量。

多元智能

在第 4 章，已瀏覽有關迦納的多元智能理論（MI），認為幼兒擁有不同的心智，因此，理解、學習、記憶和表現都出現不一樣的方式。大部分的專家都同意智能是複雜的現象，傳統的教科書很難測量出整個主要技巧或能力所涉及的狀況。

迦納的理論認為我們至少有九種不同的方式來獲得知識或表現「聰

明」。它們是：

1. 語文：文字遊戲、說故事
2. 數學—邏輯：數字、圖案、形狀、拼圖
3. 空間：建構、畫畫、設計、影像
4. 肢體—運作：觸動、跑、協調
5. 音樂：唱歌、舞蹈、玩樂器
6. 人際：社會性、健談
7. 內省：辨識情緒、自省的、目標導向
8. 自然：科學、探索戶外自然世界
9. 存在：探尋生命的深層意義、探究倫理議題

　　閱覽第 4 章圖 4-8 回想一下。

　　許多學前機構教室很容易觀察到這些智能。一些兒童對於拼圖和動手操作遊戲很在行；而有些兒童則忙於故事編撰，有些人則用積木建構船塢，或抱著一隻天竺鼠。所有兒童都具有九種領域智能的潛力，但並不是每一種智能都很在行。

　　以多元智能為基礎的課程和統整課程之間的關聯性相當明確。假如兒童有不同的認知學習方式，他們就必須以不同的方式經歷概念、課程或學科。教師以多元智能內涵調整教學方法和內容，而非只用一種方式教學，如同進行教學時會顧及各個領域的發展，而非單一領域。

學習型態

　　有些人偏好由閱讀或是授課方式學習；其他人則喜歡實驗和從錯誤中學習。每一種都是合理的學習和資訊處理吸收的方式，每個人各有其喜好的學習型態。

　　有三種兒童常用的基本感官學習形式：聽覺、聽覺和肢體動作型。每個幼兒有其偏好，但此偏好並非其獲得知識的唯一方法。

1. 視覺型學習者（visual learner）。喜歡以閱讀、書寫、繪圖的方式呈現所學之事。去過水族館校外教學過後，伊納茲寫下和畫出有關鯊魚的故事。
2. 聽覺型學習者（auditory learner）。此類幼兒藉由傾聽他人而學習，並說出和討論他們所學之事。從水族館回家後，達留斯做出一首有關海星的歌。

教師請他教全班唱這首歌。

3. 肢體—運作型學習者（bodily-kinesthetic learner）。此類幼兒很好動，動手操作學習猶勝於只是聽講。回教室後，喬艾爾和瑪莎直奔積木角搭建水族館。

　　有效的課程評量緊繫著教學策略如何包含多樣化智能，以及具備多元化活動的**學習方式（learning styles）**以幫助兒童成功地引發他們的學習能力。

10-3e　發展領域

　　兒童發展理論指出所有**發展領域（developmental domains）**——社會情緒、語言、體能和認知——都是彼此相關，且保持互動。有效的課程是全人的課程，會公平關注兒童發展的所有領域。有些州對**學習標準（learning standards）**提出的批判，主要是其大部分的標準都關注於語言、數學和認知領域，而較少關注社會情緒和體能發展領域。圖 10-5 顯示一個活動如何促進所有發展領域。

　　當環境顯現歡迎兒童時，兒童的學習也會達到最好的狀態，也代表學校對於兒童和家庭都很重視。特別是教師、行政人員與兒童及其家庭的文化明

倫理議題

文化回應教學

　　教師們正面臨挑戰，他們呈現的課程要能反映現代美國社會，並且因應每一間教室內所出現的多元性進行課程調整。班克斯（2001）定義多元文化社會裡有效能教師的五個特點。他們會：

1. 從不同種族、族群、文化和社會階級的學生特質，以偏見和減低偏見理論與研究，和教學技巧和策略，發展教學知能。

2. 對於自己的文化遺產、與其他民族和文化團體互動中獲得的經驗與知識，進行反思和理解澄清。

3. 反省自己對於不同種族、族群、文化和社會階級的態度。

4. 擁有技巧進行有效的教學決策，減低偏見和種族團體間的衝突。

5. 會設計一系列的教學策略和活動，促進來自不同種族、族群、文化和社會階級學生的學習成就。

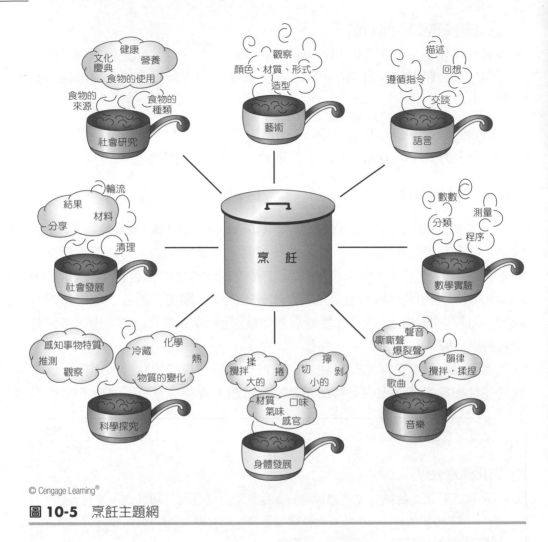

© Cengage Learning®

圖 10-5 烹飪主題網

顯不同的時候，更顯其真實重要性。和兒童家庭與社區建立正向的關係，可以從尊重兒家庭文化開始，創造以兒童最佳的興趣一起工作的途徑。對雙語家庭的兒童而言，更是特別真實的意涵。

10-3f　學習標準

　　全美對於早期學習標準，會依據對兒童發展與學習的期待和測量而有所調整。大部分的州針對 3 到 5 歲和低年級的學生採用某些型式標準。Gronlund（2006）指出早期學習標準對兒童的益處為：

━━━━━━ 專 業 準 則 ━━━━━━

標準與課程的連結

標準	活動	運作的呈現
個人的和社會能力：以性別、年紀或社會群體進行自我認同	兒童年齡曲線圖 製作「有關我」的書 依據指令完成自畫像	說出正確的年紀，並以手指比出正確的手指數 會說「我是女孩」或「我是 4 歲」或「我是越南人」
有效能的學習者：逐步完成複雜的拼圖	玩配對拼圖、各類有框或無框拼圖、地板大拼圖	運用凹凸片拼圖，不需要邊框
體適能能力：同時可以操作兩種或更多物品	串珠；玩樂高或得寶樂高積木；練習扣釦子、拉拉鍊；紙板穿洞和剪紙	兩手可以同時操作物品順利完成工作

發展適性課程達到學習標準，教師確認兒童以有意義的方式參與活動，同時也進行他們技巧的發展。

改編自 Browne & Gordon, 2009。

❋ 當他們與低年級銜接時，可以確認兒童準備就緒了
❋ 標準能夠定義基本學習的技巧
❋ 標準幫助教師確認下一個步驟，並對學生有適切的期待
❋ 標準讓幼兒教育領域更專業

　　學習標準有好處當然也會有潛在的風險。大部分的時候，標準並沒有清楚說明所有發展領域，也不能一體適用於不同種類的障礙或是不同文化與語言的兒童。許多幼兒專家關心現行的標準會促使直接教學、不適切的期待，以及學前兒童的評量演變成為考試而教學的心理。

10-4 課程設計：挑戰兒童的心智

　　課程的目的在於幫助兒童獲得技巧和行為，藉以提升他們的最佳的體能、社會、情緒和智力的發展。

10-4a　促進學習極大化的元素

教師提供一些發展課程可以促進學習機會極大化的元素。

獲得技巧

創造教室課程時，考慮各方面的發展技能和廣闊的興趣是關鍵因素。因為即使幼兒的年齡相同但能力不一，活動必須具有開放性的結果及充分的彈性，以配合多數幼兒的不同技能。同時也要記住，一些幼兒對正式或有系統的美術活動及自然科學經驗可能不感興趣，但這些幼兒在自行選擇的遊戲中也許更容易學習：藉由戴著一個安全帽式的太空頭盔，幻想登陸月球旅行；提供長時間建構積木或者在戶外跑步和攀爬。

兒童從出生到 8 歲成長圖像的發展在第 3 章曾提及，可以使用於課程計畫，發展適齡的技巧。

© Cengage Learning®

有效課程幫助兒童的心智並提升問題解決。

以教師為主導的學習

本書倡導教學是透過幼兒的主動學習，幼兒在課程設計中是積極介入的角色。然而，我們並不排除教師在方案中，為了更進階目標進而設計經驗課程的必要性。

當教材和資訊對兒童是複雜的或是未知的概念，教師提供特定的指導和知識，以說明行為或是概念。教導特定的技巧，例如，彩色顏料要放入另一個顏色前需要先進行清潔動作；當兒童學習大小寫字母的位置等，都需要老師的指導。

10-4b　創造教案計畫

一份教案計畫提供一個圖像以說明單一活動、一天計畫或長期的方案。這個計畫提供可以遵循的格式，和可以評估與評量的工具。

腦科學說　認知課程的影響

大腦研究發現

大腦的運作主要是靠模式猶勝於實際。要達到兒童最佳學習，主要在於課程發展要圍繞著主題、統整學習和整體的經驗。對於智力發展的啟發則來自於確認模式與其關係。

壓力和威脅以許多不同方式影響大腦。情緒運作影響大腦，壞情緒減少記憶和理解的能力，還有減少高階思維的技巧。好情緒創造興奮和喜好學習。

當食物的攝取質量穩定時，人類大腦運作更好。當胰島素維持平衡，皮質醇是低的，葡萄糖耐受會更好。飲食啟動記憶；兒童需要在飲食中獲取大量的蛋白質（肉、堅果、起司），omega-3 不飽和脂肪酸，和硒與硼（綠葉蔬菜），和足夠的睡眠休息時間，藉以幫助腦部可以辨認自己。

所有的學習都是身心同步。兒童的體能狀態、姿勢和呼吸都影響學習。大腦的設計是具有週期和節奏的。練習後就能永遠留存，當同樣的訊息再次傳達時，記憶還是會正確的留存。

課程實施

結論：發展有意義的活動計畫主題。無趣或抽象片段的資訊將無法提供理解（例如：強迫幼兒練習英文字母）。計劃一些「實境經驗」，鼓勵兒童更深入自己的工作和遊戲。

結論：營造每一位兒童正向且個人化的連結關係。避免對兒童威脅，如：吝於贊許、作息急促，或者暗示兒童是無可救藥的壞孩子。兒童在安全環境所感受的情緒，可以抵銷掉所發生的問題，因為兒童的壓力調節機制會經常性啟動。好的情緒則能夠促進記憶。

結論：點心是良方！規律的點心時間可以導致更佳的認知運作、較少的常規問題和促進幸福感。

結論：持續追蹤身體狀態，教導兒童身體運作，及他們被期待要坐或要睡多久。一日作息計畫要平衡各類活動、豐富的儀式以及規律的作息。

團體教學計畫

　　每天作息內，教師會以大團體和小組方式集合兒童，提供不同型態的學習經驗，視他們自己的需求，進行大團體或小組討論。參訪消防局就可以是大團體的活動，大家可以一起看和聽解說。小組則可以更深入進行活動的討論。

大團體時間通常用來：

☺ 提供一日作息的轉銜
☺ 邀請一位特別的貴賓
☺ 介紹新的想法和教材
☺ 唱歌、跳舞、進行手指謠
☺ 讀故事
☺ 和兒童一起計劃活動
☺ 複習一天的事件
☺ 引發團體解決問題

小組時間：

☺ 提供兒童更緊密和更多個人的經驗和個別化引導
☺ 幫助兒童練習特定的技巧，例如學習聆聽和等待發言
☺ 鼓勵兒童與其他人和教師互動
☺ 允許個別教學，提供教師觀察每一位兒童的成長和發展的機會
☺ 成為討論和解決方案、行為和其他班級事務問題的舞台
☺ 提供深入探索主題的時間
☺ 一起吃飯或吃點心

© Cengage Learning®

　　當說故事時間，也用兒童母語解說時，團體時間將更意義。一位老師用英文朗讀故事書，另外一位老師則使用西班牙語。

　　所有團體時間，教師都會鼓勵兒童傾聽與說話的技巧，也提供兒童與他人分享想法和理念的舞台，並同時介紹一些認知和社會性的活動。

設定目標

　　發展課程的步驟始於設定學習目標。這些目標要立基於教師對於兒童發展的認知、兒童個別差異和課程的教育哲學。目標可能是短期或是長期範圍，而且聚焦於技巧發展、主題和方案。設定目標包括：

❈ 說明清楚兒童學習是什麼。列出三到五個希望兒童可以達到的目標
❈ 說明自己的理念和選擇是基於哪些價值和教育優先概念
❈ 達成目標所需蒐集的資源、素材、道具、資訊和想法
❈ 設定達成課程計畫期程──週計畫、月計畫、季計畫
❈ 反思和評估成果；考量哪些目標有效完成、哪些未能成功，並透過回饋調整未來目標

教案

　　教案（lesson plan）是書面文字能幫助教師描繪與實踐目標，此教案會因應需求進行彈性的變更。教案計畫可能包括一系列的活動、兒童的學習經驗的目標、教學方法或歷程、教師的責任、一天可用的時間，還有其他事項說明。書面教案也許有包括或沒有包括所有其他學習區內常見的活動。積木區、操作區、扮演區、科學區、數學區和語文區的素材保持讓兒童隨手可得，但有些教師只在教案中呈現學習經驗計畫和教師主導性活動。圖 10-6 是一週教案的範例，圖 10-7 是單一活動教案的範例，並包含空間的評估。

主題網

　　教師另一個書寫教案的方式是廣為眾人認知的**主題網（webbing）**歷程。主題網是一個設計工具，它以圖形說明一個主題如何以可能的活動和方案進行深入的探究。主題網以視覺的方式統整活動和內容，它可以依據兒童的興趣和想法彈性修正與擴充。一個主題網可以以主題方式來組織（烹飪），以課程領域來設計（語文、藝術和音樂），或以課程的目標來設計，例如圖 10-8 所呈現的「合作」主題網。其他主題網的範例可以詳見第 9 章的圖 9-3 和本章的圖 10-5。

　　主題網一開始的設計，需確認主要的議題或主題，進而成為主題網的中心概念。以輻射狀的方式開展出其他主題面向，例如，概念和活動。通常主題網將所需要活動、經驗和教材都納編在其中。這種型態的課程是浮動的且

幼兒園教案範例

教師：
日期：
主題：特別的我
概念：我是獨一無二、特別的和家庭的成員
技巧：寫字練習、書寫、測量、畫圖、問題解決、覺知相同／不同

學習區和活動	週一	週二	週三	週四	週五
早上團體活動	唱「早安」歌 介紹「我的身體」	個別照立可拍照片 介紹「我的目的」	閱讀《你出生的那一天》 介紹「我的家人」	以做麵包棒開始 介紹「我的家」	健康點心表： 結束和討論
下午團體活動	認識身體部位和它們能做什麼	動物朋友：分享填充動物和／或寵物	圖表記錄兒童和家人的生日	閱讀《我的家長如何學習吃東西》故事	帶一些關於自己的東西來分享
語文和文學	以《關於我》這本書開始	在立可拍的照片上寫字，並將照片放進「我」的小書	增加家人照片在小書中，幫照片旁白或繪圖	寫有關校外教學的課室故事	完成與分享《關於我》小書 完成課室故事
藝術	繪製真人大小的自我畫像	製作指紋和腳掌紋圖片	製作紙杯偶 家人立體偶	製作廚房小工具玩偶	將黏土混色成膚色
音樂和律動	「點名歌」 伴隨音樂運動身體各部位	唱「我很特別，你也是」和「朋友們一起走」	擲豆袋和蔚員行軍樂隊	唱跳「大家來說早安」	戴上綵帶帽隨著音樂跳舞
扮演遊戲娃娃屋	娃娃屋有全身的鏡子和兒童嬰兒時期的照片	增加電話、紙筆便於記錄	用溫肥皂水幫洋娃娃洗澡 增加角落的填充動物	增加炒鍋和其他廚房設備	增加扮演衣物的唱子

圖 10-6　每週教案設計範本。

幼兒園教案範例（續）

學習區和活動	週一	週二	週三	週四	週五
數學操作	測量和記錄每一個兒童的身高	畫出兒童的高度	運用家庭慶典拼圖	從娃娃家取出物品並且玩「什麼東西不見了？」	預估瓶子硬幣的數量，然後數一數
科學探索	用聽筒聽心跳 檢視骨骼圖片或模型	放大鏡看手紋 探索影子	食用染料 滴眼管 製冰盤	秤秤「我」的小書的重量 「那是什麼聲音？」	磁鐵和什麼東西會沉下去？浮上來？
積木 增加：人物、動物、盒子、房子、車子		**戶外／大肌肉** 自然散步：遊戲場的超越障礙課程 跳、跑、蹦、躍		**轉銜** 運用布偶小幫手 運用「點名歌」轉銜	
感官區 溫水泡泡的玩水檯 多元文化膚色的黏土 健康小點心品嘗		**社會探究** 邀請家人參訪 雜貨店校外教學 我們都很相像，我們也不同		**本週書籍** 《我的五官》、《大朋友》、《小朋友》、《媽媽的辦公室》、《威廉的洋娃娃》	
特別註記事項 雜貨店校外教學、由兒童決定買哪些健康點心、說明決定 一週課程：製作食物類型圖表、準備和享用點心、寫教室故事					

圖 10-6（續）

資料來源：H. L. Jackman, *Early education curriculum: A child's connection to the world* (5th ed.). Wadsworth, a part of Cengage Learning, Inc. 2012. p.66.

單一活動教案範例

活動名稱：＿＿＿＿＿＿＿＿＿＿＿＿＿＿＿＿＿＿＿＿＿＿＿＿＿＿＿

目的／目標：＿＿＿＿＿＿＿＿＿＿＿＿＿＿＿＿＿＿＿＿＿＿＿＿＿

內容：＿＿＿＿＿＿＿＿＿＿＿＿＿＿＿＿＿＿＿＿＿＿＿＿＿＿＿＿＿

地點：（戶外／室內，院子或房間的哪一個區域）＿＿＿＿＿＿＿＿＿＿

時段：＿＿＿＿＿＿＿＿＿＿＿＿＿＿＿＿＿＿＿＿＿＿＿＿＿＿＿＿＿

小組的型態和規模：＿＿＿＿＿＿＿＿＿＿＿＿＿＿＿＿＿＿＿＿＿＿＿

材料需求和兒童如何使用：＿＿＿＿＿＿＿＿＿＿＿＿＿＿＿＿＿＿＿

如何介紹活動和引起小組動機需要什麼：＿＿＿＿＿＿＿＿＿＿＿＿＿

收拾規範：＿＿＿＿＿＿＿＿＿＿＿＿＿＿＿＿＿＿＿＿＿＿＿＿＿＿＿

兒童如何參與？＿＿＿＿＿＿＿＿＿＿＿＿＿＿＿＿＿＿＿＿＿＿＿＿＿

成果：＿＿＿＿＿＿＿＿＿＿＿＿＿＿＿＿＿＿＿＿＿＿＿＿＿＿＿＿＿

兒童的反應為何？＿＿＿＿＿＿＿＿＿＿＿＿＿＿＿＿＿＿＿＿＿＿＿＿

目標達成性？＿＿＿＿＿＿＿＿＿＿＿＿＿＿＿＿＿＿＿＿＿＿＿＿＿＿

問題？＿＿＿＿＿＿＿＿＿＿＿＿＿＿＿＿＿＿＿＿＿＿＿＿＿＿＿＿＿

解決方式：＿＿＿＿＿＿＿＿＿＿＿＿＿＿＿＿＿＿＿＿＿＿＿＿＿＿＿

應用於其他活動：＿＿＿＿＿＿＿＿＿＿＿＿＿＿＿＿＿＿＿＿＿＿＿＿

下一個步驟／其他活動：＿＿＿＿＿＿＿＿＿＿＿＿＿＿＿＿＿＿＿＿＿

標題：計畫活動＿＿＿＿＿＿＿＿＿＿＿＿＿＿＿＿＿＿＿＿＿＿＿＿＿

圖 10-7 好的計畫需要時間和思考。

引自 A. M. Gordon & K. W. Browne, *Guiding young children in a diverse society*. Published by Allyn and Bacon, Boston, MA. ©1996 by Pearson Education. Reprinted by permission of the publisher.

持續在改變。它以兒童所知道的主題開始發展或者是教師想要兒童學習的內容，主題網跟著新的想法逐漸成擴展。

語言
☺ 計劃和演出一個喜愛的故事
☺ 選擇一個故事在樂聽站一起聽
☺ 學習「我愛你」的手語
☺ 模仿某人的動作、舞蹈、模型
☺ 偶戲演出
☺ 建構「我能分享什麼」圖
☺ 討論新玩具、設備如何
　分享和輪流使用

社會探究
☺ 小組製作禮物給醫院和安養
　院
☺ 為社區圖書館創作藝術展示
☺ 製作餅乾提供學校園遊
　會時販售
☺ 為老師或同儕跑腿
☺ 主題扮演：鞋店、醫院、醫
　生、生態
☺ 蒐集和分類回收物品
☺ 回收場校外教學進行回收
☺ 寫一封商品瑕疵抗議信

音樂
☺ 每天一起唱歌
☺ 組一個節奏樂團
☺ 二、三個人一組跳舞
☺ 圍氣球傘跳舞

科學
☺ 照顧班級寵物
☺ 小組烹飪活動
☺ 計劃和植栽小花園

合作

環境
☺ 每日例行性的清潔
☺ 兩位兒童共用收納櫃
☺ 從家中帶點心來分享
☺ 為兩位或更多兒童擺盤
☺ 使用大箱櫃來收納材料；
　兒童會需要分享內容物

競賽遊戲
☺ 玩老師說
☺ 玩紙牌遊戲
☺ 小熊維尼和糖果屋
☺ 玩樂透
☺ 玩賓果

藝術
☺ 在紙上畫彼此的身體
☺ 分享黏貼和拼貼素材
☺ 分享顏料
☺ 製作壁畫
☺ 製作雜物袋
☺ 創造壁掛：布、蠟
　筆、薄片；每位兒童
　畫一部分
☺ 創造班級百衲被：每
　位兒童織出一個正方
　形、教師將它組合起
　來

戶外
☺ 推鞦韆上的人
☺ 拉坐在小貨車上的
　朋友
☺ 製作一個餵鳥器
☺ 設一個保齡球道、
　有球和定球器
☺ 製作障礙跑道
☺ 使用鋸子
☺ 玩小組的跳繩
☺ 玩猜領袖

© Cengage Learning 2013

圖 10-8　社會合作技巧的培養可以在主題進行過程中，透過主題網加以說明。

─── 專 業 素 養 ───

平衡作為：兒童主導和老師主導的經驗

　　有意識的教學包括在特定的情況下，決定採用兒童主導或教師主導學習經驗。艾普斯坦（Epstein, 2007）的研究探討二者間教學和學習的相似處。研究結果顯示兩種方式既沒有完全以兒童為主，也沒有完全以教師為主；兒童和教師二者都積極參與活動和過程。當以教師為主的經驗時，兒童被鼓勵要提出建議、問題，除此之外還要積極參與。當回應兒童的參與時，教師刻意聚焦於課程的目標。以兒童為主導經驗，教師以類似意圖進行參與。當兒童訪查和探索時，教師主要的工作是在適切的時間觀察和參與。二者的教學策略既不是被動的模式，而且也不會在兒童參與活動的時間減少建議和互動。教師的角色是促進經驗和引導深入學習。

　　當思考學習經驗，我們會問自己：
☺哪一個方式最合適設立學習目標？
☺哪一種方式對特定的群體最好？
☺哪一種方式可以擴展兒童的知識，加深他們理解特定的課程或資訊？
☺哪一種方式在這樣經驗中我感覺最舒服？

　　這些問題沒有對與錯。兩種方法都是適性發展，兒童也從此兩種方式中學習。不管兒童主導或是教師主導，有意圖的教學都能引導兒童自發性的學習。

想想看
1. 描述一種教學情境，你需要使用教師引導方式。你將會如何讓班級參與，而且保持高度的興趣？
2. 描述一種情境，你需要使用兒童引導的互動方式。你會如何建立參與感，讓兒童保持專注，你自己也不會太過主導活動？

10-4c　主題

　　一種傳統的課程設計方法，是將重點圍繞在一個廣泛的、普遍的標題或主題。例如五官、家和家人或海洋生活。教學主題需與幼兒的興趣和能力相互呼應。一個市區幼兒的主題會與地鐵、計程車，以及高樓有關。居住於休

士頓或佛羅里達的幼兒可能對於火箭發射較有興趣。教師選擇與幼兒日常生活有關的主題，提供連結及相關學習。

　　主題的方式運用統整課程、融合課程與發展合宜課程：

1. 兒童可協助選擇主題並設計主題，進而構成自己的學習。
2. 選擇的活動契合課程目標。
3. 強調主動學習。
4. 許多學科領域可以整合為各種活動。
5. 透過不同的媒體與教學技術來適應不同的學習型態。
6. 具備重視多元文化發展的特質。

　　節慶活動提供主題教學取向課程發想研創機會。重要的是，如果要以節慶為主題，非主流文化的節慶活動也要記得包含在內。

　　圖 10-6 的主題是「特別的我」。圖 10-5 是以視覺方式寫出的「烹飪」主題。圖 10-8 則聚焦於「合作」的主題。

事實(T) 或 迷思(F)

T **F** 書面的課程計畫是用來確實執行學年課程和活動。

書面的課程計畫是彈性的，規劃個別活動、方案、一天計畫、一週計畫。這樣的計畫通常是短期且因滿足兒童的需求、興趣和能力而進行改變。

10-4d　方案課程

　　「方案」意指長期的活動，需要幾天或幾週進行計畫、提問、做決定，和蒐集資源。這就是**方案課程（project approach）**的內涵：以數日或數週探索某個主題或話題（例如，建構科學區桌）。第一個步驟是兒童與教師調查他們需要知道什麼。他們觀察、提問、預估、實驗和研究與桌子大小和建構相關的事物和事件。他們可能辦一個去櫥櫃店的校外教學，發現他們可能可以使用不同種類的木頭。他們可以使用紙類、紙板、木頭和塑膠模型做出桌子。整個過程兒童以小組方式進行，也可以有機會決定自己的參與的程度。「我想要幫忙測量桌子」、「我想要幫忙上顏色」、「我爺爺說他會做一張桌子，我們都可以幫忙他」。教師通常會以照片記錄兒童的活動。方案工作

有不同層次的複雜性，可以滿足不同年紀和不同能力兒童的需求；「用腳來測量是什麼意思？誰的腳？」「桌子完成的時候，我拍一張坐在桌子前面的自拍照。」「我知道如何使用槌子，讓我來。」

方案課程所蘊含的哲學是兒童可以共同建構自己的學習。教師幫助兒童探索他們已經知道的話題、什麼是他們可能需要知道的，和他們透過不同的媒介（戲劇、美術、音樂）如何呈現知識。教師替幼兒提出問題——（如果你這麼做會發生什麼事？你認為你能把這個工作做到什麼程度？）——這些問題引導他們提出假設，同時回應維高斯基的理論，互動關係與直接教學法是認知發展中兩個重要的觀點。

10-4e　教室內的科技

© 2016 Cengage Learning®

許多兒童進入幼兒教育機構時已經有一些知識和能力操作科技工具。數據時代是他們家庭生活的一部分，他們看見家長使用手機、電腦、照相機、光碟機、大量的互動平板、遊戲和音樂設施。許多工具找到進入學前教室的方式，挑戰學前教育專業評估其學習上的可用性和可行性。如同其他課程領域一樣，教師需要使用他們對兒童發展的原則和認知兒童如何學習，做為融合科技和媒體進入課程的指引。

美國幼兒教育協會和佛萊德學前學習和兒童媒體中心（Fred Rogers Center for Early Learning and Children's Media）對提供出生到 8 歲兒童科技互動媒體工具，提出聲明指引（2012），以幫助教師瞭解如何和何時使用科技產品及與兒童互動，提醒這些活動絕不能取代「創意遊戲、真實生活探索、體能活動、戶外活動經驗、與人對話和社會互動」：

1. 有意圖地選擇和評估互動媒體工具，將適性發展和它們潛能的互動經驗放在心上。

2. 將互動媒體的使用當成一種方式，以發展和支持動手操作的活動，促進兒童與真實世界接觸，並發展他們的能力去獲得新的知識。

3. 2 歲以下的幼兒托育機構，避免使用電視、媒體視訊、DVD 和其他被動式的無互動的媒體。2 到 5 歲間，不鼓勵使用媒體做為活動的一部分。

4. 2 歲以下的幼兒托育課程，只能使用有助於幼兒和照顧者之間的回應與互動的互動式科技媒體。

5. 依據公共衛生組織所提出使用視頻的建議，限制兒童在螢幕前所使用的時間。

6. 幫助確認兒童和他們的家庭對於科技和互動媒體的平衡使用。

10-4f　適性發展課程模式

課程選擇性繁多，不論是兒童為中心，或是以工作或遊戲為學習基礎，美國幼兒教育協會所設立的適性發展原則受到尊重。如圖 10-9 等模式，鼓勵教學在於促進發展和學習，課程計畫在於設定兒童成長目標、評估兒童發展、營造照顧的社群、提升與家庭密切的關係。這些模式在圖表中呈現許多相同的特質；但也因為擁有各自的特點，讓它們擁有明確和獨一無二的特質。

適性發展課程

課程	創始者	哲學	環境（P：物理性、T：一般性、I：互動性）	教師角色	主要特質
蒙特梭利：環境預備取向	瑪麗亞·蒙特梭利博士（義大利1900年代早期）	◎學習是一種個人經驗 ◎團體教學運用於介紹新教材和新的工作 ◎課程會依據兒童的差異而調整，而不是要兒童適應課程 ◎兒童自由選擇自己的素材並依據自己的節奏來學習 ◎以「工作」而非遊戲來形容兒童的活動 ◎兒童透過感官學習	(P) 準備好的環境有兒童尺寸的家具和精心設計過的工作區域 教師設計區域並精心挑選教員 (T) 工作時間較長，鼓勵兒童做選擇、持續工作、專心完成工作 (I) 以安靜、專注和協調的語氣說話；社會互動是被允許的，但學習是主要焦點	要有蒙特梭利教學法證照 引導和觀察兒童以精確的方式來引導使用教員；為了讓概念更熟悉並完成工作，重新指引兒童聚焦於正確使用教員	教員可以自我修正、順序性和引導性 ◎透過感官、日常生活訓練、禮儀的工作訓練 ◎混齡團體 ◎課程涵蓋嬰兒、學步兒（1到3歲）、學齡前幼兒（3到5歲）、國小（幼兒園大班到小學五年級）和中學生
河濱街：發展互動取向	露西·絲培葛·米契爾（美國1900年代早期）	◎受到杜威進步主義的影響，強調做中學 ◎優先關注社會和情緒發展與掌握	(P) 教室依據兒童而設計 兒童個別工作或小組一起工作	重視教師的知識和準備；教師對兒童發展原則的知識強調個別兒童和他們如何學習	以遊戲為基礎的教學模式、以兒童為中心的學習法起源；除了兒童和成人、也強調與社區的互動

圖 10-9　課程模式的概觀，每一種模式因為自己的優勢而獨一無二。

適性發展課程（續）

課程	創始者	哲學	環境（P：物理性、T：一般性、I：互動性）	教師角色	主要特質
		艾瑞克森心理學發展觀點 ☺ 幼兒全人教育和發展原則影響課程計畫 ☺ 兒童的目標基於發展順序和學習歷程 ☺ 遊戲是用來促進兒童智力、語言技巧則透過經常性的對話和互動	（T）優先提供可自由遊戲的大型積木活動，藉以提供具體、第一手的動作操作經驗 （I）注重兒童與環境的互動 （I）和社區與鄰居的連結是受到重視的	教師經由引導和促進經驗提供學習 教師以提問方式回應兒童自發性發展的活動，並以觀察評量課程設計	混齡團體很普遍 強調依據課程單元需求安排校外教學 積木是教室內主要的教員 社會探究是課程的主要核心 各種文學形式都受到重視 支持社會情緒和認知關係，也鼓勵兒童自治，成為一位積極的學習者、探索者和實驗者
華德福學校：捍衛心靈遊戲	魯道夫·史坦納（德國1900年代早期）	重視幼兒全人發展，透過「頭、心、手」進行系列發展	（P）環境是受到保護的，避免兒童從大社會裡受到負向影響	一定要具備華德福教學法證書	宛如日常生活 一天／一週的韻律是基於自然生活的循環

圖 10-9（續）

課程	創始者	哲學	環境（P：物理性、T：一般性、I：互動性）	教師角色	主要特質
		認同兒童主要透過觀眾、模仿和經驗而學習的理念，培養社會和情緒智能 將兒童與自然連結 注重社區即是教室	(P) 經由使用自然素材，環境會滋養感官 (T)大量大積木與長時間進行創意遊戲 (I)以關係為基礎，特別是兒童與老師之間；教師帶小組多年	每日作息和日常工作 提供如家庭一般的氣氛 培養學習熱誠，透過傳說、神話和說故事 滋養想像的能力 示範性、實際的和藝術性的活動	家具和遊戲材料廣泛使用自然素材 混齡教學；循環編班，有時候收到到 8 歲兒童 鼓勵技巧發展，模仿大人工作 對於季節變化充滿尊敬和驚喜感 重視想像力 兒童和成人都重視說故事 保護兒童免於被常見社會傷害因素影響
瑞吉歐學校：美學取向	洛里斯‧馬拉古齊（義大利 1900 年代中期）	受到杜威、皮亞傑、維高斯基和迦納的影響	(P) 環境是第三位教師（除了家庭和教師之外）	教師是兒童、教師團隊和藝術工作者的協同學習者和合作者	從嬰兒／學步兒階段開始進行課程

圖 10-9（續）

適性發展課程（續）

課程	創始者	哲學	環境（P：物理性、T：一般性、I：互動性）	教師角色	主要特質
		瑞吉歐・艾米利亞鎮相信兒童是社區共同的責任；學校由城鎮的經費支持	(P) 所有環境員具有鼓勵互動、溝通和關係建立的認同和目的 (P) 秩序和美感明顯顯現於設計、空間、設備和材料；教室入口有自然的探光、大片窗戶和庭院鏡子使用於地板、牆和天花板 (P) 兒童的藝術作品和方案被展示於學校各處 (P) 每一間教室都有藝術工作室 (T) 有彈性的作息和長時段的自由活動，包括藝術工作室的時間 (I) 教室內充滿幼兒參與和積極投入，以及教師介入鼓勵探索與表現的氣氛	每班有兩位協同教師，而不僅是主教和助教 教師擔任起研究者的角色、詢問、聆聽、觀察和引導開放性探究 教育家（幼教專業人士）和教師一週見面一次 藝術教師（有藝術訓練的教師）教授兒童藝術技術和技巧 教師透過多樣化的媒材記錄兒童的學習，讓兒童的學習可以被看見	兒童被視為強壯的、有能力，並有能力建構他們自己的學習，需要無數方式和機會來表達自己 兒童是天生的研究者 兒童是合作者、學習透過方案取向的課程，在小組時間展現辯論和討論 兒童是溝通者、學習透過如音樂、舞蹈、藝術、雕刻、建築和寫作等「一百種語言」的形式進行象徵式的表現

圖 **10-9**（續）

適性發展課程（續）

課程	創始者	哲學	環境（P：物理性、T：一般性、I：互動性）	教師角色	主要特質
					透過照片、紀錄和故事所完成的檔案是用來與兒童、父母和其他兒童溝通他們正在工作與學習的內容
					每組兒童與一位教師相處三年的時間
					家長被視為夥伴，與教師在課程各個面向一起合作
					課程被視為學校的延展；許多方案是在城鎮每處發展
					兒童建構他們自己的知識經由自我選擇學習活動
高瞻：認知取向	大衛‧威克特（美國 1960 年代）	受到皮亞傑、杜威、維高斯基影響 立基於培瑞學前教育方案成果；延伸至嬰兒和學步兒	(P) 完整定義與回應幼兒興趣活動領域 (P) 文字和語文活動豐富的環境	教師接受高瞻教學法的訓練，發展提問、反思和溝通的技巧	

圖 10-9（續）

課程	創始者	哲學	環境（P：物理性、T：時段性、I：互動性）	教師角色	主要特質
			(T) 作息固定依循計畫、工作、回顧的節奏 (I) 展現主動學習的氛圍	教師被視為夥伴而非管理者，支持兒童遊戲的想法並形成員實的關係 教師注重兒童的能力和正向互動的策略 觀察是教師主要的角色，每天他們要以兒童觀察紀錄表（COR）寫觀察紀錄，這些紀錄影響課程和兒童（個別）的成長 教師幫助兒童經由問題解決取向處理社會衝突	計畫－工作－回顧的順序引導兒童做計畫、實際操作、反思成果 計畫－工作－回顧的流程中的「工作」是工作時間，而非遊戲兒童和教師共同掌控行為觀察包括八大領域與 58 個核心發展指標 評量是根據教師的軼事紀錄評估兒童六大領域的發展 以問題解決六步驟系統歷程教導、示範和帶入一天的學習

適性發展課程（續）

圖 10-9（續）

適性發展課程（續）

課程	創始者	哲學	環境（P：物理性、T：一般性、I：互動性）	教師角色	主要特質
創意課程：全面統和取向	黛安娜·特斯特·道奇和其他教學策略者（美國 1970 年代）	受到杜威、艾瑞克森、皮亞傑、馬斯洛、維高斯基、史密蘭斯基、迦納等影響	(P) 學習環境是最基本的架構、用來支持兒童遊戲和自找活動選擇 (P) 注重教室內不同的興趣區域 (T) 在所有的興趣區都備有自由取用的大積木，提供個別和小組遊戲運用 (T) 語氣是積極的、社會性的、創意的	教師接受此教學法的訓練 教師使用系統性評量方式觀察兒童 教師在兒童學習中扮演積極的角色 教師在每日的活動經驗中統整學習標準 創造正向關係和溫暖的社群，強調與家庭的夥伴關係 教師承擔達到正向成果之責	課程統整最新研究內容、涵蓋嬰兒、居家托育、學前和特殊兒 全面雙語 包括統整性評估系統 以共同核心標準進行評量，各州標準、學前蒙計畫和特殊教育行改署同時對準一致性 印製親職刊物 運用深入研究法（方案）提升調查品質

圖 10-9（續）

摘要

10.1 幼兒教育者瞭解遊戲是學習的基礎，並提供幫助進行遊戲的氛圍。遊戲被認為是一種課程，在此兒童透過動手操作活動，他們發現與實現，這就是學習的基礎。

10.2 透過適性發展課程，兒童各領域的發展都會受到挑戰，這樣的課程是年齡適切、個別化適性、而且是以他們的文化為內涵來設計。文化合宜課程反映了兒童、家庭和社區的現狀，並且以不同的文化觀點來觀察與支持事件和情況。

10.3 統整的、個別的和融合性的課程，提供不同技巧和能力的兒童透過相同的經驗來學習。萌發課程從兒童的興趣找到起點，教師幫助他們深入探索和參與想法。學習的方法有很多種，多元智能的理論和學習方式幫助老師創造可包含更廣範圍的方式、能力與興趣等課程。州政府所訂的評量標準可以成功地融入適性發展課程。

10.4 發展課程包括設定目標、建立優先性和資源訊息，進而評估統整歷程。當介紹新資訊或概念給兒童，以教師為主的學習是有效的。方案課程模式提供一個深入探討議題，教師與兒童共同合作計劃與發展教材和資源。

網路資源

Bank Street School　**www.bankstreet.edu**

Creative Curriculum　**http://teachingstrategies.com/curriculum/**

HighScope　**http://www.highscope.org**

NAEYC　**http://www.naeyc.org**

The Schools of Reggio Emilia　**http://reggioalliance.org**

Waldorf Schools　**http:// www.whywaldorf.org**

Montessori Schools　**http://ami-global.org/**

參考書目

Banks, J. A. (2001). *Cultural diversity and education: Foundations, curriculum and teaching.* Boston: Allyn & Bacon.

Banks, J. A. (2006). *Cultural diversity and education: Foundations, curriculum, and teaching* (5th ed). Boston: Allyn & Bacon.

Bredekamp, S., & Rosegrant, T. (Eds.). (1995). *Reaching potentials: Transforming early childhood curriculum and assessment* (Vol. 2). Washington, DC: National Association for the Education of Young Children.

Copple, C., & Bredekamp, S. (Eds.). (2009). *Developmentally appropriate practice in early childhood programs serving children from birth through age 8.* Washington, DC: National Association for the Education of Young Children.

Gronlund, G. (2006). *Making early learning standards come alive: Connecting your practice and curriculum to state guidelines.* St. Paul, MN: Redleaf Press.

附錄

倫理守則與承諾聲明

美國幼兒教育協會之立場聲明書

2005 年 4 月修訂

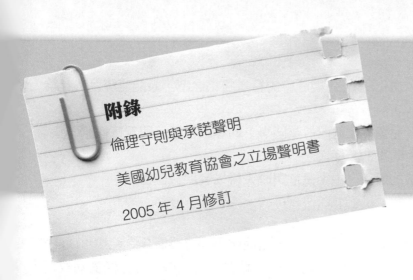

前言

本協會瞭解幼教工作者每日都要面臨許多與道德倫理有關的決策。茲提供本守則，陳述幼教工作者在該領域之職責及應有之道德行為，且做為遭遇道德困境時之公用準則。承諾聲明書雖非守則之一部分，但在幼兒教保領域中，是個人自願擁有獨特價值觀與道德義務之承諾。該守則主要針對托育方案中出生到 8 歲之嬰幼兒及其家庭的日常實務，例如嬰兒／學步兒托育機構、學前機構與幼幼班、托育中心、醫院和兒童生活環境、家庭式托育、幼稚園及小學教室。只要議題涉及兒童，該守則亦適用於未直接與兒童共同合作的專家，包括機構行政人員、親職教育工作者、幼教領域成人教育工作者，以及負起監督與授權責任之官員。（註：請參照「倫理守則之附錄：幼教領域成人教育工作者」。）

核心價值

幼兒教保領域的倫理行為標準建立於下列核心價值之上，而這些核心價值早已深植於幼兒教育與保育的歷史源頭。我們承諾：

❉ 視童年為人類生命週期中一個獨特且珍貴的階段。

❉ 以兒童發展知識與學習知識為基礎進行教育工作。

❉ 尊重且支持兒童與家庭之間的連結關係。

❈ 瞭解唯有在家庭、文化 *、社區與社會的背景脈絡之下，最能理解兒童且給
　予支持。

❈ 尊重每一個個體（兒童、家庭成員及同事）的尊嚴、價值與獨特性。

❈ 尊重兒童、家庭與同事的多樣性。

❈ 體認在互信、互敬的關係之中，兒童與成人得以發展最佳潛能。

概念架構

　　此守則將專業責任分為四個部分，各自說明不同專業關係之範疇：(1) 與
兒童；(2) 與家庭；(3) 同事之間；(4) 社區與社會。每一個部分亦涵蓋幼教實
務工作者之首要責任，並闡述 (1) 一套朝向專業實務規範的理念；以及 (2) 一
套說明應當、禁止、可為的實務原則。

　　在**理念**這個部分中，闡述實務工作者的理想與抱負。而在**原則**部分，則
引導並協助實務工作者解決道德困境的問題。** 兩者皆試圖引導實務工作者
負起責任去回應問題，並根據自覺做出有良心的決策。在解決道德困境問題
時，該守則提供明確的方向與建議，但實務工作者須結合守則的指導方針與
自身的專業判斷，才能提出好的對策。

　　守則中的理念與原則，呈現專業責任的共同概念，並肯定了我們對於幼
教領域核心價值的承諾。倫理守則公開宣示我們在這個領域中的責任，以及
完成這些責任需有的倫理行為。面臨道德困境問題的實務工作者將受此鼓
勵，秉持著守則中的精神，在適用部分中去尋獲解決之方針。

　　通常，「標準答案」──最好的倫理行為──並不顯著。亦或者沒有明
確而正向的處理方式。當一項重要的價值和另一項矛盾時，我們就面臨了道
德困境。而此時，我們便應當負起專業責任，依據守則中的相關論點，找尋
最符合倫理的解決之道。

---

* 文化包含族群、種族認同、經濟、家庭結構、語言、宗教與政治理念，這些都是深刻影響
　兒童發展及兒童與這個世界關係的要素。

** 理念和原則之間無須個別對應。

第一部分：對兒童的倫理責任

童年為人類生命週期中一個獨特且珍貴的階段。我們的職責在於提供安全、健康、養育及回應兒童需求的環境。我們承諾要支持兒童的發展與學習；尊重個別差異；協助兒童學習生活、遊戲與分工合作。同時也承諾促進兒童的自我察覺、基本能力、自我價值、復原力與健康。

理念

理念 1.1 ——熟悉幼兒教保的基礎知識，並透過繼續教育和在職訓練，保持最新知識。

理念 1.2 ——將實務奠立於幼教領域的最新知識、研究與相關領域，以及對每位兒童的瞭解之上。

理念 1.3 ——體認並尊重每一位兒童的獨特性、能力與潛能。

理念 1.4 ——瞭解兒童是脆弱且依賴大人的。

理念 1.5 ——創造並維持健康安全的環境以培養兒童的社會、情緒、認知及身體發展，且尊重他們的尊嚴與貢獻。

理念 1.6 ——使用適合並有益於兒童的評量工具和策略，且僅為評量之目的設計評量。

理念 1.7 ——使用評量所得資訊以瞭解並支持兒童發展與學習、協助教學，並鑑定出需要額外協助的兒童。

理念 1.8 ——在符合身心障礙與正常兒童需求之融合環境中，擁護每位兒童遊戲與學習的權利。

理念 1.9 ——替特殊需求及所有兒童發聲倡議，以確保成功獲得所需之服務與支持。

理念 1.10 ——確保每個兒童的文化、語言、族群及家庭結構在機構中皆能得到理解並賦予價值。

理念 1.11 ——以兒童所知之語言提供學習經驗，支持兒童繼續使用其家庭語言並學習英語。

理念 1.12 ——在兒童與家庭轉換機構環境時，與其合作以提供安全、平順之過程。

原則

原則 1.1 ——**最重要的，我們絕不能傷害兒童。我們絕不能參與任何對兒童造成情緒傷害或身體傷害、不尊重、羞辱、危險、剝削、脅迫的事務。此原則的重要性凌駕於其他原則之上。**

原則 1.2 ——我們應該使用正向的情緒來照顧並教育兒童，並布置刺激認知的社會環境，以配合其文化、語言、族群和家庭結構。

原則 1.3 ——我們絕不能參與以性別、種族、國籍、宗教信仰、身體狀況、身心障礙，或婚姻狀況／家庭結構、性別取向、宗教信仰或其他家庭因素為藉口，剝奪兒童的權益、歧視、給予特別待遇或將他們排除在外的事務。（此項原則不適用於受法律委託為特定族群提供特殊服務的機構。）

原則 1.4 ——進行與兒童相關之決定時，應讓所有具備相關知識的人士參與（包括家庭與教職員），並且確保資訊之保密性。

原則 1.5 ——我們應該使用合適的評量系統，廣納多樣資訊，以提供兒童學習及發展的訊息。

原則 1.6 ——我們應該極力確保特殊教育服務的登記、保留、分配等相關決策，是基於多種資訊來源而非只憑單一評量結果，例如一個考試成績或單次的觀察。

原則 1.7 ——我們應該極力建立與兒童之間的關係；將教學策略、學習環境以及課程做個人化調整；與家庭協商，以求兒童從課程中獲益。若竭盡所能努力過後，兒童的需求仍未能得以解決，或兒童嚴重危及其他兒童的受教權，我們就該與家庭及適當的專家合作，決定是否需要額外服務和／或選擇更能使兒童成功的其他安置方式。（此項原則不適用於受法律委託為特定族群提供特殊服務的機構。）

原則 1.8 ——我們應該熟悉兒童虐待及疏忽的危險成因和徵兆，包括身體的、性的、言語和情緒虐待，以及身體、情緒、教育以及健康疏忽。我們應該知道並遵守地方法律和社會程序，使兒童免於虐待及疏忽。

原則 1.9 ——我們對於兒童受虐或被疏忽的情形存有合理懷疑時，應通報社區負責單位，並追蹤是否採取妥善處理。適時將已經完成或將完成的轉介情形通知家長或監護人。

原則 1.10 ——當有人告訴我們某兒童疑似受虐或被忽視時，我們應支持他採取適當的兒童保護措施。

原則 1.11 ——當我們察覺有危害兒童健康、安全或福利的狀況或事項時，我們有倫理責任通知家長和／或其他能改善此狀況的人員。

第二部分：對家庭的倫理責任

家庭＊在兒童發展過程中為最重要的角色。因為家庭與幼教實務工作者同樣關切兒童的福祉，因此我們的有責任促進家庭與幼教機構之間的溝通、合作，以增進兒童發展。

理念

理念 2.1 ——熟悉與家庭有效合作的相關知識，並透過繼續教育與訓練，保持最新知識。

理念 2.2 ——與我們所服務的家庭之間發展相互信任的夥伴關係。

理念 2.3 ——歡迎並鼓勵所有家庭成員積極參與課程活動。

理念 2.4 ——傾聽家庭並瞭解他們的長處與能力，家庭與學校相互支持並學習如何養育孩子。

理念 2.5 ——尊重每個家庭的尊嚴與偏好，並致力於瞭解其結構、文化、語言、習俗與信仰。

＊ 家庭一詞還包括家長以外，參與兒童教育、養育與監護等成人。

理念 2.6 ——承認家庭育兒的價值及其為孩子做決定的權利。

理念 2.7 ——與家庭分享孩子教育及發展的資訊，並協助他們瞭解和欣賞專業的幼教知識。

理念 2.8 ——幫助家庭成員對兒童的瞭解，並支持家長繼續發展為人父母的技能。

理念 2.9 ——提供家庭與教職員、其他家庭、社區資源與專業服務之間互動的機會，以建立家庭支持網路。

原則

原則 2.1 ——我們不能阻止家庭成員接近兒童的教室或教學環境，除非具有法令規定或其他法律相關限制。

原則 2.2 ——我們應該讓家庭知道機構的哲學理念、政策、課程、評量系統，以及人員的任用資格，並說明為什麼我們如此教學——與我們對兒童的倫理責任一致（請見第一部分）。

原則 2.3 ——我們應該告知家庭學校政策，並適時讓家庭成員參與政策的制訂。

原則 2.4 ——我們應讓家庭成員參與會影響孩子的重大決定。

原則 2.5 ——我們應致力於使用每一個家庭都聽得懂的語言，與他們進行有效溝通。當我們的機構沒有充分的翻譯資源時，我們應善用社區資源。

原則 2.6 ——當家庭分享關於他們的孩子與家庭資訊時，我們應善用此資訊並將其納入課程計畫。

原則 2.7 ——我們應該告知家庭成員機構中評量兒童的宗旨與特質，以及評量結果的運用情形。

原則 2.8 ——在處理兒童評量資訊時，應秉持保密原則，此資訊僅在合法之要求下得以公開。

原則 2.9 ——當兒童受傷或遭受意外、暴露於高危險的傳染病或發生可能導致情緒壓力的情況時，應告知其家庭。

原則 2.10 ——任何涉及兒童的研究計畫，都應詳實地告訴家庭成員，並讓他們知道，他們有權選擇同意與否，且不會因為不同意而受罰。我們不允許或參與任何可能阻礙兒童教育、發展及福祉的研究計畫。

原則 2.11 ——我們不應參與或支持對家庭的利用。不應貪圖私人方便或個人利益，而利用我們與兒童之家人的關係，也不應與家庭成員建立可能會危害兒童工作效率的關係。

原則 2.12 ——我們應對保密原則與兒童紀錄公開行為列出書面規定，且所有教職員與兒童之家庭應瞭解這些規定。欲將兒童的紀錄資料公開於家人、機構中專人、諮商人員以外的人員時，在保密原則之規定下，皆應徵求家人同意（虐待及疏忽的案例除外）。

原則 2.13 ——我們應秉持保密原則並尊重家庭的隱私權，避免私密資料的外洩，以防止對其家庭生活的干擾。然而，當我們有理由或相信兒童正處於危險，保密資訊便允許透露給與兒童有關之合法行政機構或個體。

原則 2.14 ——當家庭成員對兒童教養觀念有衝突時，我們應公開地分享我們對兒童的觀察，協助大家做出正確的決策。我們應避免偏袒任何一方。

原則 2.15 ——我們應熟悉並適當使用能支持家庭的社區資源及專業服務。在轉介之後，我們應加以追蹤，確保是否有適當地提供服務。

第三部分：對同事的倫理責任

在一個充滿關懷與合作的工作場所中，人性尊嚴是受尊重的、專業的滿足感會提升，而且能發展並維持正向的關係。基於核心價值，我們對同事的首要責任，就是要建立並維持一個支持工作且符合專業需求的環境與關係。此想法適用於兒童，也適用於共事的成人。

A ──對工作夥伴的責任

理念

理念 3A.1 ──與同事建立並維持尊重、信任、保密、互相協調合作的關係。

理念 3A.2 ──與同事分享資訊、共同合作以確保提供最優質的幼兒教保機構。

理念 3A.3 ──支持同事的專業需求及專業發展。

理念 3A.4 ──與同事有一致的專業目標認知。

原則

原則 3A.1 ──我們應認知同事對於機構的貢獻，不參與損毀他人聲譽的行為，且不耗損同事致力於兒童及其家庭的工作效能。

原則 3A.2 ──當我們對同事的專業行為有所憂慮時，應該先讓他知道我們的關切，以表示對他個人尊嚴及同事間作法差異性的尊重，接著再試圖以符合隱私權及同事情誼的方式解決問題。

原則 3A.3 ──我們應該練習表達關於同事之個人特質或專業表現的觀點，所言之陳述皆應以第一手資料為準，並與兒童及機構的權益相關。

原則 3A.4 ──我們不應歧視同事之性別、種族、國籍、宗教信仰、黨派、年紀、婚姻／家庭結構、身心障礙，或性別取向。

B ──對雇主的責任

理念

理念 3B.1 ──協助機構提供最優質的服務。

理念 3B.2 ──不得詆毀機構名譽，除非機構本身違反兒童保護的法律或倫理守則的規定。

原則

原則 3B.1 ——我們應遵守機構之政策。當我們不認同機構的政策時，應該嘗試透過有建設性的行為來促使其改變。

原則 3B.2 ——只有在被授權的情況之下，我們才可以代表機構發言或行動。我們應注意何時是代表機構的言論，何時是個人的判斷。

原則 3B.3 ——我們不應違反兒童保護的法律及規定，且當得知有違反規定之行為時，我們應採取合乎倫理守則的適當行動。

原則 3B.4 ——若我們憂慮同事的行為，且該行為不妨礙兒童福祉時，我們可向該同事表達關切。若危及兒童福祉或受到其他同事關注後仍未改善，我們則須將同事的不道德或無法勝任之行為告知適當的主管人員。

原則 3B.5 ——當機構中存有影響教保品質的情境時，我們應告知機構裡的行政人員，甚至在必要時通報其他管理機關。

C ——對員工的責任

理念

理念 3C.1 ——提供安全與健康的工作環境與政策，以促進員工之間互相尊敬、協調合作、能力、幸福、保密與自尊。

理念 3C.2 ——營造並維持信任與公平的氣氛，使員工能基於兒童、家庭與幼兒教保領域之最大利益來發言與行動。

理念 3C.3 ——努力保障為兒童服務者或與兒童共事者，使其擁有適當而公平的待遇（薪資與福利）。

理念 3C.4 ——鼓勵並支持員工繼續發展，以精進技巧、成為更有見識的實務工作者。

原則

原則 3C.1 ——在進行有關兒童與機構的決策時，我們應適當運用員工的教育背景、訓練、經驗與專業知識。

原則 3C.2 ——我們應提供員工一個安全、支持、能實踐其責任之工作環境，且提供公平的工作評鑑、書面的申訴程序、有建設性的回饋，以及專業發展與進修的機會。

原則 3C.3 ——我們應發展並維持完整且明確的人事規定，以闡釋機構的標準。這些規定應提供給新進員工，並讓所有員工可以隨時翻閱。

原則 3C.4 ——當員工表現不符合機構期待與要求時，應給予關切，可能的話，給予幫助以改善其表現。

原則 3C.5 ——解僱員工時，應符合所有適用之法令規章。並讓其瞭解被解僱的原因。必須有不適任或不當行為的依據做為解僱理由，並具有確實紀錄供員工檢閱。

原則 3C.6 ——實施評鑑及提供建議時，應以事實為依據，且以兒童及機構之利益為基礎。

原則 3C.7 ——決定聘任、續任、停聘、升遷時，僅考量個人的能力、工作成效、能否承擔工作職責，以及對兒童發展階段的保育能力之專業準備。

原則 3C.8 ——決定聘任、續任、停聘、升遷時，不應考量個人之性別、種族、國籍、宗教信仰、黨派、年紀、婚姻／家庭結構、身心障礙，或性別取向。我們應該熟悉並注意與僱用歧視相關之法令規章。（此項原則不適用於受法令規定中委命裁定合格之機構。）

原則 3C.9 ——在處理員工工作表現相關議題時，應秉持保密原則並且尊重員工的個人隱私權。

第四部分：對社區與社會的倫理責任

在由家庭與其他關心兒童福祉的機構所組成的社區情境之下，幼兒教保機構方得運作。我們對社區的責任是：提供能因應家庭多種需求的機構、與共同承擔兒童責任的機構與專家合作、協助家庭取得與這些機構或專家聯絡管道、協助發展目前社區中所欠缺的機構。

　　身為個人，我們瞭解自己有責任提供最佳的幼兒教保機構，並且保持自身的忠誠與正直。因為我們具備兒童發展的專業，也因為社會分擔了兒童福利與保護的責任，我們責無旁貸，必須在具有幼兒教育機構的社區中，擁護兒童最大利益，並為兒童發聲。

　　以下的理念與原則，分兩種形式呈現：個別幼兒教育工作者，以及一直致力於兒童最佳利益的團體工作者——瞭解個別幼兒教育工作者亦須擔負責任，共同為「團體」理念與原則努力。

理念（個別）

　　理念 4.1 ——為提供社區優質的幼兒教保機構與服務。

理念（團體）

　　理念 4.2 ——促進關心兒童、家庭、幼教工作者的健康、教育和福祉的專家、機構、各領域之間的合作。

　　理念 4.3 ——透過教育、研究及宣導，營造出一個讓所有兒童都能接受健康的照顧、食物和庇護、教育、在其家庭與社區中免於暴力威脅的安全世界。

　　理念 4.4 ——透過教育、研究及宣導，營造出一個讓所有兒童都能進入優質教保機構的社會。

　　理念 4.5 ——確保評量系統的適當性，使其包含多樣的資訊來源，並以兒童之利益為目的。

　　理念 4.6 ——增進對兒童及其需求的理解。讓社會大眾更能認同兒童的權利、更能接受對兒童福祉的責任。

　　理念 4.7 ——支持促進兒童與家庭福祉的政策與法律，反對危害其福祉的政策及法律。參與必要的政策與法律制訂，並與為此努力的個人與團體合作。

　　理念 4.8 ——推動幼兒教保領域的專業發展，鞏固且實現此倫理守則核心價值的承諾。

原則（個別）

原則 4.1 ——關於我們所提供的服務本質與內容，我們應該公開且誠實的對外溝通。

原則 4.2 ——我們應該申請、接受，並致力於我們能勝任且具有專業資格的工作。在未具備該能力、資格或資源時，我們不該提供服務。

原則 4.3 ——我們應仔細查核資歷，不該僱用或推薦能力、資格或人格特質不適合該職務的人。

原則 4.4 ——我們應該客觀且精確地報告實務資訊。

原則 4.5 ——我們必須具備正確使用評量策略與工具的知識，並將結果正確報告給家長。

原則 4.6 ——我們應該熟悉保護機構內兒童的法律條文，且確保這些法律條文被遵守。

原則 4.7 ——當我們察覺有危害兒童健康、安全或福祉的實務或狀況時，我們有保護兒童或告知家長和／或其他人的道德責任。

原則 4.8 ——我們不應該參與任何違反兒童保護法律條文的事務。

原則 4.9 ——當我們有證據指出幼教機構違反兒童保護的法律或條文時，我們應通報能糾正此違法行為的主管單位。

原則 4.10 ——當機構違反或要求其職員違反此倫理守則，經過公平的檢視證據後，允許公布該機構名稱。

原則（團體）

原則 4.11 ——當所頒布的政策非以兒童利益為目的，我們有共同的責任去改變這些事項。

原則 4.12 ——當我們有證據指出，提供服務確保兒童福祉的機構未能完成其責任時，我們有共同的倫理責任將此問題通報給相關單位或公諸於世。在此狀況解除之前，我們應該保持警覺並追蹤。

原則 4.13 ——當兒童保護機構未能提供適當的保護，因而出現兒童虐待或疏忽的情況時，我們有共同的倫理責任努力去改善其服務。

承諾聲明 *

　　身為幼兒教育工作者，我承諾要進一步促進反映在倫理守則中幼兒教育的價值。我一定做到：

❋ 不傷害兒童。

❋ 確保機構是以兒童發展及幼兒教育的現有知識為基礎。

❋ 尊重並支持家庭養育子女的工作。

❋ 尊重教保環境中的同事並給予支持，以維持守則的指導。

❋ 在社區與社會中為兒童、家庭及教師發聲倡導。

❋ 維繫高標準的專業行為。

❋ 持續不斷地自省，並體認個人特質、偏見與信念會影響兒童與其家庭。

❋ 接納新想法，且願意從他人的建議中學習。

❋ 以專業工作者的身分繼續學習、成長與奉獻。

❋ 尊崇倫理守則的理念和原則。

---

* 承諾聲明雖非守則之一部分，但在幼兒教保領域中，是個人自願擁有獨特價值觀與道德義務之承諾，是引導個體邁向專業之途所公認的道德義務。

專有名詞

A

accommodation　調適（或順應）　皮亞傑認知發展理論中的概念，是人類學習與獲得新知識的兩種歷程之一。

accommodations　適應性調節　改變課題呈現的方式，或是以活動豐富其經驗，讓有學習障礙的兒童，能和其他孩子一樣有競爭力。

active listening　積極聆聽　兒童輔導技巧之一，傾聽者將接收的訊息再回應給說話者。

active problem solving　積極解決問題　成人介入兒童面臨窘境困難處境的處理原則，和兒童共同解決問題時，成人協助引導兒童解決問題的方向，而不是替他們解決問題。

advocacy　宣導倡議　從幼兒教育立場的信仰或理念，支持、懇求或鼓吹某些特定方案或行動。

advocate　倡議者　針對幼兒教育領域相關議題，進一步與外界宣揚其原則性。

alignment　校準　課程和各級教育之間學習標準的協調。

anti-bias　反偏見　課程發展時，強調人類融合的問題與觀點，並伸張多元文化教育和多元主義立場的專有名詞。

Asperger syndrome (AS)　亞斯伯格症　發展異常的一種症狀，通常有自閉症特徵、欠缺社會行為技能與缺乏專注力，專注於自我，興趣侷限。

assessment　評估、評量　評估一個事件或個人的狀態，同時判斷其重要性和取向。例如評估幼兒的技能、教室的環境或教師的效能。

assessment　評量　評量是藉以評估教師的成效。

assimilation　同化　皮亞傑認知發展理論中的概念，是人類學習與獲得新知的兩種歷程之一。當有新資訊出現時，個體將該新資訊和舊資訊放在一起，運用類比方式將新資訊「同化」。例如：學步兒為了要瞭解新的磁鐵玩具，會和玩其他玩具一樣，先把它搖一搖。幼兒通常是將新經驗納入既有的「基模」之中，或是用已知的知識來分類。

attachment　依附　聯結幼兒與重要他人之間的一種附著關係；具有忠誠而摯愛的感覺與行為，是正向的聯結關係。

attention-deficit hyperactivity disorder (ADHD)　注意力缺陷過動症　注意力缺陷過動症是一種醫學症狀。它影響 3% 至 5% 的學齡兒童。患有 ADHD 的幼兒無論在教室或家裡，都可能有行為管理困難。他們有靜不下來、焦躁、集中注意力的時間短暫、衝動等傾向。使用 Ritalin® 藥物是常見的醫學治療方式，但最有效的治療方式是藥物搭配個體行為管理策略。

authoritarian parents　專制型家長　此類型家長在撫養兒女時，具有高度掌控的態度，成長過程要求嚴格，相對之下較無溝通和安撫情形。專制型家長是專制獨裁的，他們期待並要求兒女服從，但缺乏溫暖與情感。

authoritative parents　民主型家長　以此類型態度撫養兒女的家長，所養育的幼兒較易具備自尊、自我信賴、自立和具有好奇心等最高層次相關。這類家長提供溫暖與愛的氣氛、具有開明的限制，並對孩子具有高度期待。

autonomy　自主　可以獨立工作與生存的狀態，可以自給自足而不依賴他人。

B

baby biographies　嬰幼兒傳記　一種最早出現研究嬰幼兒的方法，狹義而言是家長所記載的嬰兒行為及語言，通常是日記或日誌的形式。

bias　偏見　潛藏於每個人觀感中，非常個別性，而又時常有不合理的評價看法。

bicognitive　雙重認知　Ramirez 和 Casteneda（見第 4 章）所創用之專有名詞，描述能促使幼兒具備運用一種以上的思維或語言型態之環境或經驗。我們每一個人都在認知型態的偏好中成長，例如整體性的或分析性的、場地獨立型或場地依賴型、著重整體或專注於細微處的認知型態；語言型態亦如此。為了真正落實文化民主，我們必須發展對學習型態或認知模式的彈性轉變（例如發展雙重認知能力），並且察覺及尊重不同認知型態。

bilingual education　雙語教育　對英語能力有限的幼兒，在以英語交談與教學的課室中，進行學習的教學系統，該系統極為多樣性而難以評估成效。

biracial　混血兒　家長是來自兩種不同種族。

C

checklist　檢核表　是一種已修改過的幼兒研究方法，通常是一份列有比較項目的表單，例如：用「是」與「否」的方式呈現檢核每個指標任務是否完成的表格。

child-centered approach　兒童中心導向　考量兒童學習與接收訊息模式，建置其教育學習經驗；以兒童觀點建構課室情境、安排日常作息與應用教學教材。

child abuse　兒童虐待　對幼兒在身體或心理上的暴力行為、言語辱罵、性騷擾或虐待。

child care　兒童托育　照顧、教育與輔導別人的小孩；特別指組織性機構或居家環境的商業性營運，通常是全日托育服務。

child care centers　兒童托育中心　照顧幼兒的場所；在幼兒大多活躍清醒的日間時段，照料其飲食、穿衣、休息、如廁、遊戲和學習等基本教保育活動。

child neglect　兒童疏忽　家長或照顧者對於幼兒的飲食、衣著、住所、健康照顧等基本健康需求的疏忽情況；兒童疏忽也包括了不夠注意孩子或對孩子不夠關切。

children with special needs　特殊需求兒童　發展和（或）行為需要成人介入或其他協助的孩子，其需求遠超過普通班級的教學情況，或是一般與成人的互動。

classical conditioning　古典制約　一種關聯性學習，當兩個事物經常同時出現時，其中一項事物的刺激會附帶引發另外一件事物的反應。

clinical method　臨床法　源自於皮亞傑應用於蒐集與整理訊息的技巧；成人經由觀察、問問題與引發想法等方式和兒童互動，以瞭解兒童的反應與思維。

compensatory education　補救教育　設計用來彌補兒童於環境的缺陷或經驗不足的教育。

confidentiality　保密原則　絕對隱私之書寫、訴說或表態行為，例如在討論觀察結果時，必須將兒童的姓名及學校名保密。

conflict resolution　衝突解決　幫助幼兒以非暴力的方式解決爭論及用不同的方法達成目的。藉由這樣的過程，孩子學會尊敬他人的觀點、用適當的方式表現出自己的感覺，並能容忍不同的做事方式。

constructivist　建構論　一種學習理論。依皮亞傑之兒童思考模式發展而來，並運用於義大利瑞吉歐教學方案，主張個體是透過適應而學習。「建構者」對學習的設定模式為：兒童不是被動的接收者，兒童主動建構有用的知識、操作概念並試圖找尋對世界及自己的觀感。知識是主觀的，如同每一個人從經驗中創造出之個人的意義，並將新想法融入舊有的知識結構中。

cultural competency　文化知能　教師於各種情境下的文化覺知與敏感性，例如，於指導、課程、家庭關係以及和兒童、家庭與職場同仁的互動等。

culturally appropriate curriculum　文化合宜課程　為了幫助幼兒瞭解個人的歷史背景、家庭淵源、家族文化間的異同而設計的課程。

culturally appropriate practice　文化合宜實務　摒棄對個人的社會文化背景做出考量，以確保大家都獲得公平的教學和學習經驗。

curriculum　課程　為了讓兒童在預定時間內，達到的學習的目標、經驗與運用方法所書寫的計畫。

D

development　發展　個體從受孕到死亡的生命週期變化。

developmental domains　發展領域　某個成熟與成長的範圍，諸如社會、認知或是身體發展。

developmental domains　發展領域　典型的發展定義主要是指身體、心智與精神三方面的發展，大致與生物學、心理學以及社會學對應。

developmentally appropriate practice (DAP)　適性發展教學實務　其教學實務是符應兒童發展的特性，並尊重兒童的家庭與其社會文化觀點。

developmentally appropriate practice (DAP)　適性發展教學實務　其教學實務是適合兒童發展的；植基於以幼兒為主體對象的觀察與學習回應，並注意每位個體不同的成長速率、個別差異性與能力範圍。同時回應與尊重幼兒在其家庭與社會文化觀點下的學習經驗。

diary descriptions　日記記錄法　將每日行為全面記錄及敘述的一種觀察技術。

differentiated instruction　差異化教學　依據兒童不同的學習型態，以不同的教學方法，引導兒童獲得相同的學習概念。

direct guidance　直接式指導　與兒童互動的一種教學法。

discipline　管教　遵循範例或遵守規則的能力；係自我控制及其他行為控制的發展，例如在團體中給予印象深刻的指令規則。在幼兒時期，管教意味著成人影響幼兒行為態度的言行舉止。

distraction　轉移　幫助兒童專注於另一項活動的教學法。

documentation　文件紀錄　做為補充與使用之文件證據；諸如書寫註記、圖解說明、照片、錄音以及其他工作取樣等。

downshifting　腦功能退縮　大腦對現有威脅的一個反應過程，大腦在適當的挑戰下具有最佳的學習能力，但是當人感受到威脅或危險（身體或情感上的）時，大腦將變得不靈活，退回未開發的狀態並減速傳動。

dyslexia　閱讀障礙　閱讀與理解書面語言的能力受損。

E

early childhood　幼兒時期　係指從嬰兒到 8 歲前的生命階段。

early childhood education　幼兒教育　生命幼年階段的教育；研究範圍主要針對嬰兒到接近 8 歲之幼兒的學習和經驗。

Early Head Start　早期啟蒙計畫　美國聯邦政府針對低收入家庭的嬰兒、學步兒以及孕婦全面性的支助計畫。

ecological　生態　人類與環境的互動關係；布朗芬布里納的學理論述，藉以解釋說明兒童發展與人群以及所處環境的平衡和相互的影響。

educaring　教保　係包含教育和保育的雙重教學概念；由葛柏提出，以說明嬰幼兒照顧工作者的角色。

egocentric　自我為中心　認為自己是所有事物的中心；在皮亞傑的理論中，幼兒認為他們自己是宇宙的中心，宇宙以自己為中心。

emergent curriculum　萌發課程　由教師觀察幼兒和依照他們的興趣所設計的課程。該計畫主軸係由每日日常生活中的興趣議題而來。該課程取向反映出幼兒的自發性和教師的教學計畫。

emotional framework　情意架構　一個教室中的氛圍和潛藏的基本「感覺」結構，能在課程中影響人們的情感和行為。

environment　環境　所有影響幼兒周遭的人事物；涵蓋了幼兒所處的空間、時間和人際關係等幼年期背景。

equilibration　平衡　以達到均衡平等；在皮亞傑的理論中，個體在新資訊輸入時，與舊有認知之間取得平衡的過程。

ethics　倫理　一套系統或系列性的口述原則或標準；藉以辨別「正確」與「錯誤」；是一種價值觀；也是教師個體行為管理與教學專業的準則。

evaluation　評量；評價；評鑑　研究所設定指標項目的品質或數量。

event sampling　事件取樣法　一個事件經過觀察後，將所認為重要的事情予以轉碼記錄的一種觀察技術。

experimental procedure　實驗步驟　經由建立假設、控制可能影響行為的變項，以及驗證假設等蒐集訊息的觀察技術。

F

faith-based school　信仰本位學校　以特定信仰或教導宗教教義為宗旨的學校。

family-centered approach　家庭中心取向　以促進家長─學校密切合作關係為核心取向，支持家庭與兒童同步成長學習。

family　家庭　家庭單位可能包括已經彼此已結婚或未結婚的家長，或是領養家長、祖父母、姑叔姨舅，或繼父母、同父異母／同母異父手足等。兩個人也可能共組家庭，也可能是集中或集合型態。

family child care　居家式托育　以類似家庭環境的小場所托育嬰幼兒；通常在私人家庭住宅裡，幼兒人數在 6 人以下。

feedback loop　反饋迴路　就評鑑而言，反饋迴路指的是：評鑑者給教師資訊後讓教師運用此資訊來增進教學技巧的過程。

frequency count　頻率計數　兒童研究的一種改良技術，藉以記錄特定時間範圍內，發生某種行為的頻率。

full-day child care　全日托育　托育照顧幼兒是從早上開始，一直到家長工作結束的整日時段。

full inclusion　完全融合　為身體障礙兒童所提供的「最少限制環境」（least restrictive environment）。

G

gender　性別　在社會文化層面中，身為女性或男性的角色認同與取向。

gifted and talented　資賦優異　在各方面具有不尋常的高智能幼兒，具有以下特徵：自發學習閱讀、溝通，解決問題的能力超越實際年齡、記憶力佳、具備大量的字彙，通常易於達成各種想法或任務並與人親近。

guidance　輔導　成人系統化的幫助兒童學習如何管理自己的衝動、抒發情緒、挫折疏通、解決問題以及學習區辨允許與不允許的行為。

guidance continuum　輔導光譜　輔導技術的範疇，起始於最少的介入逐漸到介入最多的策略。

H

Head Start　啟蒙計畫　美國聯邦政府針對低收入家庭的 3、4 以及 5 歲幼兒全面性的支助計畫。

humanism　人本主義　馬斯洛的學說,以金字塔描述人類健康、福祉等需求層次。

hypothesis　假說　一個試驗性的理論或假設,可預測或推論測試的結果;對實際狀況詮釋以做為後繼學說的基礎。

I

identity　認同　畢生對自我發展與成長的整體複合感受。

inclusion　融合　普通班級裡有全日托育的身心障礙幼兒、特殊需求幼兒成員,與一般發展正常的幼兒一起相處活動的情形。

inclusive curriculum　融合課程　能敏銳察覺個體的文化、語言、宗教、性別、能力等不同需求的課程取向。

indirect guidance　間接式輔導　藉由刻意運用教室環境氣氛,創造一種氛圍以促進優質行為。

individualized curriculum　個別化課程　結合幼兒個別的需求與興趣,以量身制訂促進個體發展的課程,相較之下,不似團體教學而容易忽略單一幼兒。

Individualized Education Plan (IEP)　個別化教育計畫　特定為滿足個別需求所制訂的書面計畫;通常是為 3 歲或以上年齡有特別需求的兒童,源起於聯邦政府身心障礙者教育法案(Individuals with Disabilities Education Act, IDEA)以及 IEP 團隊後續發展,依據兒童的個別的學習需求、目標等結合其他資源的統整性服務。

inductive guidance　誘導式輔導　一個輔導程序,為促進幼兒對自己的行為負責任,請他們思考自己行為對他人的影響,強調推理和解決問題的能力。

integrated curriculum　統整課程　一套完整的課程設計型態,提供給全部學員的課程;協調各個知識與經驗領域,形成連貫且協調的學習。

intentional teaching　目的性教學　能夠規劃有意義、有目標的教學能力，並能夠闡明決策的理由。

interest areas　興趣角、興趣區　在班級教室一隅或一區，組織規劃兒童有興趣的學習或經驗獲得。

interpersonal　人際　與他人的互動關聯性，介入與他人的關係中；在學校情境中，與人群有關的環境背景都屬之。

interracial　跨越族群　舉凡涉及不同族群的事務。

K

kindergarten　幼稚園；幼兒園　4 到 6 歲幼兒的學校或班級；在美國，幼稚園可以是正式的、公立學校的第一年，也可以是小學一年級前於學校的班級。

kinship networks　家族網絡　眾人集合為一團體，彙整資源以獲得集體利益福祉。

L

laboratory schools　實驗學校　以實驗性研究為目的教育機構。教育或心理理論與實務測試後進行分析，具有實驗、觀察和實踐的機會。

learning centers　學習角；學習區　在班級教室一隅或一區，組織規劃吸引兒童注意的特定議題或活動。

learning standards　學習標準　由地方或政府機構授權訂定各年齡層的學習成果素養。

learning styles　學習型態　兒童以較為喜好的方式，統整所學知識和經驗。

least restrictive environment　最少限制環境　身心障礙者教育法案（IDEA）規範，身心障礙特殊生的安置教育環境，必須與一般生同儕一起接受教育。

least restrictive environment (LRE)　最少限制環境　最少限制環境是教育專用詞，意指兒童盡可能在一般環境下與同儕接觸最多的型態，特殊生不致於在過度隔離的環境中成長或學習。

lesson plan　教案　書面教學綱要計畫，載明活動內涵、時間、教材、資源等，以達到學習經驗的引導。

limits　限制　個體行為被認為是不可接受或不正當時，對他的行為可接受的最低限度；係指由成人在兒童行為上的嚴格控制。

literacy　讀寫能力　可夠閱讀和書寫的狀態或程度。

log/journal　日記／日誌法　以連續性的日誌，敘寫關於幼兒行為的觀察技術。

logical consequences　邏輯結果　成人強化兒童行為之後的結果。

looping　循環　教師帶領一群幼兒班級，達兩年以上的帶班方式。

M

maturation　成熟　成長的過程。無論是身體上的成熟或是由經驗、練習或環境介入而養成的獨立。

media culture　媒體文化　描述經常接觸電視、電腦、電動遊戲所產生的行為與價值觀。

mixed-age groups　混齡團體　不同於一般將同齡兒童放在同一班，而是將各種年齡的幼兒放在同一間教室的安排方式。諸如；家庭小組、跨族群小組、多年齡層小組、縱向小組、不分年級小組等。

modeling　楷模　行為學派的一種；由班度拉首先提出，以描述行為學習係經由觀察與模仿榜樣得來。示範觀察可能是真實情境、影音或是虛擬，兒童模仿後以習得行為。

multicultural education　多元文化教育　涵蓋所有人種與族群的教學系統。

multiple intelligences　多元智能　由迦納倡議的智力理論，概述多種不同種類的智力，而不只經過標準化的智力測驗所測得的傳統智力概念，譬如 IQ 測驗。

N

narrative 敘事法 一種主要的觀察技術，試圖記錄幾乎所有發生的事物且盡可能的詳盡記載。敘事法又分為嬰幼兒傳記、樣本描述法、日誌記錄法、日誌或日記法。

natural consequences 自然結果 真實生活中，幼兒自身行為所導致的結果。

nature/nurture 先天／教養 兩者是人類發展相關議題中的相反論點；「先天」相信發展是決定於一個人的遺傳，是與生俱來的特徵；而「教養」的實施概念是整合經驗與環境將決定一個人的發展。

negative reinforcement 負增強 可以降低特定行為再出現的策略。例如，教師的怒視可能會停止幼兒在團體時間竊竊私語，從此以後，因為預測到老師可能會出現這種類似的憤怒表情，竊竊私語的行為即不再出現。

neuro-education 神經教育學 綜合神經科學、心理學、認知科學以及教育學，藉以運用在腦功能知識的教學新方法。

neuroscience 神經科學 認知研究領域；探討大腦、身體神經解剖學，以及腦功能如何影響發展。

norm 常模 發展或成就上普遍而平均的標準，通常由一個群體的平均中數而來；也是團體中具有代表性的行為、技能、興趣特徵或模式。

O

objectivity 客觀性 能看出真實與現實的能力狀態，與主觀、個人的意見、偏見有所區別。

observational learning 觀察學習 透過觀察他人，以獲得技能與行為。

operant conditioning 操作制約 學習的一種型態；個體行為係經由增強所塑造。

P

parent cooperative schools　家長合作學校　一種教育型態；家長為年幼子女所組成，通常是家長們共同掌理或支持運作相關活動。

parents　家長　係指養育親生子女，領養、收養或是親友子女的個體。

permissive parents　放任型家長　本質上與專制型家長相反的一種兒童教養模式。有高度溫暖與關懷情感而較少控制。未設定清楚的規範和規則，亦不強調堅持性。

play-based curriculum　遊戲本位課程　課程植基於觀察與兒童遊戲的互動。

play　遊戲　一種人類的活動與行為；其特徵是自由無律的，一切都是由參與者掌控，一定有互動與參與，除非參與者主動停止。其聚焦核心在於活動——實際操作——遠高於呈現的結果。

portfolio-based assessment　教學檔案評量　教師的評量工作，運用一段期間的教材、日誌以及其他綜合資源。

portfolio　學習歷程檔案　記錄追蹤幼兒發展與成長的一種評量方式。

positive guidance　正向輔導　植基於關愛、尊重與支持關係的輔導方式。

positive reinforcement　正增強　一種對行為的反應，以增進行為重複出現的可能性。例如：若幼兒在爬行時受到關切及讚美，則爬行的這個行為就可能會增進，因此，「關切及讚美」正增強「爬行」行為。

power assertive methods　高壓強勢法　嚴厲的、懲罰的管教方式，源於幼兒對處罰的恐懼，而不使用規勸與講道理的方式。毆打與揮巴掌就是一種高壓強勢的例子。

professional development　專業發展　經由工作技能核心知識獲得與教育的基礎，促進事業能更進一步發展的過程。

professionalism　專業素養　專業的能力與技能；在幼兒教育領域裡，包括了對身分認同感、對發展合宜教學實務參與的意圖、對道德教育與保護幼兒的承諾，並成為自己終身的工作與職業。

project approach　方案課程　一名或一名以上的幼兒一起深入探究某個特定的主題或題材。可以延續數天或幾週的時間對一個主題和題目進行擴展延

伸。以小組為共同工作單位，幼兒在研究主題時接收各層次領域的綜合知識與訊息，以呼應該方案中所有幼兒的需求。

psychosexual　性心理　佛洛伊德的發展學說；隨著個體成熟，發展各個階段的不同性衝動的歷程。

psychosocial　心理社會　與社會中人際互動產生各類關係的心理學議題。艾瑞克森依據佛洛伊德的心理動力學論，加以修正為心理社會理論，專注於生活中的社會與環境議題。

public law 94-142　美國公法 94-142　身心障礙兒童教育法案（The Education for All Handicapped Children Act），又稱為身心障礙權益法案（Rights for the Handicapped），保障 3 到 21 歲身心障礙者在「最少限制」的環境下受到免費而適當的公共教育。1990 美國國會修正 PL 94-142 並將它重新命名為身心障礙者教育法案（IDEA）（PL 101-476）。增加了自閉症與腦部損傷兩種新類型，且從出生到 5 歲的幼兒得以受到照顧。

public law 99-457　美國公法 99-457　1986 年的身心障礙兒童教育法案，此法案中提供之前法案中未提及的資金補助：包含嬰兒、學步兒、3 到 5 歲的幼兒。此法案中提出融合「發展遲緩」幼齡兒並督促地方機構提供障礙兒童的相關服務。

punishment　懲罰　對犯罪或錯誤行為加以處罰。

Q

quality　品質　具備能有效運作的群體規模、低師生比、訓練有素且有經驗的教職員、優秀職能、充滿刺激而安全的環境。

R

racist　種族主義　暗示、敵視或不接納其他種族的策略、態度或行為。認為自己的種族是最優越的，而且有權統治或控制其他種族。

rating scale　評估量表　一種研究幼兒的技巧，類似檢核表，依行為的程度分級，運用例如「總是」、「有時」、「從不」的描述來表達特定行為出現的頻率。

readiness　準備度　預備好的程度；例如某個發展階段，兒童有能力理解、被教導或從事某些事務，並且成功完成。

redirecting　重新引導　成人在改變表達方式或形式前，須準確評估幼兒真正想做的事後，再考量採取哪種幼兒渴望的活動。

reflective teaching　教學反思　經由自己的角色，態度以及行為等面向，廣泛深思考量教學的意義。

reinforcement　增強　一種行為技術，可以改變對某個刺激的反應結果，如獎勵或處罰；此行為能鼓勵另一種行為出現的頻率。

reinforcers　增強物　對特定行為的回應或報酬，以增加該行為復發的機會。增強物可能是社會形式（讚美）或非社會形式（食物），是蓄意控制的也可能是自然引發的。

routines　例行作息　固定有秩序的生活作息流程；在學校中重複且習以為常的平常日；幼兒期的課表中，日常生活作息時間存在於課表中，如點心時間、收拾時間和室內時間，在這些日常活動的時間區塊外，會安排其他的教保活動。

running record　流程紀錄　以敘事形式記錄與行為發生相關的所有事務。

S

scaffolding　鷹架理論　維高斯基所使用輔導用詞。凡是支持或幫助幼兒學習的認知架構。

schemas　基模　在皮亞傑的理論中，一個可以協助新概念形成的舊有概念或知識架構，認知基模用於思考。

self-actualization　自我實現　由馬斯洛提出的一套基本需求原則，以呼應個體的心理健康福祉的最高層次。要達到此階段前必須完成所有的基本成長需求。

self-assessment　自我評量　一個教師能針對自己的表現、優缺點評量，並挑戰個人專業成長。

self-discipline　自律　能控制自我行為的能力。

self-help　自理　自我援助而不依賴別人的行為。在幼兒階段指的是，一個幼兒能不經由成人協助而獨力完成的行為。

sexist　性別歧視　以傳統的性別刻板角色為基礎的態度或行為，因為個體的性別因素而貶低或給予差別待遇。

shadow study　影子追蹤研究　在指定的時間，即時側寫個體行為的兒童研究技術；類似日誌描述，影子追蹤研究記錄敘述所發生的行為。

social cognition　社會認知　個體對與社會行為的想法。使社會經驗具有意義。

socialization　社會化　學習與他人相處時的規則與可接受行為的歷程。

sociocultural　社會文化　與社會和文化議題有關的發展理論。維高斯基發展理論的核心關鍵。

sociodramatic　社會戲劇性　一種象徵遊戲，至少有兩位以上兒童一起合作、模仿與虛擬戲劇性遊戲。

specimen description　樣本描述法　敘事技術的一種型式；包括現場觀察註記某個兒童或某個行為。

staff-to-child ratio　師生比　教職員與兒童的人數比例；涉及兒童的年齡層以及課程活動的型態，以確保兒童在任何時候都能獲得成人的照護。

standards　標準　闡述教師培訓需達成目標的必要條件、卓越性或素養等層級，由地方、政府單位或私人機構所制定。

standards　標準　規則與原則，以做為判斷品質的準則，提供專業培訓、兒童方案活動以及教育實務的典範。

stimulus-response　刺激—反應　心理學習的一種，由巴夫洛夫行為主義論首先提出，將活動伴隨刺激配對出現（例如鐘聲），引發反應（例如垂涎欲滴的食物，常伴隨鐘聲響起後出現）

T

tabula rasa　白板說　未受到任何感官經驗影響的思維。洛克的理論認為，幼兒出生時宛如「純淨石板」，而所有的經驗將逐漸印刻在這塊板子上面。

team teaching　教學團隊　團隊教學模式；由一群不同技術、經驗以及訓練的聯合團隊教學。

temporal　時序　與時間應用與順序等相關事項；在幼兒時期指的是學校與家庭中的時間安排與連貫。

theory　理論　一系列原則與思想的綜合，或對特定現象提出的解釋。兒童在此理論下依序發展。

time out　暫停法　當幼兒困於憤怒、傷痛、挫敗時，將失控的幼兒從遊戲的區域抽離。是停止所有活動的時機或重新調整行為的短暫緩衝。

time sampling　時間取樣法　在一定的時間內，觀察特定行為的技術。

traditional nursery school/preschool　傳統托育機構／學前機構　早期的幼兒教育理論的現場實務機構；為 2 歲半到 5 歲幼兒設計的教育機構，可能為半日班或全日班。

transformative curriculum　課程轉型　由不同的角度審視事務或情境，以獲得新的視野與觀點，以創造更切合文化取向的課程。

transition　轉銜時間　在一個階段或活動結束之後，轉換進入另一個階段前的更換期；幼兒期的轉銜時間係指每日作息（不管是否為計畫中）活動之間的時間，例如：「與家長在一起」到「自己一個人在學校」、玩一個玩具與另個玩具之間的時間、從外面進入室內之間的時間等。

trilemma　三角困境　與幼兒教保品質相關的多角議題，涉及幼兒教育品質、家長親職方式與教職員的專業技能有關。

U

unconscious　無意識的　失去知覺的，無意識察覺的；在有意識層次之下產生的想法。

universal education　普及教育　提供所有人教育，而不分種族／民族、文化、性別、階級、性取向或宗教。

unobtrusive　隱形　在背景環境中，不引人注意或顯目的。

W

webbing　主題網　教師依據某個議題為核心主軸，發展創造出其相關脈絡，是課程設計規劃的一種工具，包括許多資源。

whole child　幼兒全人教育　涉及人類成長與發展中所有的領域，以及被大眾所認可的原則。全人的概念啟發個體的獨特性，雖然各發展領域通常都是分開來討論，但各領域（社會—情緒、身體、語言、文化知覺、智力、創造力）都彼此相關。

word pictures　兒童成長圖像　藉由文字或圖像敘述兒童發展常模的樣態；在本文中，是依照年齡階段劃分，描述兒童一般常見的行為與發展特徵的圖表，以利應用於幼兒的教導（團體活動、課程設計、輔導與教養等）。

Z

zone of proximal development　近側發展區　維高斯基社會文化理論中，針對幼兒學習所定義出來的名詞。在人際關係與社會動態中，在此「區」間，幼兒能靈活掌控技巧、訊息等，並能自主學習。即使經由協助，幼兒也無法在超越他們能力界線外的區域學習。